제주특별자치도 공공기관 직원 통합채용

NCS 직업기초능력평가

제주특별자치도
공공기관 직원 통합채용
NCS 직업기초능력평가

초판 인쇄　　　2026년 3월 20일
초판 발행　　　2026년 3월 23일

편 저 자 | 취업적성연구소
발 행 처 | (주)서원각
등록번호 | 1999-1A-107호
주　　소 | 경기도 고양시 일산서구 덕산로 88-45(가좌동)
대표번호 | 031-923-2051
팩　　스 | 031-923-3815
교재문의 | 카카오톡 플러스 친구 [서원각]
홈페이지 | goseowon.com

PREFACE

우리나라 기업들은 1960년대 이후 현재까지 비약적인 발전을 이루었다. 이렇게 급속한 성장을 이룰 수 있었던 배경에는 우리나라 국민들의 근면성 및 도전정신이 있었다. 그러나 빠르게 변화하는 세계 경제의 환경에 적응하기 위해서는 근면성과 도전정신 이외에 또 다른 성장 요인이 필요하다.

최근 많은 공사·공단에서는 기존의 직무 관련성에 대한 고려 없이 인·적성, 지식 중심으로 치러지던 필기전형을 탈피하고, 산업현장에서 직무를 수행하기 위해 요구되는 능력을 산업부문별·수준별로 체계화 및 표준화한 NCS를 기반으로 하여 채용공고 단계에서 제시되는 직무 설명자료에서 제시되는 직업기초능력과 직무수행능력을 측정하기 위한 직업기초능력평가, 직무수행능력평가 등을 도입하고 있다.

제주특별자치도 공공기관에서도 업무에 필요한 역량 및 책임감과 적응력 등을 구비한 인재를 선발하기 위하여 고유의 필기전형을 치르고 있다. 본서는 제주특별자치도 공공기관 채용대비를 위한 필독서로 제주특별자치도 공공기관 필기전형의 출제경향을 철저히 분석하여 응시자들이 보다 쉽게 시험유형을 파악하고 효율적으로 대비할 수 있도록 구성하였다.

신념을 가지고 도전하는 사람은 반드시 그 꿈을 이룰 수 있습니다. 처음에 품은 신념과 열정이 취업 성공의 그 날까지 빛바래지 않도록 서원각이 수험생 여러분을 응원합니다.

STRUCTURE

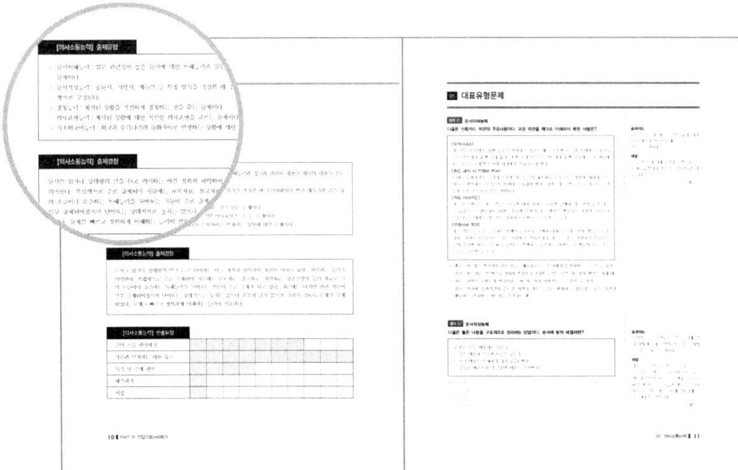

핵심이론 정리

직업기초능력평가 출제경향 분석
평가항목별로 정리하여 출제유형, 출제경향, 빈출유형 분석표를 한눈에 볼 수 있도록 정리하였습니다.

평가항목별 대표유형문제 정리
평가항목별 모듈형으로 반드시 익혀둬야 하는 대표유형문제를 수록하였습니다.

기출유형문제
공공기관 통합채용 시험에서 빈번하게 출제되는 유형문제를 평가항목별로 수록하였습니다.

출제예상문제

출제가 예상되는 문제 구성
적중률 높은 문제를 영역별로 정리하여 수록하였습니다. 빈번하게 출제되는 문항으로 구성하였습니다.

상세한 해설
상세하고 꼼꼼한 해설을 통해서 학습효율에 도움이 되도록 하였습니다.

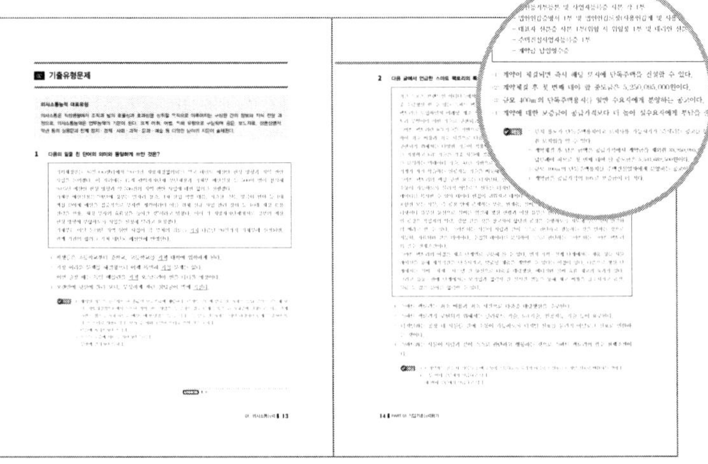

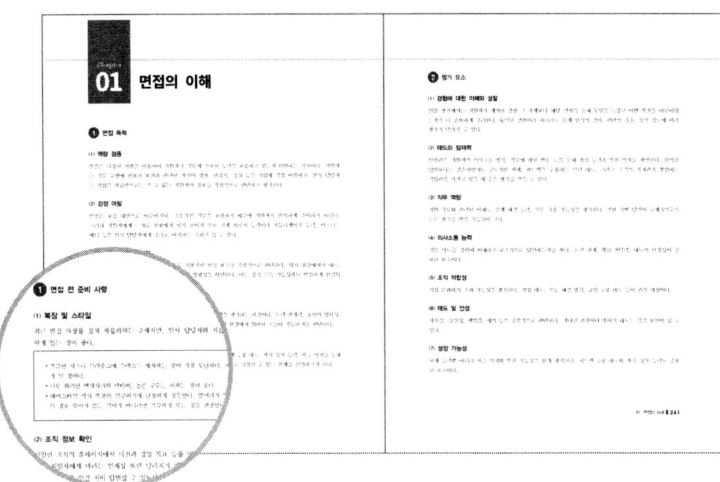

면접 분석

면접 준비
면접 전에 준비해야 할 것, 면접 중에 유념해야 할 것과 면접관이 감점을 주는 포인트는 정리하여 면접 준비에 도움이 되도록 하였습니다.

면접 답변 전략
면접 구조 및 유형별로 준비전략을 상세하게 정리하여 면접에 대한 감을 익히도록 하였습니다.

다빈도 기출질문
자주 출제되는 질문을 정리하였습니다.

CONTENTS

01 직업기초능력평가

02 면접

1 제주소개 및 상징

① 심벌마크

  ㉠ **수평의 붓 터치** : 평등가치의 제주정신, 세계자연유산에 빛나는 제주의 자연을 표현

  ㉡ **검은색** : 현무암의 색상을 기조로 강인한 제주, 전통을 지키고 발전시키는 제주인의 문화를 상징

  ㉢ **청색** : 바다와 생물권보전지역 표현

  ㉣ **녹색** : 제주의 푸르른 한라산과ㄹ 자연환경을 표현

  ㉤ **주황색** : 특별자치도로서의 미래지향적 가치, 우뚝 솟는 제주의 희망을 상징

② 도시브랜드

  ㉠ 제주특별자치도 도시브랜드(Only Jeju Island)는 국내 유일의 세계자연유산, 특별자치 행정을 구현하여 아시아 최고 수준의 국제자유도시를 지향하는 제주특별자치도의 미래를 상징한다.

  ㉡ 천혜의 신비를 간직한 용암동굴을 세계자연유산의 대표 상징으로 이미지화하고, 제주의 현무암 화산섬의 질감을 캘리그래피로 표현했으며, 제주의 아름다움을 부드러운 서체와 색상으로 나타냄으로써 강함과 부드러움이 공존하는 제주의 특별함을 표현하였다.

③ 캐릭터

  ㉠ 제주특별자치도 캐릭터 "돌이"와 "소리"는 세계자연유산과 화산용암의 상징

  ㉡ 현무암으로 만들어진 돌하르방이 연상되는 "돌이"와 제주의 해녀 옷을 입고 있는 "소리"의 얼굴 부분을 영문 'JEJU'로 표현해 그 상징성을 강조

  ㉢ 디자인적 차별화 전략으로 다양한 동작 및 의상을 응용 및 개발

④ 꽃, 나무, 새

  ㉠ 제주를 상징하는 꽃 : 참꽃

  • 각박(刻薄)한 땅이나 바위틈에서도 잘 자라며 봄철 초록빛 숲 속에서 타는 듯한 붉은 꽃을 무더기로 피우고 있는 참꽃은 제주특별자치도민의 불타는 의욕과 응결된 의지를 나타내고 있다.

  • 잎은 가지 끝에 세 잎씩 윤생하여 제주의 자랑인 삼다, 삼무, 삼보, 삼려를 나타내고 있을 뿐 아니라, 세잎과 다섯 꽃잎이 규칙적으로 족생(簇生)하여 삼삼오오 즉, 도민들의 단결과 질서, 평화로운 발전을 향한 밝은 전진적 기풍을 상징한다.

ⓛ 제주를 상징하는 나무 : 녹나무

- 녹나무는 제주특별자치도민의 특성과 기질과 신앙을 상징하고 있다.
- 각박한 땅이나 바위틈에서도 잘 자라는 강인한 이 나무는 악조건을 극복하면서 꿋꿋하게 살아가고 있는 제주특별자치도민의 근면, 소박, 인내심을 상징하며 언제나 그 싱싱함을 잃지 않는 상록수일 뿐만 아니라 봄에 새 잎이 날 때는 그 잎이 붉은 꽃과 같이 화려함은 도민의 희망과 정열과 무궁한 번영의 기상을 보여준다.
- 나무와 잎에서 풍기는 독특한 향기는 도민의 높은 품위와 슬기롭고 풍부한 정감을 보여주며 짙은 향기가 사귀를 몰아낸다는 전설은 부정과 불의와 불법에 타협하지 않고 의지와 실천을 앞세워 살아온 제주특별자치도민의 얼이 깃든 신앙의 나무이기도 하다.

ⓒ 제주를 상징하는 새 : 제주큰오색딱따구리

- 제주큰오색딱따구리는 활엽수의 노거수 교목림에 많으며 제주특별자치도에 분포하는 종으로 소형이며 암색이다. 머리와 등면은 큰오색딱따구리와 거의 같으나 다만 아래등과 허리의 백색이 적다.
- 아래면의 세로난 무늬가 넓고 바깥쪽 꼬리 깃에 완전한 흑색 띠가 3줄 있다. 그러나 턱 아래 가슴의 바탕색은 연한 황백색이며 산림해충을 구제하는데 유익하다.

2 채용 안내

(1) 원서접수

① 제주특별자치도 공공기관 통합채용 원서접수센터에 접속 후 기관별 채용 홈페이지를 통해 개별 접수

② 각 기관별 중복지원 불가(1개 기관에 1개 분야에만 지원 가능)

(2) 전형절차

(3) 기타사항

① 응시자격 : 채용예정 공공기관별 자격요건에 따른(기관별 채용공고문 참조)

② 시험과목 : 채용예정 공공기관별(직렬별·직종별) 시험과목에 따름(기관별 채용공고 참조)

직업기초
능력평가

의사소통능력

[의사소통능력] 출제유형

① 문서이해능력 : 업무 관련성이 높은 문서에 대한 독해능력과 업무와 관련된 내용을 메모의 내용을 묻는 문제이다.
② 문서작성능력 : 공문서, 기안서, 매뉴얼 등 특정 양식을 작성할 때 주의사항이나 빈칸 채우기와 같은 유형으로 구성된다.
③ 경청능력 : 제시된 상황을 적절하게 경청하는 것을 묻는 문제이다.
④ 의사표현능력 : 제시된 상황에 대한 적절한 의사표현을 고르는 문제이다.
⑤ 기초외국어능력 : 외국과 우리나라의 문화차이로 발생하는 상황에 대한 문제이다.

[의사소통능력] 출제경향

문서를 읽거나 상대방의 말을 듣고 의미하는 바를 정확히 파악하여 자신의 의사를 표현·전달하는 능력을 의미한다. 복합형으로 주로 출제되며 지문에는 보도자료, 참고자료, 회의자료, 상품설명서 등의 자료로 글의 흐름이나 유추하는 독해능력을 물어보는 질문이 주로 출제가 되고 있다. 최근에는 디지털 관련 지문이 일부 출제되어졌으며 난이도는 상대적으로 높지는 않으나 꼼꼼히 읽지 않으면 틀리기 쉽도록 문제가 출제되었다. 문제를 빠르고 정확하게 이해하는 능력이 필요하다.

[의사소통능력] 빈출유형

글의 흐름 파악하기								
지문과 일치하는 내용 유추								
목적 및 주제 파악								
배열하기								
어법								

예제 01 문서이해능력

다음은 신용카드 약관의 주요내용이다. 규정 약관을 제대로 이해하지 못한 사람은?

> **[부가서비스]**
> 카드사는 법령에서 정한 경우를 제외하고 상품을 새로 출시한 후 1년 이내에 부가서비스를 줄이거나 없앨 수가 없다. 또한 부가서비스를 줄이거나 없앨 경우에는 그 세부내용을 변경일 6개월 이전에 회원에게 알려주어야 한다.
>
> **[중도 해지 시 연회비 반환]**
> 연회비 부과기간이 끝나기 이전에 카드를 중도해지하는 경우 남은 기간에 해당하는 연회비를 계산하여 10 영업일 이내에 돌려줘야 한다. 다만, 카드 발급 및 부가서비스 제공에 이미 지출된 비용은 제외된다.
>
> **[카드 이용한도]**
> 카드 이용한도는 카드 발급을 신청할 때에 회원이 신청한 금액과 카드사의 심사 기준을 종합적으로 반영하여 회원이 신청한 금액 범위 이내에서 책정되며 회원의 신용도가 변동되었을 때에는 카드사는 회원의 이용한도를 조정할 수 있다.
>
> **[부정사용 책임]**
> 카드 위조 및 변조로 인하여 발생된 부정사용 금액에 대해서는 카드사가 책임을 진다. 다만, 회원이 비밀번호를 다른 사람에게 알려주거나 카드를 다른 사람에게 빌려주는 등의 중대한 과실로 인해 부정사용이 발생하는 경우에는 회원이 그 책임의 전부 또는 일부를 부담할 수 있다.

① 혜수 : 카드사는 법령에서 정한 경우를 제외하고는 1년 이내에 부가서비스를 줄일 수 없어.

② 진성 : 카드 위조 및 변조로 인하여 발생된 부정사용 금액은 일괄 카드사가 책임을 지게 돼.

③ 영훈 : 회원의 신용도가 변경되었을 때 카드사가 이용한도를 조정할 수 있어.

④ 영호 : 연회비 부과기간이 끝나기 이전에 카드를 중도 해지하는 경우에는 남은 기간에 해당하는 연회비를 카드사는 돌려줘야 해.

출제의도
주어진 약관의 내용을 읽고 그에 대한 상세 내용의 정보를 이해하는 능력을 측정하는 문항이다.

해설
② 부정사용에 대해 고객의 과실이 있으면 회원이 그 책임의 전부 또는 일부를 부담할 수 있다.

》 ②

예제 02 문서작성능력

다음은 들은 내용을 구조적으로 정리하는 방법이다. 순서에 맞게 배열하면?

> ㉠ 관련 있는 내용끼리 묶는다.
> ㉡ 묶은 내용에 적절한 이름을 붙인다.
> ㉢ 전체 내용을 이해하기 쉽게 구조화한다.
> ㉣ 중복된 내용이나 덜 중요한 내용을 삭제한다.

① ㉠㉡㉢㉣

② ㉠㉡㉣㉢

③ ㉡㉠㉢㉣

④ ㉡㉠㉣㉢

출제의도
음성정보는 문자정보와는 달리 쉽게 잊혀 지기 때문에 음성정보를 구조화 시키는 방법을 묻는 문항이다.

해설
내용을 구조적으로 정리하는 방법은 '㉠ 관련 있는 내용끼리 묶는다. → ㉡ 묶은 내용에 적절한 이름을 붙인다. → ㉣ 중복된 내용이나 덜 중요한 내용을 삭제한다. → ㉢ 전체 내용을 이해하기 쉽게 구조화한다.'가 적절하다.

》 ②

다음 중 공문서 작성에 대한 설명으로 가장 적절하지 못한 것은?

① 공문서나 유가증권 등에 금액을 표시할 때에는 한글로 기재하고 그 옆에 괄호를 넣어 숫자로 표기한다.

② 날짜는 숫자로 표기하되 년, 월, 일의 글자는 생략하고 그 자리에 온점(.)을 찍어 표시한다.

③ 첨부물이 있는 경우에는 붙임 표시문 끝에 1자 띄우고 "끝."이라고 표시한다.

④ 공문서의 본문이 끝났을 경우에는 1자를 띄우고 "끝."이라고 표시한다.

출제의도

업무를 할 때 필요한 공문서 작성법을 잘 알고 있는지를 측정하는 문항이다.

해설

공문서 금액 표시

아라비아 숫자로 쓰고, 숫자 다음에 괄호를 하여 한글로 기재한다.

》 ①

예제 04 경청능력

다음은 면접스터디 중 일어난 대화이다. 민아의 고민을 해소하기 위한 조언으로 가장 적절한 것은?

> 지섭 : 민아씨, 어디 아파요? 표정이 안 좋아 보여요.
>
> 민아 : 제가 원서 넣은 공단이 내일 면접이어서요. 그동안 스터디를 통해서 면접 연습을 많이 했는데도 벌써부터 긴장이 되네요.
>
> 지섭 : 민아씨는 자기 의견도 명확히 피력할 줄 알고 조리 있게 설명을 잘 하시니 걱정 안하셔도 될 것 같아요. 아, 손에 꽉 쥐고 계신 건 뭔가요?
>
> 민아 : 아, 제가 예상 답변을 정리해서 모아둔거에요. 내용은 거의 외웠는데 이렇게 쥐고 있지 않으면 불안해서
>
> 지섭 : 그 정도로 준비를 철저히 하셨으면 걱정할 이유 없을 것 같아요.
>
> 민아 : 그래도 압박면접이거나 예상치 못한 질문이 들어오면 어떻게 하죠?
>
> 지섭 : _______________________________

① 시선을 적절히 처리하면서 부드러운 어투로 말하는 연습을 해보는 건 어때요?

② 공식적인 자리인 만큼 옷차림을 신경 쓰는 게 좋을 것 같아요.

③ 당황하지 말고 질문자의 의도를 잘 파악해서 침착하게 대답하면 되지 않을까요?

④ 예상 질문에 대한 답변을 좀 더 정확하게 외워보는 건 어떨까요?

출제의도

상대방이 하는 말을 듣고 질문 의도에 따라 올바르게 답하는 능력을 측정하는 문항이다.

해설

민아는 압박질문이나 예상치 못한 질문에 대해 걱정을 하고 있으므로 침착하게 대응하라고 조언을 해주는 것이 좋다.

》 ③

예제 05 의사표현능력

당신은 팀장님께 업무 지시내용을 수행하고 결과물을 보고 드렸다. 하지만 팀장님께서는 "최 대리 업무를 이렇게 처리하면 어떡하나? 누락된 부분이 있지 않은가."라고 말하였다. 이에 대해 당신이 행할 수 있는 가장 부적절한 대처 자세는?

① "죄송합니다. 제가 잘 모르는 부분이라 이수혁 과장님께 부탁을 했는데 과장님께서 실수를 하신 것 같습니다."

② "주의를 기울이지 못해 죄송합니다. 어느 부분을 수정보완하면 될까요?"

③ "지시하신 내용을 제가 충분히 이해하지 못하였습니다. 내용을 다시 한 번 여쭤보아도 되겠습니까?"

④ "부족한 내용을 보완하는 자료를 취합하기 위해서 하루정도가 더 소요될 것 같습니다. 언제까지 재작성하여 드리면 될까요?"

출제의도

상사가 잘못을 지적하는 상황에서 어떻게 대처해야 하는지를 묻는 문항이다.

해설

상사가 부탁한 지시사항을 다른 사람에게 부탁하는 것은 옳지 못하며 설사 그렇다고 해도 그 일의 과오에 대해 책임을 전가하는 것은 지양해야 할 자세이다.

》 ①

의사소통능력 대표유형

의사소통은 직장생활에서 조직과 팀의 효율성과 효과성을 성취할 목적으로 이루어지는 구성원 간의 정보와 지식 전달 과정으로, 의사소통능력은 업무능력의 기본이 된다. 크게 어휘, 어법, 독해 유형으로 구분되며 공문, 보도자료, 상품설명서, 약관 등의 실용문과 함께 정치 · 경제 · 사회 · 과학 · 문화 · 예술 등 다양한 분야의 지문이 출제된다.

1 다음의 밑줄 친 단어의 의미와 동일하게 쓰인 것은?

> 기획재정부는 26일 OO센터에서 '2024년 지방재정협의회'를 열고 내년도 예산안 편성 방향과 지역 현안 사업을 논의했다. 이 자리에는 17개 광역자치단체 부단체장과 기재부 예산실장 등 500여 명이 참석해 2025년 예산안 편성 방향과 약 530건의 지역 현안 사업에 대한 협의를 진행했다.
> 기재부 예산실장은 "내년에 정부는 일자리 창출, 4차 산업 혁명 대응, 저출산 극복, 양극화 완화 등 4대 핵심 분야에 예산을 집중적으로 투자할 계획이라며 이를 위해 신규 사업 관리 강화 등 10대 재정 운용 전략을 활용, 재정 투자의 효율성을 높여갈 것"이라고 밝혔다. 이어 각 지방자치단체에서도 정부의 예산 편성 방향에 부합하도록 사업을 신청해 달라고 요청했다.
> 기재부는 이날 논의한 지역 현안 사업이 각 부처의 검토를 <u>거쳐</u> 다음달 26일까지 기재부에 신청되면, 관계 기관의 협의를 거쳐 내년도 예산안에 반영한다.

① 학생들은 초등학교부터 중학교, 고등학교를 <u>거쳐</u> 대학에 입학하게 된다.

② 가장 어려운 문제를 해결했으니 이제 특별히 <u>거칠</u> 문제는 없다.

③ 이번 출장 때는 독일 베를린을 <u>거쳐</u> 오스트리아 빈을 다녀올 예정이다.

④ 오랜만에 뒷산에 올라 보니, 무성하게 자란 칡덩굴이 발에 <u>거친다</u>.

> **✔해설** ① 제시된 지문은 공문서의 한 종류인 보도자료에 해당한다. 마지막 문단에 밑줄 친 '거쳐'의 앞뒤 문맥을 파악해 보면, 지방재정협의회에서 논의한 지역 현안 사업은 각 부처의 검토 단계를 밟은 뒤 기재부에 신청되고, 이후 관계 기관의 협의를 거쳐 내년도 예산안에 반영함을 알 수 있다. 즉, 밑줄 친 '거쳐'는 '어떤 과정이나 단계를 겪거나 밟다.'의 의미로 사용되었다. 보기 중 이와 동일한 의미로 쓰인 것은 ①이다.
> ② 마음에 거리끼거나 꺼리다.
> ③ 오가는 도중에 어디를 지나거나 들르다.
> ④ 무엇에 걸리거나 막히다.

ANSWER 1.①

2 다음 글에서 언급한 스마트 팩토리의 특징으로 옳지 않은 것은?

> 최근 스포츠 브랜드인 아디다스에서 소비자가 원하는 디자인, 깔창, 굽 모양 등의 옵션을 적용하여 다품종 소량생산 할 수 있는 스피드 팩토리를 선보였고, 그밖에도 제조업을 비롯해 다양한 산업에서 스마트 팩토리를 도입하면서 미래형 제조 시스템인 스마트 팩토리에 대한 관심이 커지고 있다. 과연 스마트 팩토리 무엇이며 어떤 기술로 구현되고 이점은 무엇일까?
>
> 스마트 팩토리란 ICT기술을 기반으로 제품의 기획, 설계, 생산, 유통, 판매의 전 과정을 자동화, 지능화하여 최소 비용과 최소 시간으로 다품종 대량생산이 가능한 미래형 공장을 의미한다. 스마트 팩토리가 구현되기 위해서는 다양한 기술이 적용되는데, 먼저 클라우드 기술은 인터넷에 연결되어 축적된 데이터를 저장하고 IoT 기술은 각종 사물에 컴퓨터 칩과 통신 기능을 내장해 인터넷에 연결한다. 또한 데이터를 분석하는 빅데이터 기술, AI를 기반으로 스스로 학습하고 의사결정을 할 수 있는 차세대 로봇기술과 기계가 자가 학습하는 인공지능 기술을 비롯해 수많은 첨단 기술을 필요로 한다.
>
> 스마트 팩토리의 핵심 구현 요소는 디지털화, 연결화, 스마트화이다. 디지털화는 공장 내 사물들 간에 소통이 가능하도록 물리적 아날로그 신호를 디지털 신호로 변환하는 것으로 디지털화를 하면 무한대로 데이터를 복사할 수 있어 데이터 편집이 쉬워지고 데이터 통신이 자유롭게 이루어진다. 연결화는 사람을 포함한 모든 사물, 즉 공장 안에 존재하는 부품, 완제품, 설비, 공장, 건물, 기기를 연결하는 것으로, 이더넷이나 유무선 통신으로 설비를 연결해 생산 현황과 이상 유무를 관리한다. 작업자가 제조 라인에 서면 공정은 작업자의 역량, 경험 같은 것을 참고하여 합당한 공정을 수행하도록 지도해 주는 것이 연결화의 예라고 할 수 있다. 스마트화는 사물이 사람과 같이 스스로 판단하고 행동하는 것을 말하는 것으로 지능화, 자율화와 같은 의미이다. 수집된 데이터를 분석하여 스스로 판단하는 스마트화는 스마트 팩토리의 필수 전제조건이다.
>
> 스마트 팩토리의 이점은 제조 단계별로 구분해 볼 수 있다. 먼저 기획·설계 단계에서는 제품 성능 시뮬레이션을 통해 제작기간을 단축시키고, 맞춤형 제품을 개발할 수 있다는 이점이 있다. 다음으로 생산 단계에서는 설비 – 자재 – 시스템 간 통신으로 다품종 대량생산, 에너지와 설비 효율 제고의 효과가 있다. 그리고 유통·판매 단계에서는 모기업과 협력사 간 실시간 연동을 통해 재고 비용을 감소시키고 품질, 물류 등 많은 분야를 협력할 수 있다.

① 스마트 팩토리는 최소 비용과 최소 시간으로 다품종 대량생산을 추구한다.

② 스마트 팩토리가 구현되기 위해서는 클라우드 기술, IoT기술, 인공지능 기술 등이 요구된다.

③ 디지털화는 공장 내 사물들 간에 소통이 가능하도록 디지털 신호를 물리적 아날로그 신호로 변환하는 것이다.

④ 스마트화는 사물이 사람과 같이 스스로 판단하고 행동하는 것으로 스마트 팩토리의 필수 전제조건이다.

> **✓해설** ③ 디지털화는 공장 내 사물들 간에 소통이 가능하도록 물리적 아날로그 신호를 디지털 신호로 변환하는 것이다.
> ①② 두 번째 문단에서 언급하고 있다.
> ④ 세 번째 문단에서 언급하고 있다.

3 다음은 N사의 단독주택용지 수의계약 공고문 중 일부이다. 공고문의 내용을 바르게 이해한 것은?

[○○ 블록형 단독주택용지(1필지) 수의계약 공고]

1. 공급대상토지

면적 (m²)	세대수 (호)	평균규모 (m²)	용적률 (%)	공급가격 (천원)	계약보증금 (원)	사용가능 시기
25,479	63	400	100% 이하	36,944,550	3,694,455,000	즉시

2. 공급일정 및 장소

일정	2025년 1월 11일 오전 10시부터 선착순 수의계약 (토·일요일 및 공휴일, 업무시간 외는 제외)
장소	N사 ○○지역본부 1층

3. 신청자격

아래 두 조건을 모두 충족한 자

- 실수요자 : 공고일 현재 주택법에 의한 주택건설사업자로 등록한 자
- 3년 분할납부(무이자) 조건의 토지매입 신청자

   ※ 납부 조건 : 계약체결 시 계약금 10%, 중도금 및 잔금 90%(6개월 단위 6회 납부)

4. 계약체결 시 구비서류
- 법인등기부등본 및 사업자등록증 사본 각 1부
- 법인인감증명서 1부 및 법인인감도장(사용인감계 및 사용인감)
- 대표자 신분증 사본 1부(위임 시 위임장 1부 및 대리인 신분증 제출)
- 주택건설사업자등록증 1부
- 계약금 납입영수증

---

① 계약이 체결되면 즉시 해당 토지에 단독주택을 건설할 수 있다.
② 계약체결 후 첫 번째 내야 할 중도금은 5,250,095,000원이다.
③ 규모 400㎡의 단독주택용지를 일반 수요자에게 분양하는 공고이다.
④ 계약에 대한 보증금이 공급가격보다 더 높아 실수요자에게 부담을 줄 우려가 있다.

✔ **해설** ① 부지 용도가 단독주택용지이고 토지사용 가능시기가 '즉시'라는 공고를 통해 계약만 이루어지면 즉시 이용이 가능한 토지임을 알 수 있다.
② 계약체결 후 남은 금액은 공급가격에서 계약금을 제외한 33,250,095,000원이다. 이를 무이자로 3년간 6회에 걸쳐 납부해야 하므로 첫 번째 내야 할 중도금은 5,541,682,500원이다.
③ 규모 400㎡의 단독주택용지를 주택건설업자에게 분양하는 공고이다.
④ 계약금은 공급가격의 10%로 보증금이 더 적다.

ANSWER 2.③ 3.①

4 다음 회의록의 내용을 보고 올바른 판단을 내리지 못한 것을 고르면?

인사팀 4월 회의록

회의일시	2025년 2월 28일 14:00~15:30	회의장소	대회의실(예약)
참석자	팀장, 남 과장, 허 대리, 김 대리, 이 사원, 명 사원		
회의안건	• 직원 교육훈련 시스템 점검 및 성과 평가 • 차기 교육 프로그램 운영 방향 논의		
진행결과 및 협조 요청	〈총평〉 • 1사분기에는 지난해보다 학습목표시간을 상향조정(직급별 10~20시간)하였음에도 평균 학습시간을 초과하여 달성하는 등 상시학습문화가 정착됨 - 1인당 평균 학습시간: 지난해 4사분기 22시간 → 올해 1사분기 35시간 • 다만, 고직급자와 계약직은 학습 실적이 목표에 미달하였던바, 앞으로 학습 진도에 대하여 사전 통보하는 등 학습목표 달성을 적극 지원할 필요가 있음 - 고직급자 : 목표 30시간, 실적 25시간, 계약직 : 목표 40시간, 실적 34시간 〈운영방향〉 • 전 직원 일체감 형성을 위한 비전공유와 '매출 증대, 비용 절감' 구현을 위한 핵심과제 등 주요사업 시책교육 추진 • 직원이 가치창출의 원천이라는 인식하에 생애주기에 맞는 직급별 직무역량교육 의무화를 통해 인적자본 육성 강화 • 자기주도적 상시학습문화 정착에 기여한 학습관리시스템을 현실에 맞게 개선하고, 조직 간 인사교류를 확대		

① 올 1사분기에는 지난해보다 1인당 평균 학습시간이 50% 이상 증가하였다.

② 전체적으로 1사분기의 교육시간 이수 등의 성과는 우수하였다.

③ 2사분기에는 일부 직원들에 대한 교육시간이 1사분기보다 더 증가할 전망이다.

④ 2사분기에는 각 직급에 보다 적합한 교육이 시행될 것이다.

> **✔ 해설** ③ 고위직급자와 계약직 직원들에 대한 학습목표 달성을 지원해야 한다는 논의가 되고 있으므로 그에 따른 실천 방안이 있을 것으로 판단할 수 있으나, 교육 시간 자체가 더 증가할 것으로 전망하는 것은 근거가 제시되어 있지 않은 의견이다.
>
> ① 22시간 → 35시간으로 약 59% 증가하였다.
>
> ② 평균 학습시간을 초과하여 달성하는 등 상시학습문화가 정착되었다고 평가하고 있다.
>
> ④ 생애주기에 맞는 직급별 직무역량교육 의무화라는 것은 각 직급과 나이에 보다 적합한 교육이 실시될 것임을 의미한다.

5 다음 단락을 논리적 흐름에 맞게 바르게 배열한 것은?

> (개) 자본주의 사회에서 상대적으로 부유한 집단, 지역, 국가는 환경적 피해를 약자에게 전가하거나 기술적으로 회피할 수 있는 가능성을 가진다.
>
> (내) 오늘날 환경문제는 특정한 개별 지역이나 국가의 문제에서 나아가 전 지구적 문제로 확대되었지만, 이로 인한 피해는 사회·공간적으로 취약한 특정 계층이나 지역에 집중적으로 나타나는 환경적 불평등을 야기하고 있다.
>
> (대) 인간사회와 자연환경 간의 긴장관계 속에서 발생하고 있는 오늘날 환경위기의 해결 가능성은 논리적으로 뿐만 아니라 역사적으로 과학기술과 생산조직의 발전을 규정하는 사회적 생산관계의 전환을 통해서만 실현될 수 있다.
>
> (래) 부유한 국가나 지역은 마치 환경문제를 스스로 해결한 것처럼 보이기도 하며, 나아가 자본주의 경제체제 자체가 환경문제를 해결(또는 최소한 지연)할 수 있는 능력을 갖춘 것처럼 홍보되기도 한다.

① (개) － (내) － (래) － (대)

② (내) － (개) － (대) － (래)

③ (내) － (개) － (래) － (대)

④ (내) － (래) － (개) － (대)

✔ 해설 네 개의 문장에서 공통적으로 언급하고 있는 것은 환경문제임을 알 수 있다. 따라서 (내) 문장이 '문제 제기'를 한 것으로 볼 수 있다. (개)는 (내)에서 언급한 바를 더욱 발전시키며 논점을 전개해 나가고 있으며, (래)에서는 논점을 '잘못된 환경문제의 해결 주체'라는 쪽으로 전환하여 결론을 위한 토대를 구성하며, (대)에서 필자의 주장을 간결하게 매듭짓고 있다.

1 재생 에너지의 보급과 관련된 다음 글을 참고할 때, 밑줄 친 '솔루션'이 갖추어야 할 특성으로 가장 거리가 먼 것은?

신재생 에너지란 태양, 바람, 해수와 같이 자연을 이용한 신에너지와 폐열, 열병합, 폐열 재활용과 같은 재생에너지가 합쳐진 말이다. 현재 신재생 에너지는 미래 인류의 에너지로서 다양한 연구가 이루어지고 있다. 특히 과거에는 이들의 발전 효율을 높이는 연구가 주로 이루어졌으나 현재는 이들을 관리하고 사용자가 쉽게 사용하도록 하는 연구와 개발이 많이 진행되고 있다. 신재생 에너지는 화석 연료의 에너지 생산 비용에 근접하고 있으며 향후에 유가가 상승되고 신재생 에너지 시스템의 효율이 높아짐에 따라 신재생 에너지의 생산 비용이 오히려 더 저렴해질 것으로 보인다. 따라서 미래의 신재생 에너지의 보급은 지금 보다 훨씬 광범위하게 다양한 곳에서 이루어 질 것이며 현재의 전력 공급 체계를 변화시킬 것이다. 현재 중앙 집중식으로 되어있는 전력공급의 체계가 미래에는 다양한 곳에서 발전이 이루어지는 분산형으로 변할 것으로 보인다. 분산형 전원 시스템 체계에서 가장 중요한 기술인 스마트 그리드는 전력과 IT가 융합한 형태로서 많은 연구가 이루어지고 있다.

스마트 그리드 기반의 분산형 전원 보급이 활발해질 미래에는 곳곳에 중소규모의 신재생 에너지 시스템이 설치될 것으로 예상하며, 따라서 이들을 통합적으로 관리하고 정보 교환 기술을 갖춘 다양한 솔루션이 등장할 것으로 보인다.

신재생 에너지 시스템의 보급은 인류의 에너지 문제를 해결하는 유일한 방안이지만 화석 에너지와 달리 발전량을 쉽게 제어할 수 없는 문제점을 가지고 있다. 또한 같은 시스템일지라도 지역의 환경에 따라 발전량이 서로 다르게 될 것이기 때문에 스마트 그리드를 기반으로 한 마이크로 그리드 시스템이 구축될 때 정보 처리 기술은 신재생 에너지 시스템 관리 측면에서 중요한 인자가 될 것이다.

신재생 에너지 시스템을 관리하기 위해선 에너지 데이터 처리가 중요할 것으로 보인다. 특히 미래 신재생 에너지 관리 시스템은 관리가 체계적으로 되어 있을 발전단지보다는 비교적 관리 체계가 확립되기 힘든 주택, 빌딩 등에서 필요할 것으로 보인다. 다시 말해 주택, 빌딩에 신재생 에너지 시스템이 설치가 되면 이들을 관리할 수 있는 <u>솔루션</u>을 함께 설치해야 하며 이들을 운용하기 위한 애플리케이션도 함께 등장해야 한다.

① 소비자가 에너지의 생산과 소비를 모두 고려할 수 있는 지능형 에너지 서비스
② 잉여 에너지가 발생되지 않도록 수요와 공급에 맞는 발전량 자동 조절 기능
③ 다양한 OS로 기능을 구현할 수 있는 웹 서비스 기반의 범호환적인 플랫폼 기술
④ 생성된 에너지 데이터를 종합 · 분석하여 맞춤형 서비스를 제공

 ② 네 번째 문단에 따르면 신재생 에너지 시스템은 화석 에너지와 달리 발전량을 쉽게 제어할 수 없고, 지역의 환경에 따라 발전량이 서로 다르다는 특징이 있다. 따라서 ②에서 언급한 발전량 자동 조절보다는 잉여 에너지 저장 기술을 갖추어야 한다고 볼 수 있다.

① 중앙 집중식으로 이루어진 에너지 공급 상황에서 거주자는 에너지 생산을 고려할 필요가 없었으나, 분산형 전원 형태의 신재생 에너지 공급 상황에서는 거주자 스스로 생산과 소비를 통제하여 에너지 절감을 할 수 있어야 할 것이다.

③ 기존의 제한된 서비스를 넘어서는 다양한 에너지 서비스가 탄생될 수 있도록 하는 플랫폼 기술은 스마트 그리드를 기반으로 한 마이크로 그리드 시스템 구축에 필요한 요소라고 판단할 수 있다.

④ 과거의 경험으로 축적된 에너지 사용에 대한 데이터를 분석하여 필요한 상황에 적절한 맞춤형 에너지를 서비스하는 기능은 효과적인 관리 솔루션이 될 수 있다.

2 다음 사례를 통해 알 수 있는 소셜미디어의 특징으로 가장 적절한 것은?

○○일보

2026년 1월 11일

소셜미디어의 활약, 너무 반짝반짝 눈이 부셔!

자연재해 시마다 소셜미디어의 활약이 눈부시다. 지난 14일 100년만의 폭설로 인해 지하철 운행이 중단되고 곳곳의 도로가 정체되는 등 교통대란이 벌어졌지만 많은 사람들이 스마트폰의 도움으로 최악의 상황을 피할 수 있었다.

누리꾼들은, '폭설로 인한 전력공급 중단으로 지하철 1호선 영등포역 정차 중', '올림픽대로 상행선 가양대교부터 서강대교까지 정체 중' 등 서로 소셜미디어를 통해 실시간 피해상황을 주고받았으며 이로 인해 출근 준비 중이던 대부분의 시민들은 다른 교통수단으로 혼란 없이 회사로 출근할 수 있었다.

---

① 정보전달방식이 일방적이다.

② 상위계층만 누리던 고급문화가 대중화된 사례이다.

③ 정보의 무비판적 수용을 조장한다.

④ 정보수용자와 제공자 간의 경계가 모호하다.

 제시된 글은 누구나 쉽게 정보를 생산하고 공유할 수 있는 소셜미디어의 장점이 부각된 기사로 ①②③의 보기들은 사례내용과 관련이 없다.

3 다음은 중소규모의 환경기업의 사업화·상용화를 위한 지원사업의 지원 자격에 대한 내용이다. 다음 중 해당 사업에 지원할 수 있는 기업은?

가. 지원 자격 및 기술요건

구분	지원 자격	기술요건
사업화	- 접수 마감일 기준 업력 2년 이상 중소기업 - 신청과제 관련 환경기술(국가 R&D 성공판정 또는 특허출원) 보유 - 협약기간 내 시제품 제작·개선을 통해 매출 발생이 가능한 경우	TRL6 이상 환경기술
상용화	- 접수 마감일 기준 업력 2년 이상 중소·중견기업 - 신청과제 관련 환경기술의 권리(특허권) 보유 - 환경설비를 설치할 수요기관을 확보하고, 협약기간 내 설치 완료 후 3개월 이상 가동하여 목표 성능을 달성할 수 있는 경우	TRL7 이상 환경기술
투자유치	- 중소기업(업력제한 없음) - 국내·외 투자기관을 통해 민간자금 조달을 희망하는 환경기업	–

※ 1) (TRL6 이상) 시작품(프*로토타입) 제작 및 성능평가를 완료하고 시제품 제작이 가능한 단계

　 2) (TRL7 이상) 시제품 제작 및 유사환경 성능평가를 완료하고 실제 환경에서의 시제품

나. 신청자격 제한

구분	제한 요건
공통	- 부도, 파산, 회생절차, 개인회생절차 개시 신청이 이루어진 경우 - 국세 및 지방세를 체납 중인 경우 - 「신용정보의 이용 및 보호에 관한 법률」 제4조에 따라 허가받은 신용정보회사에서 기업채무 불이행 등 비정상 또는 불량 거래처로 확인된 경우 - 휴·폐업 중인 경우 - 사업 공고일 기준 최근 1년 이내 환경관련 법률 위반으로 30일 또는 1개월 이상의 조업·영업·사업정지 또는 사용중지 처분을 받거나 그에 갈음하는 과징금을 처분받은 경우 - 중소환경기업 사업화·상용화 지원사업 관리지침 제32조에 따라 제재 중인 경우 - 국가연구개발사업의 참여제한 중인 경우 - 사업화(매출발생) 목적이 아닌 연구개발 목적인 경우

<table>
<tr><td rowspan="4">사업화
상용화</td><td>– 동일 사업계획으로 정부의 지원을 받은 경우</td></tr>
<tr><td>– 최근 2년 연속 자본잠식 50% 이상

자본잠식률(%) = [(자본금−자기자본)/자본금]×100</td></tr>
<tr><td>– 최근 2년 연속 이자보상배율 1 미만인 경우(단, 영업이익이 발생되고 있으면서 이자가 없는 이자보상배율 "0"인 경우, 사회적기업 인증기업 및 예비사회적기업 지정기업인 경우 제외)

이자보상배율 = 영업이익/이자비용</td></tr>
</table>

① 시작품 성능평가 완료 직전 단계에 있으며 협약기간 내에 시제품 제작과 판매가 가능한 사업화 기술을 가진 업력 5년인 A기업

② 기술 상용화를 위한 환경설비를 설치할 수요기관을 확보한 상태로 협약 기간 내 목표 성능을 달성할 수 있는 TRL6의 기술을 보유한 B기업

③ 최근 2년간 자본잠식률이 45%이며 사업화를 위한 신청과제 관련 특허를 가지고 있는 업력 3년인 C기업

④ 신청과제와 관련된 환경기술의 특허기술을 가지고 있는 휴업 상태인 중견기업 D기업

✔ 해설 ① 기술 사업화를 위해서는 시작품 제작 및 성능평가를 완료한 수준의 기술을 보유하여야 한다.
② 기술 사용화 지원을 받기 위해서는 TRL7 이상의 환경기술을 보유하고 있어야 한다.
④ 휴 · 폐업 중인 경우 신청자격이 제한된다.

ANSWER 3.③

4 다음 글의 밑줄 친 ㉠~㉣ 중, 전체 글의 문맥과 논리적으로 어울리지 않는 의미를 포함하고 있는 것은 어느 것인가?

정부의 지방분권 강화의 흐름은 에너지정책 측면에서도 매우 시의적절해 보인다. 왜냐하면 현재 정부가 강력히 추진 중인 에너지전환정책의 성공 여부는 그 특성상 지자체의 협력과 역할에 달려 있기 때문이다.

현재까지의 중앙 정부 중심의 에너지정책은 필요한 에너지를 값싸게 충분히 안정적으로 공급한다는 공급관리 목표를 달성하는 데 매우 효율적이었다고 평가할 수 있다. 또한 중앙 정부 부처가 주도하는 현재의 정책 결정 구조는 에너지공급 설비와 비용을 최소화할 수 있으며, ㉠<u>일관된 에너지정책을 추구하여 개별 에너지정책들 간의 충돌을 최소화할 수 있는 장점이 있다.</u> 사실, 특정지역 대형설비 중심의 에너지정책을 추진할 때는 지역 경제보다는 국가경제 차원의 비용편익 분석이 타당성을 확보할 수 있고, 게다가 ㉡<u>사업 추진 시 상대해야 할 민원도 특정지역으로 한정되는 경우가 많기 때문에 중앙정부 차원에서의 정책 추진이 효율적일 수 있다.</u>

그러나 신재생에너지 전원과 같이 소규모로 거의 전 국토에 걸쳐 설치되어야 하는 분산형 전원 비중이 높아지는 에너지전환정책 추진에는 사정이 달라진다. 중앙 정부는 실제 설비가 들어서는 수많은 개별 지역의 특성을 세심히 살펴 추진할 수 없어 소규모 전원의 전국적 관리는 불가능하다. 실제로 현재 태양광이나 풍력의 보급이 지체되는 가장 큰 이유로 지자체의 인허가 단계에서 발생하는 다양한 민원이 지적되고 있다. 중앙정부 차원에서 평가한 신재생에너지의 보급 잠재력이 아무리 많아도, 실제 사업단계에서 부딪치는 다양한 어려움을 극복하지 못하면 보급 잠재력은 허수에 지나지 않게 된다. 따라서 ㉢<u>소규모 분산전원의 확대는 거시적 정책이 아니라 지역별 특성을 세심히 고려한 미시적 정책에 달려 있다고 해도 지나치지 않다.</u> 당연히 지역 특성을 잘 살필 수 있는 지자체가 분산전원 확산에 주도권을 쥐는 편이 에너지전환정책의 성공에 도움이 될 수 있다.

이뿐만 아니라 경제가 성장하면서 에너지소비 구조도 전력, 도시가스, 지역난방 등과 같은 네트워크 에너지 중심으로 변화하다 보니 지역별 공급비용에 대한 불균형을 고려해 ㉣<u>지역별 요금을 단일화해야 한다는 목소리도 점점 커지고 있고, 환경과 안전에 대한 국민들의 인식도 과거와 비교해 매우 높아져 이와 관련한 지역 사안에 관심도 커지고 있다.</u> 이러한 변화는 때로는 지역 간 갈등으로 혹은 에너지시설 건설에 있어 님비(NIMBY)현상 등으로 표출되기도 한다. 모두 지역의 특성을 적극적으로 감안하고 지역주민들의 의견을 모아 해결해야 할 사안이다. 당연히 중앙정부보다 지자체가 훨씬 잘 할 수 있는 영역이다.

하지만 중앙정부의 역할이 결코 축소되어서는 안 된다. 소규모 분산전원이 확대됨에 따라 에너지공급의 안정성을 유지하기 위해 현재보다 더 많은 에너지 설비가 요구될 수 있으며 설비가 소형화되면서 공급 비용과 비효율성이 높아질 우려도 있기 때문이다. 따라서 지역 간 에너지시스템을 연계하는 등 공급 효율성을 높이기 위해 지자체 간의 협력과 중앙정부의 조정기능이 더욱 강조되어야 한다. 에너지전환정책은 중앙정부와 지자체 모두의 에너지정책 수요를 증가시키고 이들 간의 협력의 필요성을 더욱 요구할 것이다.

① ㉠

② ㉡

③ ㉢

④ ㉣

 ④ 주어진 글의 핵심 논점은 '지자체의 에너지 정책 기능의 강화 필요성'이 될 것이다. 지자체 중심의 분산형 에너지 정책의 흐름을 전제한 후 기존 중앙 정부 중심의 에너지 정책의 장점을 소개하였으며, 그에 반해 분산형 에너지 정책을 추진함에 있어 유의해야 할 사안은 어떤 것인지를 열거하며 비교하였다고 볼 수 있다. ㉣이 속한 단락의 앞 단락에서는 지역 특성을 고려하여 지자체가 분산형 에너지 정책의 주도권을 쥐어야 한다는 주장을 펴고 있으며, 이를 '이뿐만 아니라' 라는 어구로 연결하여 앞의 내용을 더욱 강화하게 되는 '각 지역의 네트워크에너지 중심'에 관한 언급을 하였다. 따라서 네트워크에너지 체제 하에서 드러나는 특징은, 지자체가 지역 특성과 현실에 맞는 에너지 정책의 주도권을 행사하기 위해서는 지역별로 공급비용이 동일하지 않은 특성에 기인한 에너지 요금을 차별화해야 한다는 목소리가 커지고 있다고 판단하는 것이 현실을 올바르게 판단한 내용이 된다. 뿐만 아니라 ㉣의 바로 다음에 NIMBY 현상을 사례로 들고 있는 점은 이러한 에너지 요금 차별화의 목소리가 커지고 있다는 사실을 뒷받침하는 내용으로 볼 수 있다. 따라서 ㉣은 글 전체의 내용과 반대되는 논리를 포함하고 있는 문장이 된다.

① 중앙 정부 중심의 에너지 정책에 대한 기본적인 특징으로, 대표적인 장점이 된다고 볼 수 있다.

② 분산형 에너지 정책과는 상반되는 중앙집중형 에너지 정책의 효율적인 특성이며, 뒤에서 언급된 NIMBY 현상을 최소화할 수 있는 특성이기도 하다.

③ 지자체별로 지역 특성을 고려한 미시적 정책이 분산형 에너지 정책의 관건이라는 주장으로 글의 내용과 논리적으로 부합한다.

5 다음 내용을 바탕으로 글을 쓸 때 그 주제로 알맞은 것은?

> • 경찰청은 고속도로 갓길 운행을 막기 위해 갓길로 운행하다 적발되면 30일 간의 면허정지 처분을 내리기로 결정했다.
> • 교통사고 사망률 세계 1위라는 불명예는 1991년에 이어 1992년에도 계속되었다.
> • 교통사고의 원인으로는 운전자의 부주의와 교통 법규 위반의 비율이 가장 높다.
> • 교통 법규 위반자는 자신의 과실로 다른 사람에게 피해를 준다는 점에서 문제가 더욱 심각하다.
> • 우리나라는 과속 운전, 난폭 운전이 성행하고 있다. 이를 근절하기 위한 엄격한 법이 필요하다.

① 교통사고를 줄이기 위해서는 엄격한 법이 필요하다.

② 사고 방지를 위한 대국민적인 캠페인 운동을 해야 한다.

③ 교통사고의 사망률은 교통 문화 수준을 반영한 것이다.

④ 올바른 교통 문화 정착을 위해 국민적 자각이 요구된다.

 제시된 내용은 교통사고가 교통 법규를 제대로 지키지 않은 데서 발생하며, 이를 근절하기 위해 보다 엄격한 교통 법규가 필요함을 강조하고 있다.

ANSWER 4.④ 5.①

> 1894년 콜먼이 「정신이 말짱한 사람이 보이는, 감각기관의 국부적 기질성 질환과 관련된 환각」이라는 논문에서 강조한 바 있지만, 지금도 '환각'이라고 하면 일반인과 의사 모두 정신병이나 뇌의 기질성 질환을 먼저 떠올린다. 1970년대 이전까지 정신이 말짱한 사람에게도 환각이 흔히 일어난다는 사실을 알아차리지 못했던 것은 어쩌면 그러한 환각이 어떻게 일어나는지에 관한 이론이 없었기 때문일 것이다. 그러다 1967년 폴란드의 신경생리학자 예르지 코노르스키가 『뇌의 통합적 활동』에서 '환각의 생리적 기초'를 여러 쪽에 걸쳐 논의했다. 코노르스키는 '환각이 왜 일어나는가?'라는 질문을 뒤집어 '환각은 왜 항상 일어나지 않는가? 환각을 구속하는 것은 무엇인가?'라는 질문을 제기했다. 그는 '지각과 이미지와 환각을 일으킬 수 있는' 역동적 체계, '환각을 일으키는 기제가 우리 뇌 속에 장착되어 있지만 몇몇 예외적인 경우에 만 작동하는' 체계를 상정했다. 그리고 감각기관에서 뇌로 이어지는 구심성(afferent) 연결뿐만 아니라 반대 방향으로 진행되는 역방향(retro) 연결도 존재한다는 것을 보여주는 증거를 수집했다. 그런 역방향 연결은 구심성 연결에 비하면 빈약하고 정상적인 상황에서는 활성화되지 않는다. 하지만 코노르스키는 바로 그 역방향 연결이 환각 유도에 필수적인 해부학적, 생리적 수단이 된다고 보았다.
>
> 그렇다면 정상적인 상황에서 이것이 활성화되지 못하도록 방해하는 것은 무엇일까? 결정적인 요인은 눈과 귀 같은 감각기관에서 입력되는 감각 자료라고 코노르스키는 주장했다. 이런 자료가 평소에 피질의 중추 부위에서 말초 부위로 활동이 역류하지 못하게 막는다는 것이다. 그러나 만약 감각기관에 들어오는 자료가 눈에 띄게 부족해지면 역류가 쉽게 일어나 환각과 지각을 생리적, 주관적으로 구별할 수 없게 된다. 평상시에는 침묵이나 어둠 속에 있다고 해서 입력되는 자료가 그렇게 줄어들지 않는다. 멸 단위(off units)가 계속적인 활동을 발화하고 생성하기 때문이다.
>
> 코노르스키의 이론은 훗날 '구심성 차단(de-afferentation)'과 관련된 '방출(release)' 환각이라 불리게 될 현상을 간단하고도 훌륭하게 설명해준다. 그런 설명은 이제는 당연하게 보이고 거의 동어반복으로 여겨지지만 1960년대만 하더라도 이를 독창적이고 대담하게 입증해야 했다.
>
> 뇌 영상 연구를 통해 코노르스키의 주장을 뒷받침해줄 훌륭한 증거들이 나오고 있다. 2000년에 티머시 그리피스는 음악 환청의 신경적 기초를 상세하게 밝혀낸 선구적인 논문을 발표했다. 그는 양전자 단층촬영을 통해 음악 환청이 일어나는 순간 평소 실제 음악을 들을 때 활성화되는 것과 똑같은 신경 네트워크가 폭넓게 가동된다는 사실을 보여주었다.

① 코노르스키는 '환상은 왜 일어나는가?'에 대한 질문을 제기하여 환각의 체계를 구축했다.

② 코노르스키는 구심성 연결뿐만 아니라 뇌에서 감각기관으로 진행되는 연결을 만들어냈다.

③ 정상적인 상황에서 감각 자료는 피질의 중추 부위에서 말초 부위로 활동이 역류하지 못하게 막는다.

④ 평상시에 침묵이나 암흑 속에서 역류가 쉽게 일어나는 이유는 정상적인 상황보다 감각 자료가 적어지기 때문이다.

 ① 코노르스키는 '환각이 왜 일어나는가?'라는 질문을 뒤집어 '환각은 왜 항상 일어나지 않는가? 환각을 구속하는 것은 무엇인가?'라는 질문을 제기했다.
② 코노르스키는 뇌에서 감각기관으로 진행되는 연결의 존재에 대한 증거를 수집했다.
④ 멸 단위(off units)가 계속적인 활동을 발화하고 생성하기 때문에 평상시에는 침묵이나 어둠 속에 있다고 해서 입력되는 자료가 그렇게 줄어들지 않는다.

7 다음의 사례를 가장 잘 표현한 것을 고르면?

> 처음 보는 사람을 평가할 때 몇 초 안에 첫인상이 모든 것을 좌우한다고 할 수 있다. 첫인상이 좋으면 이후에 발견되는 단점은 작게 느껴지지만 첫인상이 좋지 않으면 그의 어떠한 장점도 눈에 들어오지 않는 경우가 많다. 면접관들이 면접자들을 평가 할 때 그들의 부분적인 특성인 외모나 용모, 인상 등만을 보고 회사 업무에 잘 적응할 만한 사람이라고 판단하는 경우 이러한 효과가 작용했다고 할 수 있다. 미국 유명 기업 CEO들의 평균 신장이 180cm를 넘는다는 것 역시 큰 키에서 우러나오는 것들이 다른 특징들을 압도했다고 볼 수 있을 것이다.
>
> 소비자들이 가격이 비싼 명품 상품이나 인기 브랜드의 상품을 판단할 때 대상의 품질이나 디자인에 있어 다른 브랜드의 상품들에 비해 우수할 것이라고 생각하는 경우도 역시 이러한 내용이 작용한 결과라고 볼 수 있다. '브랜드의 명성'이 라는 일부에 대한 특성이 품질, 디자인 등 대상의 전체적인 평가에까지 영향을 준 것이다.
>
> 축구선수 차두리는 아버지 차범근의 영향을 받아 국가대표 시절 큰 기대를 받았다. 차범근의 축구 실력을 아들도 이어받았을 것이라고 생각한 것이다. 배우 이완과 엄태웅 역시 각각 누나인 김태희와 엄정화의 효과를 받아 데뷔 시절부터 큰 주목을 받았다.

① 스스로가 지각할 수 있는 사실들을 집중적으로 조사해가면서, 알고 싶어하지 않는 것들을 무시해 버리는 경향이다.
② 고과자가 스스로가 가지고 있는 특성과 비교하여 피고과자를 고과하는 것이다.
③ 근무성적평정 등에 있어서 평정 결과의 분포가 우수한 쪽으로 집중되는 경향을 말하는 것이다.
④ 어떤 한 부분에 있어 어떠한 사람에 대해서 호의적인 태도 등이 다른 부분에 있어서도 그 사람에 대한 평가에 영향을 주는 것이다.

 현혹효과(Halo Effect)는 어떤 한 부분에 있어 어떠한 사람에 대해서 호의적인 태도 등이 다른 부분에 있어서도 그 사람에 대한 평가에 영향을 주는 것을 의미하는데, 예를 들어 종업원 선발 시 면접관에게 면접에서 좋은 인상을 준 사람에 대해, 면접관들이 생각할 때 그 사람에게서 좋은 인상을 받은 만큼 업무에 대한 책임감이나 능력 등도 좋은 것이라고 판단하는 것을 의미한다. ①번은 지각적 방어, ②번은 대비오차, ③번은 관대화 경향을 각각 설명한 것이다.

ANSWER 6.③ 7.④

8 다음 글을 통해 알 수 있는 냉동보존술에 대한 내용으로 옳지 않은 것은?

수명 연장의 꿈을 갖고 제안된 것들 중 하나로 냉동보존이 있다. 이는 낮은 온도에서는 화학적 작용이 완전히 중지된다는 점에 착안해, 지금은 치료할 수 없는 환자를 그가 사망한 직후 액화질소 안에 냉동한 후, 냉동 및 해동에 따른 손상을 회복시키고 원래의 병을 치료할 수 있을 정도로 의학기술이 발전할 때까지 보관한다는 생각이다. 그러나 인체 냉동보존술은 제도권 내에 안착하지 못했으며, 현재는 소수의 열광자들에 의해 계승되어 이와 관련된 사업을 알코어 재단이 운영 중이다.

그런데 시신을 냉동하는 과정에서 시신의 세포 내부에 얼음이 형성되어 심각한 세포 손상이 일어난다는 것이 밝혀졌다. 이를 방지하기 위하여 저속 냉동보존술이 제시되었는데, 이는 주로 정자나 난자, 배아, 혈액 등의 온도를 1분에 1도 정도로 천천히 낮추는 방식이었다. 이 기술에서 느린 냉각은 삼투압을 이용해 세포 바깥의 물을 얼음 상태로 만들고 세포 내부의 물은 냉동되지 않도록 하는 방식이다. 그러나 이 또한 치명적이지는 않더라도 여전히 세포들을 손상시킨다. 최근에는 액체 상태의 체액을 유리질 상태로 변화시키는 방법을 이용해 세포들을 냉각시키는 방법이 개발되었다. 유리질 상태는 고체이지만 결정 구조가 아니다. 그것의 물 분자는 무질서한 상태로 남아있으며, 얼음 결정에서 보이는 것과 같은 규칙적인 격자 형태로 배열되어 있지 않다. 알코어 재단은 시신 조직의 미시적 구조가 손상되는 것을줄이기 위해 최근부터 유리질화를 이용한 냉동방법을 활용하고 있다.

하지만 뇌과학자 A는 유리질화를 이용한 냉동보존에 대해서 회의적인 입장이다. 그에 따르면 우리의 기억이나 정체성을 이루고 있는 것은 신경계의 뉴런들이 상호 연결되어 있는 연결망의 총체로서의 커넥톰이다. 냉동보존된 인간을 다시 살려냈을 때, 그 사람이 냉동 이전의 사람과 동일한 사람이라고 할 수 있기 위해서는 뉴런들의 커넥톰이 그대로 보존되어 있어야 한다. 그러나 A는 이러한 가능성에 대해서 회의적이다. 인공호흡기로 연명하던 환자를 죽은 뒤에 부검해보면, 신체의 다른 장기들은 완전히 정상으로 보이지만 두뇌는 이미 변색이 일어나고 말랑하게 되거나 부분적으로 녹은 채로 발견되었다. 이로부터 병리학자들은 두뇌가 신체의 나머지 부분보다 훨씬 이전에 죽는다고 결론을 내렸다. 알코어 재단이 냉동보존할 시신을 수령할 무렵 시신의 두뇌는 최소한 몇 시간 동안 산소 결핍 상태에 있었으며, 살아있는 뇌세포는 하나도 남아있지 않았고 심하게 손상된 상태였다.

① 냉동보존술은 자본주의 사회에서 인간의 목숨을 물화하는 기술이다.

② 저속 냉동보존술을 통해 세포를 고체 상태이면서 결정 구조가 아닌 상태로 만든다.

③ 정자나 난자, 배아, 혈액을 냉각할 때는 세포 내부의 물을 냉각시켜 삼투압을 방지한다.

④ 유리질화 냉동보존에 회의적인 과학자는 알코어 재단이 시신을 보존하기 시작하는 시점에 뉴런들의 커넥톰은 이미 정상 상태에 있지 않다고 본다.

✔️ 해설 ④ 뇌과학자 A는 유리질화 냉동보존된 인간을 다시 살려냈을 때 커넥톰이 보존되어있어야 냉동보존이 유의미하다고 주장하며 냉동보존을 위해 알코어 재단에서 시신을 수령할 무렵에는 이미 시신의 두뇌가 손상되어있기 때문에 냉동보존에 대해 회의적이라고 주장한다.
① 주어진 글에 언급되지 않은 내용이다.
② 유리질화 냉동보존술에 대한 내용이다.
③ 정자나 난자, 배아, 혈액 등은 저속냉동술을 사용하여 온도를 1분에 1도 정도로 천천히 낮추는 방식으로 이 기술에서 느린 냉각은 삼투압을 이용해 세포 바깥의 물을 얼음 상태로 만들고 세포 내부의 물은 냉동되지 않도록 하는 방식이다.

9 다음의 자료를 활용하여 글을 쓰기 위해 구상한 내용으로 적절하지 않은 것은?

> 우리나라 중학교 여학생의 0.9%, 고등학교 여학생의 7.3%, 남학생의 경우는 중학생의 3.5%, 고등학생의 23.6%가 흡연을 하고 있다. 그리고 매년 청소년 흡연율은 증가하는 추세이다. 청소년보호법에 따르면 미성년자에게 담배를 팔 경우 2년 이하의 징역이나 1천만 원 이하의 벌금, 100만 원 이하의 과징금을 내도록 되어 있다. 그러나 담배 판매상의 잘못된 의식, 시민들의 고발정신 부족 등으로 인해 청소년에게 담배를 판매하는 행위가 제대로 시정되지 않고 있다. 또한 현재 담배 자동판매기의 대부분 (96%)이 국민건강증진법에 허용된 장소에 설치되어 있다고는 하나, 그 장소가 주로 공공건물 내의 식당이나 상가 내 매점 등에 몰려 있다. 이런 장소들은 청소년들의 출입이 용이하기 때문에 그들이 성인의 주민등록증을 도용하여 담배를 사더라도 이를 단속하기가 어려운 실정이다.

① 시사점 : 시민의 관심이 소홀하며 시설 관리 체계가 허술하다.
② 원인 분석 : 법규의 실효성이 미흡하고 상업주의가 만연하고 있다.
③ 대책 : 국민건강증진법에 맞는 담배 자동판매기를 설치한다.
④ 결론 : 현실적으로 실효성이 있는 금연 관련법으로 개정한다.

✔️ 해설 담배 자동판매기가 국민건강증진법에 허용된 장소에 설치되어 있다고 자료에서 이미 밝히고 있으므로 대책에 대한 구상으로 적절하지 않다.

10 아래의 글을 읽고 컨스터블의 풍경화에 대한 내용으로 적절한 것을 고르면?

수확을 앞둔 밀밭 사이로 양 떼를 몰고 가는 양치기 소년과 개, 이른 아침 농가의 이층 창밖으로 펼쳐진 청록의 들녘 등, 이런 평범한 시골 풍경을 그린 컨스터블(1776~1837)은 오늘날 영국인들에게 사랑을 받는 영국의 국민 화가이다. 현대인들은 그의 풍경화를 통해 영국의 전형적인 농촌 풍경을 떠올리지만, 사실 컨스터블이 활동하던 19세기 초반까지 이와 같은 소재는 풍경화의 묘사 대상이 아니었다. 그렇다면 평범한 농촌의 일상 정경을 그린 컨스터블은 왜 영국의 국민 화가가 되었을까?

컨스터블의 그림은 당시 풍경화의 주요 구매자였던 영국 귀족의 취향에서 어긋나 그다지 인기를 끌지 못했다. 당시 유행하던 픽처레스크 풍경화는 도식적이고 이상화된 풍경 묘사에 치중했지만, 컨스터블의 그림은 평범한 시골의 전원 풍경을 사실적으로 묘사한 것처럼 보인다. 이 때문에 그의 풍경화는 자연에 대한 과학적이고 객관적인 관찰을 바탕으로, 아무도 눈여겨보지 않았던 평범한 농촌의 아름다운 풍경을 포착하여 표현해 낸 결과물로 여겨져 왔다. 객관적 관찰과 사실적 묘사를 중시하는 관점에서 보면 컨스터블은 당대 유행하던 화풍과 타협하지 않고 독창적인 화풍을 추구한 화가이다.

그러나 1980년대에 들어서면서 이와 같은 관점에 대해 의문을 제기하는 비판적 해석이 등장한다. 새로운 해석은 작품이 제작 될 당시의 구체적인 사회적 상황을 중시하며 작품에서 지배 계급의 왜곡된 이데올로기를 읽어내는 데 중점을 둔다. 이 해석에 따르면 컨스터블의 풍경화는 당시 농촌의 모습을 있는 그대로 전달 해 주지 않는다. 사실 컨스터블이 활동하던 19세기 전반 영국은 산업혁명과 더불어 도시화가 급속히 진행되어 전통적 농촌 사회가 와해되면서 농민 봉기가 급증하였다. 그런데 그의 풍경화에 등장하는 인물들은 거의 예외 없이 원경으로 포착되어 얼굴이나 표정을 알아보기 어렵다. 시골에서 나고 자라 복잡한 농기구까지 세밀하게 그릴 줄 알았던 컨스터블이 있는 그대로의 자연을 포착 하려 했다면 왜 농민들의 모습은 구체적으로 표현하지 않았을까? 이는 풍경의 관찰자인 컨스터블과 풍경 속 인물들 간에는 항상 일정한 심리적 거리가 유지되고 있기 때문이다. 수정주의 미술 사학자들은 컨스터블의 풍경화에 나타나는 인물과 풍경의 불편한 동거는 바로 이러한 거리 두기에서 비롯한다고 주장하면서, 이 거리는 계급 간의 거리라고 해석한다. 지주의 아들이었던 그는 19세기 전반 영국 농촌 사회의 불안한 모습을 애써 외면했고, 그 결과 농민들은 적당히 화면에서 떨어져 있도록 배치하여 결코 그 들의 일그러지고 힘든 얼굴을 볼 수 없게 하였다는 것이다.

여기서 우리는 위의 두 견해가 암암리에 공유하는 기본 전제에 주목할 필요가 있다. 두 견해는 모두 작품이 가진 의미의 생산자를 작가로 보고 있다. 유행을 거부하고 남들이 보지 못한 평범한 농촌의 아름다움을 발견한 '천재' 컨스터블이나 지주 계급 출신으로 불안한 농촌 현실을 직시하지 않으려 한 '반동적' 컨스터블은 결국 동일한 인물로서 작품의 제작자이자 의미의 궁극적 생산자로 간주된다. 그러나 생산자가 있으면 소비자가 있게 마련이다. 기존의 견해는 소비자의 역할에 주목하지 않았다. 하지만 소비자는 생산자가 만들어낸 작품을 수동적으로 수용하는 존재가 아니다. 미술 작품을 포함한 문화적 텍스트의 의미는 그 텍스트를 만들어 낸 생산자나 텍스트 자체에 내재하는 것이 아니라 텍스트를 수용하는 소비자와의 상호 작용에 의해 결정된다. 다시 말해 수용자는 이해와 수용의 과정을 통해 특정 작품의 의미를 끊임없이 재생산하는 능동적 존재인 것이다. 따라서 앞에서 언급 한 해석들은 컨스터블 풍경화가 함축한 의미의 일부만 드러낸 것이고 나머지 의미는 그것을 바라보는 감상자의 경험과 기대가 투사되어 채워지는 것이라고 할 수 있다.

즉 컨스터블의 풍경화가 지니는 가치는 풍경화 그 자체가 아니라 감상자의 의미 부여에 의해 완성되는 것이다. 이런 관점에서 보면 컨스터블의 풍경화에 담긴 풍경이 실재와 얼마나 일치하는가는 크게 문제가 되지 않는다.

① 목가적인 전원을 그려 당대에 그에게 큰 명성을 안겨 주었다.
② 사실적 화풍으로 제작되어 당시 영국 귀족들에게 선호되지 못했다.
③ 서정적인 농촌 정경을 담고 있는 전형적인 픽처레스크 풍경화이다.
④ 세부 묘사가 결여되어 있어 그가 인물 표현에는 재능이 없었음을 보여준다.

> ✔ 해설 '컨스터블의 그림은 당시 풍경화의 주요 구매자였던 영국 귀향의 취향에서 어긋나 그다지 인기를 끌지 못했다. 당시 유행하던 픽처레스크 풍경화는 도식적이고 이상화된 풍경 묘사에 치중했지만, 컨스터블의 그림은 평범한 시골의 전원 풍경을 사실적으로 묘사한 것처럼 보인다에서 알 수 있듯이 사실적 화풍으로 제작되어 당시 영국 귀족들에게 선호되지 못했다는 것을 유추할 수 있다.

11 다음은 농어촌 주민의 보건복지 증진을 위해 추진하고 있는 방안을 설명하는 글이다. 주어진 단락 ㈎~㈝ 중 농어촌의 사회복지서비스를 소개하고 있는 단락은 어느 것인가?

㈎ 「쌀 소득 등의 보전에 관한 법률」에 따른 쌀 소득 등 보전직접 지불금 등은 전액 소득인정액에 반영하지 않으며, 농어민 가구가 자부담한 보육비용의 일부, 농어업 직접 사용 대출금의 상환이자 일부 등을 소득 산정에서 제외하고 있다. 또한 경작농지 등 농어업과 직접 관련되는 재산의 일부에 대해서도 소득환산에서 제외하고 있다.

㈏ 2019년까지 한시적으로 농어민에 대한 국민연금보험료 지원을 실시하고 있다. 기준소득 금액은 910천 원으로 본인이 부담할 연금 보험료의 1/2를 초과하지 않는 범위 내에서 2015년 최고 40,950원/월을 지원하였다.

㈐ 급격한 농어촌 고령화에 따라 농어촌 지역에 거주하는 보호가 필요한 거동불편노인, 독거노인 등에게 맞춤형 대책을 제공하기 위한 노인돌보기, 농어촌 지역 노인의 장기 요양 욕구 충족 및 부양가족의 부담 경감을 위한 노인요양시설 확충 등을 추진하고 있다.

㈑ 농어촌 지역 주민의 암 조기발견 및 조기치료를 유도하기 위한 국가 암 검진 사업을 지속적으로 추진하고, 농어촌 재가암환자서비스 강화를 통하여 농어촌 암환자의 삶의 질 향상, 가족의 환자 보호·간호 등에 따른 부담 경감을 도모하고 있다.

① ㈎
② ㈏
③ ㈐
④ ㈑

> ✔ 해설 ㈐의 내용은 농어촌 특성에 적합한 고령자에 대한 복지서비스를 제공하는 모습을 설명하고 있다.

ANSWER 10.② 11.③

과거에 중앙은행들은 자신이 가진 정보와 향후의 정책방향을 외부에 알리지 않는 이른바 비밀주의를 오랜 기간 지켜왔다. 통화정책 커뮤니케이션이 활발하지 않았던 이유는 여러 가지가 있었지만 무엇보다도 통화정책 결정의 영향이 파급되는 경로가 비교적 단순하고 분명하여 커뮤니케이션의 필요성이 크지 않았기 때문이었다. 게다가 중앙은행에게는 권한의 행사와 그로 인해 나타난 결과에 대해 국민에게 설명할 어떠한 의무도 부과되지 않았다.

중앙은행의 소극적인 의사소통을 옹호하는 주장 가운데는 비밀주의가 오히려 금융시장의 발전을 가져올 수 있다는 견해가 있었다. 중앙은행이 모호한 표현을 이용하여 자신의 정책의도를 이해하기 어렵게 설명하면 금리의 변화 방향에 대한 불확실성이 커지고 그 결과 미래 금리에 대한 시장의 기대가 다양하게 형성된다. 이처럼 미래의 적정금리에 대한 기대의 폭이 넓어지면 금융거래가 더욱 역동적으로 이루어짐으로써 시장의 규모가 커지는 등 금융시장이 발전하게 된다는 것이다. 또한 통화정책의 효과를 극대화하기 위해 커뮤니케이션을 자제해야 한다는 생각이 통화정책 비밀주의를 오래도록 유지하게 한 요인이었다. 합리적 기대이론에 따르면 사전에 예견된 통화정책은 경제주체의 기대 변화를 통해 가격조정이 정책의 변화 이전에 이루어지기 때문에 실질생산량, 고용 등의 변수에 변화를 가져올 수 없다. 따라서 단기간 동안이라도 실질변수에 변화를 가져오기 위해서는 통화정책이 예상치 못한 상황에서 수행되어야 한다는 것이다.

이 외에 통화정책결정에 있어 중앙은행의 독립성이 확립되지 않은 경우 비밀주의를 유지하는 것이 외부의 압력으로부터 중앙은행을 지키는 데 유리하다는 견해가 있다. 중앙은행의 통화정책이 공개되면 이해관계가 서로 다른 집단이나 정부 등이 정책결정에 간섭할 가능성이 커지고 이들의 간섭이 중앙은행의 독립적인 정책수행을 어렵게 할 수 있다는 것이다.

① 사람들은 현상을 충분히 합리적으로 판단할 수 있으므로 어떠한 정책 변화도 미리 합리적으로 예상하여 행동한다.

② 경제주체들이 자신의 기대형성 방식이 잘못되었다는 것을 알면서도 그런 방식으로 계속 기대를 형성한다고 가정하는 것이다.

③ 예상하지 못한 정책 충격만이 단기적으로 실질변수에 영향을 미친다.

④ 1년 후의 물가가 10% 오를 것으로 예상될 때 10% 이하의 금리로 돈을 빌려 주면 손실을 보게 되기 때문에, 대출 금리를 10% 이상으로 인상시켜 놓게 된다.

> **✔해설** 제시글을 통해 알 수 있는 합리적 기대이론의 의미는 가계나 기업 등 경제주체들은 활용가능한 모든 정보를 활용해 경제상황의 변화를 합리적으로 예측한다는 것으로, 이에 따르면 공개된 금융, 재정 정책은 합리적 기대이론에 의한 경제주체들의 선제적 반응으로 무력화되고 만다. 보기 ②에서 언급된 내용은 이와 정반대로 움직이는 경제주체의 모습을 설명한 것으로, 경제주체들이 드러난 정보를 무시하고 과거의 실적치만으로 기대를 형성하는 기대오류를 범한다고 보는 견해이다.

13 다음 글을 참고할 때, '깨진 유리창의 법칙'이 시사하는 바로 가장 적절한 설명은 무엇인가?

1969년 미국 스탠포드 대학의 심리학자인 필립 짐바르도 교수는 아주 흥미로운 심리실험을 진행했다. 범죄가 자주 발생하는 골목을 골라 새 승용차 한 대를 보닛을 열어놓은 상태로 방치시켰다. 일주일이 지난 뒤 확인해보니 그 차는 아무런 이상이 없었다. 원상태대로 보존된 것이다. 이번에는 똑같은 새 승용차를 보닛을 열어놓고, 한쪽 유리창을 깬 상태로 방치시켜 두었다. 놀라운 일이 벌어졌다. 불과 10분이 지나자 배터리가 없어지고 차 안에 쓰레기가 버려져 있었다. 시간이 지나면서 낙서, 도난, 파괴가 연이어 일어났다. 1주일이 지나자 그 차는 거의 고철상태가 되어 폐차장으로 실려 갈 정도가 되었던 것이다. 훗날 이 실험결과는 '깨진 유리창의 법칙'이라는 이름으로 불리게 된다.

1980년대의 뉴욕 시는 연간 60만 건 이상의 중범죄가 발생하는 범죄도시로 악명이 높았다. 당시 여행객들 사이에서 '뉴욕의 지하철은 절대 타지 마라'는 소문이 돌 정도였다. 미국 라토가스 대학의 겔링 교수는 '깨진 유리창의 법칙'에 근거하여, 뉴욕 시의 지하철 흉악 범죄를 줄이기 위한 대책으로 낙서를 철저하게 지울 것을 제안했다. 낙서가 방치되어 있는 상태는 창문이 깨져있는 자동차와 같은 상태라고 생각했기 때문이다.

① 범죄는 대중교통 이용 공간에서 발생확률이 가장 높다.

② 문제는 확인되기 전에 사전 단속이 중요하다.

③ 작은 일을 철저히 관리하면 큰 사고를 막을 수 있다.

④ 낙서는 가장 핵심적인 범죄의 원인이 된다.

> **✔ 해설** '깨진 유리창의 법칙'은 깨진 유리창처럼 사소한 것들을 수리하지 않고 방치해두면, 나중에는 큰 범죄로 이어진다는 범죄 심리학 이론으로, 작은 일을 소홀히 관리하면 나중에는 큰일로 이어질 수 있음을 의미한다.

　사진이 등장하면서 회화는 대상을 사실적으로 재현(再現)하는 역할을 사진에 넘겨주게 되었고, 그에 따라 화가들은 회화의 의미에 대해 고민하게 되었다. 19세기 말 등장한 인상주의와 후기 인상주의는 전통적인 회화에서 중시되었던 사실주의적 회화 기법을 거부하고 회화의 새로운 경향을 추구하였다.

　인상주의 화가들은 색이 빛에 의해 시시각각 변화하기 때문에 대상의 고유한 색은 존재하지 않는다고 생각하였다. 인상주의 화가 모네는 대상을 사실적으로 재현하는 회화적 전통에서 벗어나기 위해 빛에 따라 달라지는 사물의 색채와 그에 따른 순간적 인상을 표현하고자 하였다.

　모네는 대상의 세부적인 모습보다는 전체적인 느낌과 분위기, 빛의 효과에 주목했다. 그 결과 빛에 의한 대상의 순간적 인상을 포착하여 대상을 빠른 속도로 그려 내었다. 그에 따라 그림에 거친 붓 자국과 물감을 덩어리로 찍어 바른 듯한 흔적이 남아 있는 경우가 많았다. 이로 인해 대상의 윤곽이 뚜렷하지 않아 색채 효과가 형태 묘사를 압도하는 듯한 느낌을 준다.

　이와 같은 기법은 그가 사실적 묘사에 더 이상 치중하지 않았음을 보여 주는 것이었다. 그러나 모네 역시 대상을 '눈에 보이는 대로' 표현하려 했다는 점에서 이전 회화에서 추구했던 사실적 표현에서 완전히 벗어나지는 못했다는 평가를 받았다.

　후기 인상주의 화가들은 재현 위주의 사실적 회화에서 근본적으로 벗어나는 새로운 방식을 추구하였다. 후기 인상주의 화가 세잔은 "회화에는 눈과 두뇌가 필요하다. 이 둘은 서로 도와야 하는데, 모네가 가진 것은 눈뿐이다."라고 말하면서 사물의 눈에 보이지 않는 형태까지 찾아 표현하고자 하였다. 이러한 시도는 회화란 지각되는 세계를 재현하는 것이 아니라 대상의 본질을 구현해야 한다는 생각에서 비롯되었다.

　세잔은 하나의 눈이 아니라 두 개의 눈으로 보는 세계가 진실이라고 믿었고, 두 눈으로 보는 세계를 평면에 그리려고 했다. 그는 대상을 전통적 원근법에 억지로 맞추지 않고 이중 시점을 적용하여 대상을 다른 각도에서 바라보려 하였고, 이를 한 폭의 그림 안에 표현하였다. 또한 질서 있는 화면 구성을 위해 대상의 선택과 배치가 자유로운 정물화를 선호하였다.

　세잔은 사물의 본질을 표현하기 위해서는 '보이는 것'을 그리는 것이 아니라 '아는 것'을 그려야 한다고 주장하였다. 그 결과 자연을 관찰하고 분석하여 사물은 본질적으로 구, 원통, 원뿔의 단순한 형태로 이루어졌다는 결론에 도달하였다. 이를 회화에서 구현하기 위해 그는 이중 시점에서 더 나아가 형태를 단순화하여 대상의 본질을 표현하려 하였고, 윤곽선을 강조하여 대상의 존재감을 부각하려 하였다. 회화의 정체성에 대한 고민에서 비롯된 ㉠ 그의 이러한 화풍은 입체파 화가들에게 직접적인 영향을 미치게 되었다.

14 윗글의 내용과 일치하지 않는 것은?

① 사진은 화가들이 회화의 의미를 고민하는 계기가 되었다.

② 전통 회화는 대상을 사실적으로 묘사하는 것을 중시했다.

③ 모네의 작품은 색채 효과가 형태 묘사를 압도하는 듯한 느낌을 주었다.

④ 모네는 대상의 고유한 색 표현을 위해서 전통적인 원근법을 거부하였다.

> ✔ 해설 모네는 인상주의 화가로서 대상의 고유한 색은 존재하지 않는다고 생각했다. 그러므로 모네가 고유한 색을 표현하려
> 했다는 진술은 적절하지 않다.

15 〈보기〉를 바탕으로 할 때, 세잔의 화풍을 ⊙과 같이 평가한 이유로 가장 적절한 것은?

〈보기〉

입체파 화가들은 사물의 본질을 표현하고자 대상을 입체적 공간으로 나누어 단순화한 후, 여러 각도에서
바라보는 관점으로 사물을 해체하였다가 화폭 위에 재구성하는 방식을 취하였다. 이러한 기법을 통해 관
찰자의 위치와 각도에 따라 각기 다르게 보이는 대상의 다양한 모습을 한 화폭에 담아내려 하였다.

① 대상의 본질을 드러내기 위해 다양한 각도에서 바라보아야 한다는 관점을 제공하였기 때문에

② 대상을 복잡한 형태로 추상화하여 대상의 전체적인 느낌을 부각하는 방법을 시도하였기 때문에

③ 사물을 최대한 정확하게 묘사하기 위해 전통적 원근법을 독창적인 방법으로 변용시켰기 때문에

④ 시시각각 달라지는 자연을 관찰하고 분석하여 대상의 인상을 그려 내는 화풍을 정립하였기 때문에

> ✔ 해설 ② 대상에 대해 복잡한 형태로 추상화하여 대상에 대한 전체적인 느낌을 부각하는 방법을 시도한 것은 세잔의 화풍
> 이 아니므로 적절하지 않다.
> ③ 사물에 대해 최대한 정확히 묘사하기 위해 전통적 원근법을 독창적 방식으로 변용한 것은 세잔의 화풍이 아니므
> 로 이 역시 적절하지 않다.
> ④ 시시각각 달라지는 자연을 관찰 및 분석해 대상에 대한 인상을 그려 내는 화풍을 정립한 것은 세잔이 아니므로
> 적절하지 않다.

ANSWER 14.④ 15.①

16 다음 글의 문맥상 빈 칸 ㈎에 들어갈 가장 적절한 말은 어느 것인가?

여름이 빨리 오고 오래 가다보니 의류업계에서 '쿨링'을 컨셉으로 하는 옷들을 앞다퉈 내놓고 있다. 그물망 형태의 옷감에서 냉감(冷感)을 주는 멘톨(박하의 주성분)을 포함한 섬유까지 접근방식도 제각각이다. 그런데 가까운 미래에는 미생물을 포함한 옷이 이 대열에 합류할지도 모르겠다. 박테리아 같은 미생물은 여름철 땀냄새의 원인이라는데 어떻게 옷에 쓰일 수 있을까.

생물계에서 흡습형태변형은 널리 관찰되는 현상이다. 솔방울이 대표적인 예로 습도가 높을 때는 비늘이 닫혀있어 표면이 매끈한 덩어리로 보이지만 습도가 떨어지면 비늘이 삐죽삐죽 튀어나온 형태로 바뀐다. 밀이나 보리의 열매(낟알) 끝에 달려 있는 까끄라기도 습도가 높을 때는 한 쌍이 거의 나란히 있지만 습도가 낮아지면 서로 벌어진다. 이런 현상은 한쪽 면에 있는 세포의 길이(크기)가 반대 쪽 면에 있는 세포에 비해 습도에 더 민감하게 변하기 때문이다. 즉 습도가 낮아져 세포 길이가 짧아지면 그쪽 면을 향해 휘어지는 것이다.

MIT의 연구자들은 미생물을 이용해서도 이런 흡습형태변형을 구현할 수 있는지 알아보기로 했다. 즉 습도에 영향을 받지 않는 재질인 천연라텍스 천에 농축된 대장균 배양액을 도포해 막을 형성했다. 대장균은 별도의 접착제 없이도 소수성 상호작용으로 라텍스에 잘 달라붙는다. 라텍스 천의 두께는 150~500㎛(마이크로미터. 1㎛는 100만분의 1m)이고 대장균 막의 두께는 1~5㎛다. 이 천을 상대습도 15%인 건조한 곳에 두자 대장균 세포에서 수분이 빠져나가며 대장균 막이 도포된 쪽으로 휘어졌다. 이 상태에서 상대습도 95%인 곳으로 옮기자 천이 서서히 펴지며 다시 평평해졌다. 이 과정을 여러 차례 반복해도 같은 현상이 재현됐다.

연구자들은 원자힘현미경(AFM)으로 대장균 막을 들여다봤고 상대습도에 따라 크기(부피)가 변한다는 사실을 확인했다. 즉 건조한 곳에서는 대장균 세포부피가 30% 정도 줄어드는데 이 효과가 천에서 세포들이 나란히 배열된 쪽을 수축시키는 현상으로 나타나 그 방향으로 휘어지는 것이다. 연구자들은 이런 흡습형태변형이 대장균만의 특성인지 미생물의 일반 특성인지 알아보기 위해 몇 가지 박테리아와 단세포 진핵생물인 효모에 대해서도 같은 실험을 해봤다. 그 결과 정도의 차이는 있었지만 패턴은 동일했다.

다음으로 연구자들은 양쪽 면에 미생물이 코팅된 천이 쿨링 소재로 얼마나 효과적인지 알아보기로 했다. 연구팀은 흡습형태변형이 효과를 낼 수 있도록 독특한 형태로 옷을 디자인했다. 즉,
(㈎   )
그 결과 공간이 생기면서 땀의 배출을 돕는다. 측정 결과 미생물이 코팅된 천으로 만든 옷을 입을 경우 같은 형태의 일반 천으로 만든 옷에 비해 피부 표면 공기의 온도가 2도 정도 낮아 쿨링 효과가 있는 것으로 나타났다.

① 체온이 높은 등 쪽으로 천이 휘어지게 되는 성질을 이용해 평상시에는 옷이 바깥쪽으로 더 튀어나오도록 디자인했다.

② 미생물이 코팅된 천이 땀으로 인한 습도의 영향을 잘 받을 수 있도록 옷의 안쪽 면에 부착하여 옷의 바깥쪽과는 완전히 다른 환경을 유지할 수 있도록 디자인했다.

③ 땀이 많이 나는 등 쪽에 칼집을 낸 형태로 만들어 땀이 안 날 때는 평평하다가 땀이 나면 피부 쪽 면의 습도가 높아져 미생물이 팽창해 천이 바깥쪽으로 휘어지도록 디자인했다.

④ 땀이 나서 습도가 올라가면 등 쪽의 세포 길이가 짧아질 것을 고려해 천이 안쪽으로 휘어져 공간이 생길 수 있도록 디자인했다.

> **✔해설** 흡습형태변형은 한쪽 면에 있는 세포의 길이(크기)가 반대 쪽 면에 있는 세포에 비해 습도에 더 민감하게 변하여, 습도가 낮아져 세포 길이가 짧아지면 그쪽 면을 향해 휘어지는 것을 의미한다고 언급되어 있다. 따라서 등에 땀이 나면 세포 길이가 더 짧은 바깥쪽으로 옷이 휘어지게 되므로 등 쪽 면에 공간이 생기게 되는 원리를 이용한 것임을 알 수 있다.

17 다음 상황을 나타내는 말로 가장 적절한 것은?

> 생체를 얼리고 녹이는 기술이 빠른 속도로 발전하면서 냉동 인간의 소생 가능성에 대한 관심이 높아지고 있다. 현재의 저온 생물학 기술은 1948년 인간의 정자를 최초로 냉동하는 데 성공한 이래, 크기가 가장 큰 세포인 난자에 대해서도 성공을 거두고 있다.
> 지금까지 개발된 세계 최고의 생체 냉동 기술은 세포 수준을 넘은 강낭콩 크기만한 사람의 난소를 얼려 보관한 뒤 이를 다시 녹여서 이식해 임신하도록 하는 수준이다. 이것 역시 한국의 의사들이 일궈낸 것이다. 이제 냉동 인간에 대한 꿈은 세포 수준을 넘어 조직까지 그 영역을 넓히고 있다. 하지만 인체가 이보다 수백, 수천 배 큰 점을 감안하면 통째로 얼린 뒤 되살리는 기술의 개발에는 얼마나 긴 세월이 필요할지 짐작하기 힘들다. 한편 냉동 인간은 기술 개발과는 별개로 윤리적 문제도 야기하리라 예상된다. 냉동시킨 사람이 나중에 살아난 경우 친인척 사이에 연배 혼란이 생길 수 있고, 한 인간으로서의 존엄성을 인정받기가 곤란하다는 것이다. 특히 뇌만 냉동 보관하는 경우 뇌세포에서 체세포 복제 기술로 몸을 만들어 내야 하는 문제도 발생할 수 있다. 어쩌면 냉동 인간은 최근의 생명 복제 기술처럼 또 다른 윤리적 문제를 잉태한 채 탄생을 준비하고 있는지도 모른다.

① 양날의 칼　　　　　　　　　　② 물 위의 기름

③ 어둠 속의 등불　　　　　　　　④ 유리벽 속의 보석

> **✔해설** 인체 냉동 기술은 인체의 소생 가능성을 높인다는 점에서 긍정적 측면이 있는 기술이다. 그러나 냉동인간은 기술 개발과는 별도로 윤리적 문제도 야기될 수 있는 기술이다. 이렇게 보면 인체 냉동 기술은 '양날의 칼'에 비유할 수 있다.

ANSWER 16.③ 17.①

18 다음 글에서 A의 추리가 전제하고 있는 것을 〈보기〉에서 모두 고른 것은?

> 낭포성 섬유증은 치명적 유전 질병으로 현대 의학이 발달하기 전에는 이 질병을 가진사람은 어린 나이에 죽었다. 지금도 낭포성 섬유증을 가진 사람은 대개 청년기에 이르기 전에 사망한다. 낭포성 섬유증은 백인에게서 3,000명에 1명 정도의 비율로 나타나며 인구의 약 5% 정도가 이 유전자를 가지고 있다. 진화생물학 이론에 의하면 유전자는 자신이 속하는 종에 어떤 이점을 줄 때에만 남아 있다. 만일 어떤 유전자가 치명적 질병과 같이 생물에 약점으로 작용한다면 이 유전자를 가지고 있는 생물은 그렇지 않은 생물보다 생식할 수 있는 기회가 줄어들기 때문에, 이 유전자는 궁극적으로 유전자 풀(pool)에서 사라질 것이다. 낭포성 섬유증 유전자는 이 이론으로 설명할 수 없는 것으로 보인다.
>
> 1994년 미국의 과학자 A는 흥미로운 실험 결과를 발표하였다. 정상 유전자를 가진 쥐에게 콜레라 독소를 주입하자 쥐는 심한 설사로 죽었다. 그러나 낭포성 섬유증 유전자를 1개 가지고 있는 쥐는 독소를 주입한 다음 설사 증상을 보였지만 그 정도는 낭포성 섬유증 유전자가 없는 쥐에 비해 반 정도였다. 낭포성 섬유증 유전자를 2개 가진 쥐는 독소를 주입한 후에도 전혀 증상을 보이지 않았다. 낭포성 섬유증 증세를 보이는 사람은 장과 폐로부터 염소이온을 밖으로 퍼내는 작용을 정상적으로 하지 못한다. 반면 콜레라 독소는 장으로부터 염소이온을 비롯한 염분을 과다하게 분비하게 하고 이로 인해 물을 과다하게 배출시켜 설사를 일으킨다. 이 결과로부터 A는 낭포성 섬유증 유전자의 작용이 콜레라 독소가 과도한 설사를 일으키는 메커니즘을 막기 때문에, 낭포성 섬유증 유전자를 가진 사람이 콜레라로부터 보호될 수 있을 것이라고 추측하였다. 그러므로 1800년대에 유럽을 강타했던 콜레라 대유행에서 낭포성 섬유증 유전자를 가진 사람이 살아남기에 유리했다고 주장하였다.

〈보기〉
㉠ 쥐에서 나타나는 질병 양상은 사람에게도 유사하게 적용된다.
㉡ 낭포성 섬유증은 백인 외의 인종에서는 드문 유전 질병이다.
㉢ 콜레라 독소는 콜레라균에 감염되었을 때와 같은 증상을 유발한다.
㉣ 낭포성 섬유증 유전자를 가진 모든 사람이 낭포성 섬유증으로 인하여 청년기 전에 사망하는 것은 아니다.

① ㉠, ㉡ ② ㉠, ㉢

③ ㉡, ㉣ ④ ㉠, ㉢, ㉣

✔ **해설** ㉠ A는 낭포성 유전자를 지니고 있는 '쥐'를 이용한 실험을 통해 낭포성 유전자를 가진 '사람' 역시 콜레라로부터 보호받을 것이라는 결론을 내렸다. 이는 쥐에서 나타나는 질병 양상은 사람에게도 유사하게 적용된다는 것을 전제로 한다.

㉢ A는 실험에서 '콜레라 균'에 감염을 시키는 대신에 '콜레라 독소'를 주입하였다. 이는 콜레라 독소의 주입이 콜레라 균에 의한 감염과 같은 증상을 유발함을 전제로 한다.

㉣ 만약 낭포성 섬유증 유전자를 가진 모든 사람이 낭포섬 섬유증으로 인하여 청년기 전에 사망한다면 '살아남았다'고 할 수 없을 것이다. 따라서 '낭포성 섬유증 유전자를 가진 모든 사람이 이로 인하여 청년기 전에 사망하는 것은 아니다'라는 전제가 필요하다.

19 두 과학자 진영 A와 B의 진술 내용과 부합하지 않는 것은?

우리 은하와 비교적 멀리 떨어져 있는 은하들이 모두 우리 은하로부터 점점 더 멀어지고 있다는 사실이 확인되었다. 이 사실을 두고 우주의 기원과 구조에 대해 서로 다른 견해를 가진 두 진영이 다음과 같이 논쟁하였다.

A진영 : 우주는 시간적으로 무한히 오래되었다. 우주가 팽창하는 것은 사실이다. 그렇다고 우리 견해가 틀렸다고 볼 필요는 없다. 우주는 팽창하지만 전체적으로 항상성을 유지한다. 은하와 은하가 멀어질 때 그 사이에서 물질이 연속적으로 생성되어 새로운 은하들이 계속 형성되기 때문이다. 비록 우주는 약간씩 변화가 있겠지만, 우주 전체의 평균 밀도는 일정하게 유지된다. 만일 은하 사이에서 새로 생성되는 은하를 관측한다면, 우리의 가설을 입증할 수 있다. 반면 우주가 자그마한 씨앗으로부터 대폭발에 의해 생겨났다는 주장은 터무니없다. 이처럼 방대한 우주의 물질과 구조가 어떻게 그토록 작은 점에 모여 있을 수 있겠는가?

B진영 : A의 주장은 터무니없다. 은하 사이에서 새로운 은하가 생겨난다면 도대체 그 물질은 어디서 온 것이라는 말인가? 은하들이 우리 은하로부터 점점 더 멀어지고 있다는 사실은 오히려 우리 견해가 옳다는 것을 입증할 뿐이다. 팽창하는 우주를 거꾸로 돌린다면 우주가 시공간적으로 한 점에서 시작되었다는 결론을 얻을 수 있다. 만일 우주 안의 모든 물질과 구조가 한 점에 있었다면 초기 우주는 현재와 크게 달랐을 것이다. 대폭발 이후 우주의 물질들은 계속 멀어지고 있으며 우주의 밀도는 계속 낮아지고 있다. 대폭발 이후 방대한 전자기파가 방출되었는데, 만일 우리가 이를 관측한다면, 우리의 견해가 입증될 것이다.

① A에 따르면 물질의 총 질량이 보존되지 않는다.
② A에 따르면 우주는 시작이 없고, B에 따르면 우주는 시작이 있다.
③ A에 따르면 우주는 국소적인 변화는 있으나 전체적으로는 변화가 없다.
④ A와 B는 인접한 은하들 사이의 평균 거리가 커진다는 것을 받아들인다.

✔해설 A는 은하와 은하가 멀어질 때 그 사이에서 물질이 연속적으로 생성되어 새로운 은하들이 계속 형성되기 때문에, 우주가 팽창하지만 전체적으로 항상성을 유지하며 평균 밀도가 일정하게 유지된다고 보고 있다.

20 다음 글은 사회보장제도와 국민연금에 관한 내용이다. 다음 글을 읽고 정리한 표에 빈 칸 ㈎, ㈏에 들어갈 적절한 말이 순서대로 나열된 것은 어느 것인가?

> 산업화 이전의 사회에서도 인간은 질병 · 노령 · 장애 · 빈곤 등과 같은 문제를 겪어 왔습니다. 그러나 이 시기의 위험은 사회구조적인 차원의 문제라기보다는 개인적인 문제로 여겨졌습니다. 이에 따라 문제의 해결 역시 사회구조적인 대안보다는 개인이나 가족의 책임 아래에서 이루어졌습니다.
>
> 그러나 산업사회로 넘어오면서 환경오염, 산업재해, 실직 등과 같이 개인의 힘만으로는 해결하기 어려운 각종 사회적 위험이 부각되었고, 부양 공동체 역할을 수행해오던 대가족 제도가 해체됨에 따라, 개인 차원에서 다루어지던 다양한 문제들이 국가개입 필요성이 요구되는 사회적 문제로 대두되기 시작했습니다.
>
> 이러한 다양한 사회적 위험으로부터 모든 국민을 보호하여 빈곤을 해소하고 국민생활의 질을 향상시키기 위해 국가는 제도적 장치를 마련하였는데, 이것이 바로 사회보장제도입니다. 우리나라에서 시행되고 있는 대표적인 사회보장제도는 국민연금, 건강보험, 산재보험, 고용보험, 노인장기요양보험 등과 같은 사회보험제도, 기초생활보장과 의료보장을 주목적으로 하는 공공부조제도인 국민기초생활보장제도, 그리고 노인 · 부녀자 · 아동 · 장애인 등을 대상으로 제공되는 다양한 사회복지서비스 등이 있습니다. 우리나라의 사회보장제도는 1970년대까지만 해도 구호사업과 구빈정책 위주였으나, 1970년대 후반에 도입된 의료보험과 1988년 실시된 국민연금제도를 통해 그 외연을 확장할 수 있었습니다.
>
> 이처럼 다양한 사회보장제도 중에서 국민연금은 보험원리에 따라 운영되는 대표적인 사회보험제도라고 할 수 있습니다. 즉, 가입자, 사용자로부터 일정액의 보험료를 받고, 이를 재원으로 사회적 위험에 노출되어 소득이 중단되거나 상실될 가능성이 있는 사람들에게 다양한 급여를 제공하는 제도입니다. 국민연금제도를 통해 제공되는 급여에는 노령으로 인한 근로소득 상실을 보전하기 위한 노령연금, 주소득자의 사망에 따른 소득상실을 보전하기 위한 유족연금, 질병 또는 사고로 인한 장기근로능력 상실에 따른 소득상실을 보전하기 위한 장애연금 등이 있으며, 이러한 급여를 지급함으로써 국민의 생활안정과 복지증진을 도모하고자 합니다.

사회보장 (광의)	사회보장 (협의)	사회보험	건강보험, (가), 고용보험, 노인장기요양보험
			공적연금 – 노령연금, 유족연금, (나)
		공공부조 : 생활보장, 의료보장, 재해보장	
		사회복지서비스 (노인 · 부녀자 · 아동 · 장애인복지 등)	
	관련제도	주택 및 생활환경, 지역사회개발, 공중보건 및 의료	
		영양, 교육, 인구 및 고용대책	

① 연금급여, 사회보험 ② 산재보험, 장애연금

③ 사회보험, 연금급여 ④ 사회보험, 장애연금

✅ **해설** 사회보험의 종류에는 공적연금, 건강보험, 산재보험, 고용(실업)보험, 노인장기요양보험 등이 있으며 공적연금은 다시 노령연금, 유족연금, 장애연금으로 구분되어 있다.

21 다음은 정부와 한전에서 중점 추진하고 있는 에너지 신산업에 대한 글이다. 다음 글의 밑줄 친 부분이 의미하는 변화를 이루기 위해 가장 핵심적으로 요구되는 두 가지 기술 요소를 적절하게 연결한 것은 어느 것인가?

우리나라는 에너지 신산업의 일환으로 에너지 프로슈머 사업을 적극적으로 추진한다는 계획 하에 소규모 시범사업부터 대규모 프로슈머의 시범사업을 추진하고 있다. 기본적으로 에너지 프로슈머 사업이 활성화되기 위해서는 소비자 스스로 태양광 발전설비를 설치하고, 이웃과 거래할 수 있는 유인이 있어야 한다. 이러한 유인이 존재하려면 전력회사가 제공하는 전기의 요금보다 신재생에너지 발전단가가 낮아야 할 것이다. 앞으로도 소비자들의 프로슈머화는 가속화될 것이고 궁극적으로는 <u>자급자족 에너지 시스템으로의 변화</u>로 이어질 것으로 예상되고 있다.

에너지 프로슈머는 전력회사로부터 전력을 공급받아 단순히 소비만 하던 에너지 사용방식에서 탈피하여 신재생에너지원을 활용하여 직접 생산하여 소비한 후 남는 전력을 판매하기도 하는 소비자를 일컫는다. 소비자는 주로 태양광 발전설비를 이용하여 낮에 전력을 생산하여 자가 소비 후 잉여전력을 전력회사나 이웃에게 판매하는 방식으로 처리할 수 있다. 이 과정에서 소비자는 생산된 전력량으로부터 자가 소비량과 잉여전력량을 조절하는 한편, 전력회사로부터의 전력구입량도 관리하는 등 에너지 관리에 대한 선택이 확대된다. 더구나 전력저장장치가 결합된다면 저녁시간대의 전력 활용에 대한 선택이 커지므로 보다 전략적으로 에너지 관리를 할 수 있을 것이다.

소비자의 에너지 사용에 대한 행동변화는 소비자의 에너지 프로슈머화를 촉진시킬 뿐만 아니라 현재 대규모 설비위주의 중앙집중적 에너지 공급시스템을 분산형 전원을 활용하여 자급자족이 가능한 에너지 시스템으로 변화되도록 유도하고 있다. 그리고 소비자의 에너지 활용과 관련한 선택의 범위가 확대됨에 따라 다양한 에너지 서비스의 활성화에도 기여하고 있다. 소비자의 행동변화에 따라 에너지 사용 데이터를 기반으로 공급자들도 에너지 수요관리와 관련된 다양한 서비스를 제공하는 한편, 에너지 프로슈머와의 경쟁적 환경에 놓이게 된 것이다.

① 전력저장장치, 전력구입량 관리 설비
② 전력저장장치, 분산형 전원
③ 중앙집중적 에너지 공급시스템, 전력구입량 관리 설비
④ 에너지 사용데이터 관리 시스템, 전력저장장치

✔해설 신재생에너지를 활용한 에너지 신산업의 핵심은 전력저장장치(Energy Storage System)와 분산형 전원(Distributed Resources)의 구축에 있다. 태양광 설비 등을 이용하여 에너지를 생산할 뿐만 아니라 이를 저장하여 사용 및 판매에 이르는 활동에까지 소비자들이 직접 참여할 수 있는, 이른바 에너지 자립을 단위 지역별로 가능하도록 하는 것이 핵심 내용이다. 이것은 기존의 중앙집중적인 에너지 공급 방식에서 탈피하여 에너지 자급자족이 가능한 분산형 전원 설비를 갖추어야만 가능한 일이다. 따라서 전력저장장치와 분산형 전원의 기술 개발과 보급은 에너지 신산업의 필수적이고 기본적인 조건이라고 할 수 있다.

22 다음 육아휴직에 관한 글을 올바르게 이해하지 못한 설명은 어느 것인가?

▫ 육아휴직이란?

육아휴직이란 근로자가 만 8세 이하 또는 초등학교 2학년 이하의 자녀를 양육하기 위하여 신청, 사용하는 휴직을 말합니다.

▫ 육아휴직기간

육아휴직의 기간은 1년 이내입니다.

* 자녀 1명당 1년 사용 가능하므로 자녀가 2명이면 각각 1년씩 2년 사용 가능

* 근로자의 권리이므로 부모가 모두 근로자면 한 자녀에 대하여 아빠도 1년, 엄마도 1년 사용가능

▫ 육아휴직급여 지급대상

- 사업주로부터 30일 이상 육아휴직을 부여받아야 합니다.

  ※ ① 근로한 기간이 1년 미만인 근로자, ② 같은 자녀에 대하여 배우자가 육아휴직을 하고 있는
     근로자에 대하여는 사업주가 육아휴직을 거부할 수 있으니 유의하세요.

- 육아휴직 개시일 이전에 피보험단위기간(재직하면서 임금 받은 기간)이 모두 합해서 180일 이상이
  되어야 합니다.

  ※ 단, 과거에 실업급여를 받았을 경우 인정받았던 피보험기간은 제외

- 같은 자녀에 대해서 피보험자인 배우자가 동시에 육아휴직(30일 미만은 제외) 중인 경우에는 중복
  된 기간에 대하여는 1명만 지급합니다.

▫ 육아휴직급여 지급액

- 육아휴직기간 동안 매월 통상임금의 100분의 40을 육아휴직급여로 지급하고(상한액 : 월 100만 원,
  하한액 : 월 50만 원), 육아휴직급여액 중 100분의 25는 직장복귀 6개월 후에 일시불로 지급합니다.

- 또한, 육아휴직 기간 중 사업주로부터 육아휴직을 이유로 금품을 지급받은 경우로서 매월 단위로
  육아휴직기간 중 지급받은 금품과 육아휴직 급여의 100분의 75에 해당하는 금액(그 금액이 50만
  원 미만인 경우에는 하한액 50만 원)을 합한 금액이 육아휴직 시작일 기준으로 한 월 통상임금을
  초과한 경우에는 그 초과한 금액을 육아휴직 급여의 100분의 75에 해당하는 금액에서 빼고 지급합
  니다.

- 육아 휴직 시작일이 2015년 7월 1일 이전은 육아휴직 급여의 100분의 85에 해당하는 금액(그 금
  액이 50만 원 미만인 경우에는 하한액 50만 원)을 합한 금액이 육아 휴직 시작일 기준으로 한 월
  통상임금을 초과한 경우에는 그 초과한 금액을 육아휴직 급여의 100분의 85에 해당하는 금액에서
  빼고 지급합니다.

▫ 신청 시기

육아휴직을 시작한 날 이후 1개월부터 매월 단위로 신청하되, 당월 중에 실시한 육아휴직에 대한 급여의 지급 신청은 다음 달 말일까지 해야 합니다. 매월 신청하지 않고 기간을 적치하여 신청 가능합니다(사전 신청한 경우). 단, 육아휴직이 끝난 날 이후 12개월 이내에 신청하지 않을 경우 동 급여를 지급하지 않습니다.

① 해당 연령대 자녀가 2명인 부모가 사용할 수 있는 총 육아휴직 합산 기간은 4년이다.

② 통상임금이 200만 원인 근로자의 경우, 직장복귀 6개월 후 50만 원을 지급받게 된다.

③ 육아휴직급여를 받기 위해서는 이전 재직기간이 최소한 180일 이상이어야 한다.

④ 통상임금이 200만 원인 근로자가 사업주로부터 육아휴직을 이유로 150만 원의 격려금을 지급받았을 경우, 해당 월의 육아휴직급여액은 50만 원이 된다.

✔ **해설** 통상임금이 200만 원이면 육아휴직급여는 100분의 40인 80만 원이 되며, 이 금액의 100분의 25인 20만 원이 직장복귀 6개월 후 지급받는 금액이 된다.

23 다음 글의 문맥상 빈칸에 들어갈 말로 가장 적절한 것은?

> 기본적으로 전기차의 충전수요는 주택용 및 직장용 충전방식을 통해 상당부분 충족될 수 있다. 집과 직장은 우리가 하루 중 대부분의 시간을 보내는 장소이며, 그만큼 우리의 자동차가 가장 많은 시간을 보내는 장소이다. 그러나 서울 및 대도시를 포함하여, 전국적으로 주로 아파트 등 공동주택에 거주하는 가구비중이 높은 국내 현실을 감안한다면, 주택용 충전방식의 제약은 단기적으로 해결하기는 어려운 것이 또한 현실이다. 더욱이 우리가 자동차를 소유하고 활용할 때 직장으로의 통근용으로만 사용하지는 않는다. 때론 교외로 때론 지방으로 이동할 때 자유롭게 활용 가능해야 하며, 이때 (   ), 전기차의 시장침투는 그만큼 제약될 수밖에 없다. 직접 충전을 하지 않더라도 적어도 언제 어디서나 충전이 가능하다는 인식이 자동차 운전자들에게 보편화되지 않는다면, 배터리에 충전된 전력이 다 소진되어, 도로 한가운데서 꼼짝달싹할 수 없게 될 수도 있다는 두려움, 즉 주행가능거리에 대한 우려로 인해 기존 내연기관차에서 전기차로의 전환은 기피대상이 될 수밖에 없다.
>
> 결국 누구나 언제 어디서나 접근이 가능한 공공형 충전소가 도처에 설치되어야 하며, 이를 체계적으로 운영 관리하여 전기차 이용자들이 편하게 사용할 수 있는 분위기 마련이 시급하다. 이를 위해서는 무엇보다 전기차 충전서비스 시장이 두터워지고, 잘 작동해야 한다.

① 이동하고자 하는 거리가 너무 멀다면　　② 충전 요금이 과도하게 책정된다면

③ 전기 차 보급이 활성화되어 있지 않다면　　④ 기존 내연기관차보다 불편함이 있다면

✔ **해설** 전기차의 시장침투가 제약을 받게 되는 원인이 빈칸에 들어갈 가장 적절한 말이 될 것이며, 이것은 전후의 맥락으로 보아 기존의 내연기관차와의 비교를 통하여 파악되어야 할 것이다. 따라서 '단순히 전기차가 주관적으로 불편하다는 이유가 아닌 기존 내연기관차에 비해 더 불편한 점이 있을 경우'에 해당하는 말이 위치해야 한다.

인간 생활에 있어서 웃음은 하늘의 별과 같다. 웃음은 별처럼 한 가닥의 광명을 던져 주고, 신비로운 암시도 풍겨 준다. 웃음은 또한 봄비와도 같다. 이것이 없었던들 인생은 벌써 사막이 되어 버렸을 것인데, 감미로운 웃음으로 하여 인정의 초목은 무성을 계속하고 있는 것이다. 웃음에는 여러 가지 색채가 있다. 빙그레 웃는 파안대소가 있는가 하면, 갈갈대며 웃는 박장대소가 있다. 깨가 쏟아지는 간간대소가 있는가 하면, 허리가 부러질 정도의 포복절도도 있다. 이러한 종류의 웃음들은 우리 인생에 해로운 것이 조금도 없다. 그러나 웃음이 언제나 우리를 복된 동산으로만 인도하는 것은 아니다. 남을 깔보고 비웃는 냉소도 있고, 허풍도 떨고 능청을 부리는 너털웃음도 있다. 대상을 유혹하기 위하여 눈초리에 간사가 흐르는 눈웃음이 있는가 하면, 상대방의 호기심을 사기 위하여 지어서 웃는 선웃음이라는 것도 있다. 사람이 기쁠 때 웃고 슬플 때 운다고만 생각하면 잘못이다. 기쁨이 너무 벅차면 눈물이 나고 슬픔이 극도에 이르면 도리어 기막힌 웃음보가 터지지 않을 수 없다. 이것은 탄식의 웃음이요, 절망의 웃음이다.

㉠ 그러나 이것은 극단의 예술이요, 대체로 슬플 때 울고, 기쁠 때 웃는 것이 정상이요 일반적이 아닐 수 없다. 마음속에 괴어오르는 감정을 표면에 나타내지 않는 것으로써 군자의 덕을 삼는 동양에서는, 치자다소(痴者多笑)라 하여, 너무 헤프게 웃는 것을 경계하여 왔다. 감정적 동물인 인간으로부터, 희로애락(喜怒哀樂)을 불현어외(不顯於外)*하는 신의 경지에까지 접근하려는 노력과 욕구에서 오는 기우(杞憂)가 아니었을까.

* 불현어외(不顯於外) : 밖으로 드러내지 않음.

24 이 글에 대한 설명으로 적절하지 않은 것은?

① 웃음을 다양한 관점에서 고찰하고 있다.
② 웃음을 인격 완성의 조건으로 보고 있다.
③ 예리한 관찰과 비유적 표현이 나타나 있다.
④ 웃음의 의미를 삶과 관련지어 평가하고 있다.

> **해설** 감정을 표면에 드러내지 않는 것을 군자의 덕으로 생각하는 동양에서는, 헤프게 웃는 것을 경계해 온 사실에 대해 '기우(杞憂)'라고 표현한 것을 볼 때 웃음을 인격 완성의 조건으로 보고 있지 않다는 것을 알 수 있다.

25 ㉠에서 글쓴이가 경계하고 있는 삶의 태도는?

① 예의를 갖추지 않고 함부로 행동하는 태도
② 감정을 속여서 남에게 피해를 주려는 태도
③ 상황 판단을 못하여 비정상적인 감정을 표현하려는 태도
④ 체면을 중시하여 감정을 제대로 표현하지 않으려는 태도

> **해설** 체면으로 인하여 인간 생활에 있어서 웃음의 가치를 깨닫지 못하는 삶의 태도를 경계하고 있다.

26 다음 글의 내용을 참고할 때, 빈 칸에 들어갈 가장 적절한 말은 어느 것인가?

> 사람을 비롯한 포유류에서 모든 피를 만드는 줄기세포는 뼈에 존재한다. 그러나 물고기의 조혈 줄기세포(조혈모세포)는 신장에 있다. 신체의 특정 위치 즉 '조혈 줄기세포 자리(blood stem cell niche)'에서 피가 만들어진다는 사실을 처음 알게 된 1970년대 이래, 생물학자들은 생물들이 왜 서로 다른 부위에서 이 기능을 수행하도록 진화돼 왔는지 궁금하게 여겨왔다. 그 40년 뒤, 중요한 단서가 발견됐다. 조혈 줄기세포가 위치한 장소는 (   ) 진화돼 왔다는 사실이다.
>
> 이번에 발견된 '조혈 줄기세포 자리' 퍼즐 조각은 조혈모세포 이식의 안전성을 증진시키는데 도움이 될 것으로 기대된다. 연구팀은 실험에 널리 쓰이는 동물모델인 제브라피쉬를 관찰하다 영감을 얻게 됐다.
>
> 프리드리히 카프(Friedrich Kapp) 박사는 "현미경으로 제브라피쉬의 조혈 줄기세포를 관찰하려고 했으나 신장 위에 있는 멜라닌세포 층이 시야를 가로막았다"고 말했다. 멜라닌세포는 인체 피부 색깔을 나타내는 멜라닌 색소를 생성하는 세포다.
>
> 카프 박사는 "신장 위에 있는 멜라닌세포의 모양이 마치 파라솔을 연상시켜 이 세포들이 조혈줄기세포를 자외선으로부터 보호해 주는 것이 아닐까 하는 생각을 하게 됐다"고 전했다. 이런 생각이 들자 카프 박사는 정상적인 제브라피쉬와 멜라닌세포가 결여된 변이 제브라피쉬를 각각 자외선에 노출시켰다. 그랬더니 변이 제브라피쉬의 조혈 줄기세포가 줄어드는 현상이 나타났다. 이와 함께 정상적인 제브라피쉬를 거꾸로 뒤집어 자외선을 쬐자 마찬가지로 줄기세포가 손실됐다.
>
> 이 실험들은 멜라닌세포 우산이 물리적으로 위에서 내리쬐는 자외선으로부터 신장을 보호하고 있다는 사실을 확인시켜 주었다.

① 줄기세포가 햇빛과 원활하게 접촉할 수 있도록

② 줄기세포에 일정한 양의 햇빛이 지속적으로 공급될 수 있도록

③ 멜라닌 색소가 생성되기에 최적의 공간이 형성될 수 있도록

④ 햇빛의 자외선으로부터 이 줄기세포를 보호하도록

> ✔해설 제브라피쉬의 실험은 햇빛의 자외선으로부터 줄기세포를 보호하는 멜라닌 세포를 제거한 후 제브라피쉬를 햇빛에 노출시켜 본 사실이 핵심적인 내용이라고 할 수 있다. 따라서 이를 통하여 알 수 있는 결론은, 줄기세포가 존재하는 장소는 햇빛의 자외선으로부터 보호받을 수 있는 방식으로 진화하게 되었다는 것이 타당하다고 볼 수 있다.

이것은 퍽 우려할 일이다. 즉, 위에서 본 현대 사회의 중요한 문제들에 접해서 많은 선택과 결정을 내려야 할 사람들이 이들 문제의 바탕이 되는 과학의 내용을 이해하기는커녕, 접근하기조차 힘들 정도로 과학이 일반 지식인들로부터 유리(遊離)된 것은 커다란 문제인 것이다. 더구나 이런 실정이 쉽게 해결되기가 힘든 뚜렷한 이유, 즉 과학의 내용 자체가 가지는 어려움은 계속 존재하거나 심해질 것이기 때문에 문제는 더욱 심각하다.

그러나 이러한 과학의 유리 상태를 심화시키는 데에 과학 내용의 어려움보다도 더 크게 작용하는 것은 과학에 관해 널리 퍼져 있는 잘못된 생각이다. 흔히들 현대 사회의 많은 문제들이 과학의 책임인 것으로 생각한다. 즉, 과학이 인간의 윤리나 가치 같은 것은 무시한 채 맹목적으로 발전해서 많은 문제들 예를 들어, 무기 개발, 전쟁 유발, 환경 오염, 인간의 기계화, 생명의 존귀성 위협을 야기(惹起)시키면서도 이에 대해서 아무런 책임을 지지 않고 있다는 생각이 그것이다.

대부분의 경우, 이런 생각의 바탕에는 과학이 가치 중립적(價値中立的)이거나 혹은 가치와 무관하다는 명제(命題)가 깔려 있다. 물론, 과학이 가치 중립적이라는 생각은 여러 의미에서 타당한 생각이며 실제로 많은 사람들이 받아들이는 생각이다. 최근에 와서 이에 회의(懷疑)를 표시하는 사람들도 거의 대부분 이 명제 자체를 부정하는 것보다는 과학에 가치 중립적이 아닌 측면도 있음을 보이는 데에 그친다. 그러나 일반 사람들이 위의 문제들에 관한 책임을 과학에 돌리면서 흔히 가지는 생각은 과학의 가치 중립성에 대한 잘못된 이해에서 연유할 때가 많다.

과학이 가치 중립적이라는 말은 크게 보아서 다음 두 가지의 의미를 지니고 있다. 첫째는 자연 현상을 기술하는 데에 있어서 얻게 되는 과학의 법칙이나 이론으로부터 개인적 취향(趣向)이나 가치관에 따라 결론을 취사 선택할 수 없다는 점이고, 둘째는 과학으로부터 얻은 결론, 즉 과학 지식이 그 자체로서 가치에 대한 판단이나 결정을 내려 주지 못한다는 점이다.

사람에 따라서는 이 중 첫째는 수긍하면서 둘째에 대해서는 반론(反論)을 제기하기도 한다. 예를 들어, 그들은 인간의 질병 중 어떤 것이 유전(遺傳)한다는 유전학의 지식이 유전성 질병이 있는 사람은 아기를 낳지 못하게 해야 한다는 결론을 내린다고 생각한다. 즉, 과학적 지식이 인간의 문제에 관하여 결정을 내려 준다고 생각한다. 그러나 보다 주의 깊게 살펴보면 이것이 착각이라는 것은 분명하다.

27 이 글의 내용과 일치하지 않는 것은?

① 과학은 가치중립적이다.
② 과학은 인간의 문제에 대해 결정을 내려주지 못한다.
③ 현대의 모든 문제는 과학으로부터 해결 방안을 찾을 수 있다.
④ 흔히 현대 사회의 많은 문제들이 과학의 책임이라고 생각한다.

> **해설** 과학으로부터 많은 문제가 발생하고 있음을 밝히고 있지만 과학으로부터 해결 방안을 찾을 수 있다는 내용은 언급되어 있지 않다.

28 이 글 다음에 이어질 내용으로 적절한 것은?

① 과학의 발달 과정을 자세히 살펴보아야 한다.
② 인간에 관한 모든 문제는 과학이 책임져야 한다.
③ 인간과 사회의 모든 문제점을 검토해 봐야 한다.
④ 인간 문제에 관해 결정을 내리는 것은 인간 자신이다.

> **해설** 마지막 문장에서 과학적 지식이 인간의 문제에 관하여 결정을 내려주는 것은 착각이라고 말한 것으로 볼 때, 결정을 내리는 것은 인간이라는 내용이 이어져야 한다.

ANSWER 27.③ 28.④

> 조선시대 우리의 전통적인 전술은 흔히 장병(長兵)이라고 불리는 것이었다. 장병은 기병(騎兵)과 보병(步兵)이 모두 궁시(弓矢)나 화기(火器) 같은 장거리 무기를 주무기로 삼아 원격전(遠隔戰)에서 적을 제압하는 것이 특징이었다. 이에 반해 일본의 전술은 창과 검을 주무기로 삼아 근접전(近接戰)에 치중하였기 때문에 단병(短兵)이라 일컬어졌다. 이러한 전술상의 차이로 인해 임진왜란 이전에는 조선의 전력(戰力)이 일본의 전력을 압도하는 형세였다. 조선의 화기 기술은 고려 말 왜구를 효과적으로 격퇴하는 방도로 수용된 이래 발전을 거듭했지만, 단병에 주력하였던 일본은 화기 기술을 습득하지 못하고 있었다. 그러나 이러한 전력상의 우열관계는 임진왜란 직전 일본이 네덜란드 상인들로부터 조총을 구입함으로써 역전되고 말았다. 일본의 새로운 장병 무기가 된 조총은 조선의 궁시나 화기보다도 사거리나 정확도 등에서 훨씬 우세하였다. 조총은 단지 조선의 장병 무기류를 압도하는데 그치지 않고 일본이 본래 가지고 있던 단병 전술의 장점을 십분 발휘하게 하였다. 조선이 임진왜란 때 육전(陸戰)에서 참패를 거듭한 것은 정치·사회 전반의 문제가 일차적 원인이겠지만, 이러한 전술상의 문제에도 전혀 까닭이 없지 않았던 것이다. 그러나 일본은 근접전이 불리한 해전(海戰)에서 조총의 화력을 압도하는 대형 화기의 위력에 눌려 끝까지 열세를 만회하지 못했다. 일본은 화약무기 사용의 전통이 길지 않았기 때문에 해전에서도 조총만을 사용하였다. 반면 화기 사용의 전통이 오래된 조선의 경우 비록 육전에서는 소형화기가 조총의 성능을 당해내지 못했지만, 해전에서는 함선에 탑재한 대형 화포의 화력이 조총의 성능을 압도하였다. 해전에서 조선 수군이 거둔 승리는 이순신의 탁월한 지휘력에도 힘입은 바 컸지만, 이러한 장병 전술의 우위가 승리의 기본적인 토대가 되었던 것이다.

① 조선의 장병 전술은 고려 말 화기의 수용으로부터 시작되었다.
② 원격전에 능한 조선 장병 전술의 장점이 해전에서 잘 발휘되었다.
③ 장병 무기인 조총은 일본의 근접 전투기술을 약화시켰다.
④ 임진왜란 당시 조선은 육전에서 전력상 우위를 점하고 있었다.

✔ 해설 첫 번째 문단에서 조선의 원격전에 대해 언급하였고, 두 번째 문단에서 육전에서 일본을 당해내지 못했지만 해전에서는 화포를 통해 압도하였다고 나타나 있다.

30 다음 글 ㈎~㈚의 중심 내용으로 알맞지 않은 것은?

㈎ 표준어는 맞춤법이나 표준 발음의 대상이 된다. 즉, '한글맞춤법'은 "표준어를 소리대로 적되, 어법에 맞도록 함을 원칙으로 한다."고 하였으며, '표준 발음법'은 "표준어의 실제 발음을 따르되, 국어의 전통성과 합리성을 고려하여 정함을 원칙으로 한다."고 하였으니, 올바른 한글 표기와 표준 발음을 하기 위해서 표준어를 꼭 알아야 함은 물론이다.

㈏ 표준어를 정해서 쓰면, 모든 국민이 의사소통이 원활하게 되어, 통합이 용이해진다. 또한 표준어를 통하여 지식이나 정보를 얻을 수 있고, 문화생활도 누릴 수 있다. 그리고 교육적인 면에서도 효율적이며, 국어 순화에도 기여할 수 있다.

㈐ 표준어가 아닌 말은 모두 방언이라고 하는데, 방언 중에서 지역적 요인에 의한 것을 지역 방언이라고 하고, 사회적 요인에 의한 것을 사회 방언 또는 계급 방언이라고 한다. 그러나 좁은 의미에서의 방언은 지역 방언만을 의미한다. 지역 방언은 동일한 언어를 사용하는 사람들이 서로 다른 지역에서 살게 되면서 변이된 것이다. 그러므로 가까운 거리의 지역보다는 먼 지역 간의 방언 차이가 더 크며, 교통이 잘 발달되지 않은 지역이나, 옛날에 다른 나라에 속했던 지역 간에도 방언의 차이가 크게 나타난다.

㈑ 사회 방언은 언어의 사회적 요인에 의한 변이가 나타난 것인데, 대체로 계층, 세대, 성별, 학력, 직업 등이 중요한 사회적 요인이다. 사회 방언의 예를 들면, '물개'는 군인들이 '해군'을 의미하는 말로 쓰며, '낚다, 건지다'는 신문이나 방송에 종사하는 사람들이 '(좋은) 기사를 취재하다'라는 의미로 사용한다.

① ㈎ : 표준어의 기능
② ㈏ : 표준어 사용의 이점
③ ㈐ : 방언의 분류
④ ㈑ : 방언의 폐해

✔**해설** ㈑는 사회적 방언에 대해 설명하고 있다.

31 다음 글에 나타난 글쓴이의 태도로 적절한 것은?

> 삶을 수동적으로만 받아들이던 옛 사람이 아니더라도 구름의 모습에 관심을 가질 때, 그 구름이 갖는 어떤 상징을 느끼면, 고르지 못한 인생에 새삼 개탄을 하게 된다. 과학의 발달에 따라 인간의 이지(理智)가 모든 불합리성을 거부하게 되었다 할지라도, 이 '느낌'이란 것을 어찌할 수 없어, 우리는 지금도 달이라면 천체(天體) 사진을 통하여 본 달의 죽음의 지각(地殼)보다도, 먼저 계수나무의 환상을 머리에 떠올린다.
>
> 고도한 과학력은 또 인공운(人工雲)을 조성하여, 인공 강우까지도 가능케 하리라 한다. 그러나 인간의 의지로 발생한 인공 수정(人工受精)된 생명도 자연 생명과 같은 삶을 이어 갈 수밖에 없듯이, 인공으로 이루어졌다 하더라도 우리에게 오는 느낌은 자연운(自然雲)과 같은 허무(虛無) 그것일 뿐이다.
>
> 식자(識者)는 혹 이런 느낌을 황당하다고 웃을지 모르나, 그 옛날 나의 어린 정서를 흔들고 키워 준 구름에서 이제 나이 먹어 지친 지금은 또 다른 의미를 찾고자 한다. 흐르는 물과 일었다 스러지는 구름의 모습은 나에게 가르치는 것이 많다고 생각하는 것이다. 물은 언제나 흐르되 그 자리에 있고, 항상 그 자리를 채우는 것은 같은 물이 아니듯이, 하늘에 뜬 구름 역시 일었다 스러지나, 같은 모습을 띠우되 같은 것은 아니라는 것 – 그리고 모든 것은 그렇게 있게 마련이라는 것을 깨우쳐 준다. 이런 상념은 체념이 아니고 달관(達觀)이었으면 하는 것이 이즈음의 나의 소망인 것이다.

① 자연과 일체가 되는 조화로운 삶을 살고자 한다.
② 자연을 스승으로 삼아서 인생의 교훈을 얻고자 한다.
③ 자연에 순응하지 않는 적극적인 삶의 태도를 갖고자 한다.
④ 인간이 만든 과학의 성과에 대해 비판적으로 생각하고 있다.

✔해설 글쓴이는 구름을 통해 무상(無常)한 삶의 본질을 깨닫고, 달관하는 삶의 자세를 배우고 있음을 알 수 있다.

32 다음 글의 중심내용으로 적절한 것은?

> 정보 사회라고 하는 오늘날, 우리는 실제적 필요와 지식 정보의 획득을 위해서 독서하는 경우가 많다. 일정한 목적의식이나 문제의식을 안고 달려드는 독서일수록 사실은 능률적인 것이다. 르네상스적인 만능의 인물이었던 괴테는 그림에 열중하기도 했다. 그는 그림의 대상이 되는 집이나 새를 더 관찰하기 위해서 그리는 것이라고, 의아해 하는 주위 사람에게 대답했다고 전해진다. 그림을 그리겠다는 목적의식을 가지고 집이나 꽃을 관찰하면 분명하고 세밀하게 그 대상이 떠오를 것이다. 마찬가지로 일정한 주제 의식이나 문제의식을 가지고 독서를 할 때 보다 창조적이고 주체적인 독서 행위가 성립될 것이다.
> 오늘날 기술 정보 사회의 시민이 취득해야 할 상식과 정보는 무량하게 많다. 간단한 읽기, 쓰기와 셈하기 능력만 갖추고 있으면 얼마 전까지만 하더라도 문맹(文盲)상태를 벗어날 수 있었다. 오늘날 사정은 이미 동일하지 않다. 자동차 운전이나 컴퓨터 조작이 바야흐로 새 시대의 '문맹' 탈피 조건으로 부상하고 있다. 현대인 앞에는 그만큼 구비해야 할 기본적 조건과 자질이 수없이 기다리고 있다.
> 사회가 복잡해짐에 따라 신경과 시간을 바쳐야 할 세목도 증가하게 마련이다. 그러나 어느 시인이 얘기한 대로 인간 정신이 마련해 낸 가장 위대한 세계는 언어로 된 책의 마법 세계이다. 그 세계 속에서 현명한 주민이 되기 위해서는 무엇보다도 자기 삶의 방향에 맞게 시간을 잘 활용해야 할 것이다.

① 정보량의 증가에 비례한 서적의 증가

② 시대에 따라 변화하는 문맹의 조건

③ 목적의식을 가진 독서의 필요성

④ 정보 사회에서 르네상스의 시대적 의미

> **✔ 해설** 첫 문단의 '일정한 목적의식이나 문제의식을 안고 달려드는 독서일수록 사실은 능률적인 것이다.', '마찬가지로 일정한 주제 의식이나 문제의식을 가지고 독서를 할 때 보다 창조적이고 주체적인 독서 행위가 성립될 것이다.' 등의 문장을 통해 주제를 유추할 수 있다.

33 다음에 제시된 글을 흐름이 자연스럽도록 순서대로 배열한 것을 고르면?

> (가) 진화는 반드시 이상적이고 완벽한 구조를 창출해 내는 방향으로만 이루어지는 것은 아니다.
>
> (나) 그래서 진화는 불가피하게 타협적인 구조를 선택하는 방향으로 이루어지며, 순간순간의 필요에 대응한 결과가 축적되는 과정이라고 할 수 있다.
>
> (다) 진화 과정에서는 새로운 환경에 적응하기 위한 최선의 구조가 선택되지만, 그 구조는 기존의 구조를 허물고 처음부터 다시 만들어 낸 최상의 구조와는 차이가 있다.
>
> (라) 질식의 원인이 되는 교차된 기도와 식도의 경우처럼, 진화의 산물이 우리가 보기에는 납득할 수 없는 불합리한 구조를 지니게 되는 이유가 바로 여기에 있다.

① (가) ― (라) ― (다) ― (나) ② (나) ― (라) ― (가) ― (다)
③ (가) ― (다) ― (나) ― (라) ④ (나) ― (라) ― (다) ― (가)

✔해설 가장 먼저 (가)에서 진화의 과정이 이상적이고, 완벽하지 않음을 제시하고 있으며 (다)와 (나)에서 진화의 과정에 대해 설명하고, (라)에서 그 과정이 (가)의 이유임을 제시하고 있다.

34 제시된 문장을 글의 흐름이 자연스럽도록 순서대로 배열한 것을 고르면?

> (가) 그 덕분에 인류의 문명은 발달될 수 있었다.
>
> (나) 그 대신 사람들은 잠을 빼앗겼고 생물들은 생체 리듬을 잃었다.
>
> (다) 인간은 오랜 세월 태양의 움직임에 따라 신체 조건을 맞추어 왔다.
>
> (라) 그러나 밤에도 빛을 이용해 보겠다는 욕구가 관솔불, 등잔불, 전등을 만들어 냈고, 이에 따라 밤에 이루어지는 인간의 활동이 점점 많아졌다.

① (가) ― (나) ― (다) ― (라) ② (나) ― (가) ― (라) ― (다)
③ (다) ― (라) ― (가) ― (나) ④ (라) ― (다) ― (나) ― (가)

✔해설 (다) 인간은 태양의 움직임에 따라 신체 조건을 맞춤
(라) 그러나 전등의 발명으로 밤에도 활동
(가) 인류의 문명이 발달
(나) 생체 리듬을 잃음

35 다음에 제시된 글을 흐름이 자연스럽도록 순서대로 배열한 것을 고르면?

> (가) 목청껏 소리를 지르고 손뼉을 치고 싶은 충동 같은 것 말이다.
>
> (나) 나는 가끔 충동을 느낄 때가 있다.
>
> (다) 환호가 아니라도 좋으니 속이 후련하게 박장대소라도 할 기회나마 거의 없다.
>
> (라) 마음속 깊숙이 잠재한 환호에의 갈망 같은 게 이런 충동을 느끼게 하는지도 모르겠다.
>
> (마) 그러나 요샌 좀처럼 이런 갈망을 풀 기회가 없다.

① (가) — (라) — (나) — (마) — (다)　　　　② (나) — (가) — (라) — (마) — (다)

③ (나) — (가) — (마) — (다) — (라)　　　　④ (다) — (가) — (라) — (마) — (나)

✔해설 (나)에서 화제를 제시하고 (가)에서 예를 들어 설명한다. (라)는 (가) 같은 충동을 느끼는 짐작이다. (마), (다)에서는 '그러나'를 통해 내용을 전환하여 충동을 풀 기회가 없다는 것을 아쉬워하고 있다.

36 다음에 제시된 글을 흐름이 자연스럽도록 순서대로 배열한 것을 고르면?

> (가) 이러한 활성화 에너지를 낮추는 것이 정촉매이고, 활성화 에너지를 높이는 것이 부촉매이다.
>
> (나) 촉매는 정촉매와 부촉매로 구분되는데, 활성화 에너지와 반응 속도를 통해 설명할 수 있다.
>
> (다) 이 화학 반응의 속도를 변화시키는 물질이 촉매이다.
>
> (라) 활성화 에너지란 어떤 물질이 화학 반응을 일으키기 위해 필요한 최소한의 에너지이다. 활성화 에너지가 낮아지면 반응 속도가 빨라지고, 활성화 에너지가 높아지면 반응 속도가 느려지게 된다.
>
> (마) 우리가 섭취한 영양소로부터 생활에 필요한 에너지를 얻거나 몸에 필요한 물질을 합성하는 과정은 모두 화학 반응에 의해 이루어진다.

① (마) — (다) — (나) — (라) — (가)　　　　② (다) — (마) — (나) — (라) — (가)

③ (다) — (마) — (나) — (가) — (라)　　　　④ (마) — (가) — (나) — (라) — (다)

✔해설 (마) 영양소로부터 에너지를 얻거나 몸에 필요한 물질을 합성하는 과정이 모두 화학 반응에 의해 이루어짐을 제시
　　　　(다) 촉매의 정의
　　　　(나) 정촉매와 부촉매로 촉매를 구분
　　　　(라) 활성화 에너지의 정의 및 활성화 에너지와 반응 속도의 관계 설명
　　　　(가) 정촉매와 부촉매에 대한 설명

ANSWER 33.③　34.③　35.②　36.①

> 한 개인의 창의성 발휘는 자기 영역의 규칙이나 내용에 대한 이해뿐만 아니라 현장에서 적용되는 평가 기준과도 밀접한 관련을 가지고 있다. 어떤 미술 작품이 창의적인 것으로 평가받기 위해서는 당대 미술가들이나 비평가들이 작품을 바라보는 잣대에 들어맞아야 한다. 마찬가지로 문학 작품의 창의성 여부도 당대 비평가들의 평가기준에 따라 달라질 수 있다. 예를 들면, 라파엘로의 창의성은 미술사학, 미술 비평이론, 그리고 미적 감각의 변화에 따라 그 평가가 달라진다. 라파엘로는 16세기와 19세기에는 창의적이라고 여겨졌으나, 그 사이 기간이나 그 이후에는 그렇지 못했다. 라파엘로는 사회가 그의 작품에서 감동을 받고 새로운 가능성을 발견할 때 창의적이라 평가받을 수 있었다. 그러나 만일 그의 그림이 미술을 아는 사람들의 눈에 도식적이고 고리타분하게 보인다면, 그는 기껏해야 뛰어난 제조공이나 꼼꼼한 채색가로 불릴 수 있을 뿐이다.

① 창의성은 본질적으로 신비하고 불가사의한 영역이다.

② 상징에 의해 전달되는 지식은 우리의 외부에서 온다.

③ 창의성은 일정한 준비 기간을 필요로 한다.

④ 창의성의 발휘는 평가 기준과 밀접한 관련이 있다.

✔ **해설** 창의성의 발휘는 자기 영역의 규칙이나 내용에 대한 이해뿐만 아니라 현장에서 적용되는 평가 기준과 밀접한 관련이 있다는 것이 이 글이 전달하고자 하는 중심적인 내용이다.

전통 예술의 현대화나 민족 예술의 세계화라는 명제와 관련하여 흔히 사물놀이를 모범 사례로 든다. 전통의 풍물놀이 '농악'을 무대 연주 음악으로 탈바꿈시킨 사물놀이는 짧은 역사에도 불구하고 한국 현대 예술에서 당당히 한 자리를 잡은 가운데 우리 전통 음악의 신명을 세계에 전하는 구실을 하고 있다.

그러나 문화계 일각에서는 사물놀이에 대한 비판적 관점도 제기되고 있다. 특히 전통 풍물을 살리기 위한 노력을 전개하는 쪽에서 적지 않은 우려를 나타내고 있다. 그들은 무엇보다도 사물놀이가 풍물놀이의 굿 정신을 잃었거나 또는 잃어 가고 있다는 데 주목한다. 풍물놀이는 흔히 '풍물굿'으로 불리는 것으로서 모두가 마당에서 함께 어울리는 가운데 춤·기예(技藝)와 더불어 신명나는 소리를 펼쳐내는 것이 본질적인 특성인데, 사물놀이는 리듬악이라는 좁은 세계에 안착함으로써 풍물놀이 본래의 예술적 다양성과 생동성을 약화시켰다는 것이다. 사물놀이에 의해 풍물놀이가 대체되는 흐름은 우리 민족 예술의 정체성 위기로까지도 이어질 수 있다는 의견이다. 사물놀이에 대한 우려는 그것이 창조적 발전을 거듭하지 못한 채 타성에 젖어 들고 있다는 측면에서도 제기된다. 많은 사물놀이 패가 새로 생겨났지만, 사물놀이의 창안자들이 애초에 이룩한 음악 어법이나 수준을 넘어서서 새로운 발전을 이루어 내지 못한 채 그 예술적 성과와 대중적 인기에 안주하고 있다는 것이다. 이는 사물놀이가 민족 예술로서의 정체성을 뚜렷이 갖추지 못한 데에 따른 결과로 분석되기도 한다. 이런 맥락에서 비판자들은 혹시라도 사물놀이가 ______________으로 흘러갈 경우 머지않아 위기를 맞게 될지도 모른다고 경고하고 있다.

① 본래의 예술성과 생동성을 찾아가는 방향
② 대중의 일시적인 기호에 영합하는 방향
③ 서양 음악과의 만남을 시도하는 방향
④ 형식과 전통을 뛰어 넘는 방향

해설 빈칸이 있는 문장의 시작에 "이런 맥락에서"라고 제시되어 있으므로 앞의 문맥을 살펴야 한다. 앞에서 사물놀이의 창안자들이 새로운 발전을 이루어 내지 못한 채 그 예술적 성과와 대중적 인기에 안주하고 있다는 것에 대해 이야기하고 있으므로 빈칸에 들어갈 가장 적절한 것은 ②이다.

39 다음 제시된 글에서 추론할 수 있는 것은?

> 가격분산이 발생하는 원인은 크게 판매자의 경제적인 이유에 의한 요인, 소비자 시장구조에 의한 요인, 재화의 특성에 따른 요인, 소비자에 의한 요인으로 구분할 수 있다. 첫째, 판매자 측의 경제적인 이유로는 소매상점의 규모에 따른 판매비용의 차이와 소매상인들의 가격 차별화 전략의 두 가지를 들 수 있다. 상점의 규모가 클수록 대량으로 제품을 구매할 수 있으므로 판매비용이 절감되어 보다 낮은 가격에 제품을 판매할 수 있다. 가격 차별화 전략은 소비자의 지불 가능성에 맞추어 그때그때 최고 가격을 제시함으로써 이윤을 극대화하는 전략을 말한다. 둘째, 소비자 시장구조에 의한 요인으로 소비자 시장의 불완전성과 시장 규모의 차이에서 기인하는 것이다. 새로운 판매자가 시장에 진입하거나 퇴거할 때 각종 가격 세일을 실시하는 것과 소비자의 수가 많고 적음에 따라 가격을 다르게 정할 수 있는 것을 예로 들 수 있다. 셋째, 재화의 특성에 따른 요인으로 하나의 재화가 얼마나 다른 재화와 밀접하게 관련되어 있느냐에 관한 것, 즉 보완재의 여부에 따라 가격분산을 가져올 수 있다. 넷째, 소비자에 의한 요인으로 가격과 품질에 대한 소비자의 그릇된 인지를 들 수 있다. 소비자가 가격분산의 정도를 잘못 파악하거나 가격분산을 과소평가하게 되면 정보 탐색을 적게 하고 이는 시장의 규율을 늦춤으로써 가격분산을 지속시키는 데 기여하게 되는 것이다.

① 가격분산이 큰 제품일수록 가격에 대한 신뢰도는 낮을 것이다.
② 대체할 재화의 유무에 따라 가격분산이 발생할 수 있을 것이다.
③ 정부의 엄격한 규제가 있으면 가격분산을 막을 수 있을 것이다.
④ 정보력의 부재는 가격분산에 따른 소비자의 피해를 키우는 원인이 될 것이다.

> ✔해설 셋째 재화의 특성에 따른 요인으로 하나의 재화가 얼마나 다른 재화와 밀접하게 관련되어 있느냐에 관한 것 즉 보완재의 여부에 따라 가격분산을 가져올 수 있다.에서 유추할 수 있는 내용이다.

40 다음 중 주어진 글의 빈칸에 들어갈 문장으로 가장 적절한 것을 고르면?

> 문화 상품의 저작권 보호를 위해 기본적으로 필요한 요소는 ________________. 하지만 우리 소비자들은 수년간의 면역 효과로 인해 공짜 문화 상품의 맛에서 헤어 나오지 못하고 있다. 저작권에 대한 소비자의 의식에 획기적인 변화가 없는 한 문화 상품에 대한 가치는 어디서고 인정받지 못하게 될 것이고 문화 산업계가 꿈꾸고 있는 장밋빛 미래도 없을 것이라고 단언한다.

① 제작자의 관대한 태도이다.　　　　② 제작자와 소비자의 대화와 화해이다.
③ 저작권 가치에 대한 소비자의 인식이다.　　　　④ 수출업자의 적극적인 홍보이다.

> ✔해설 빈칸 이후의 문장에서 소비자 의식의 문제점에 대해 이야기하고 있으므로 빈칸에 가장 적절한 문장은 ③이다.

41 다음 중 주어진 글의 빈칸에 들어갈 문장으로 가장 적절한 것을 고르면?

우리 속담 가운데 콩 심은 데 콩 나고, 팥 심은 데 팥 난다. 라는 말이 있다. 공부하지 않고 성적이 향상되기를 바라는 사람에게 주는 교훈이다. 농부가 씨앗을 잘 간수해 두었다가 때를 맞추어 뿌리고, 심고, 가꾸어야 풍성한 결실을 거둘 수 있다. 돈을 낭비하면 가난뱅이가 되고, 시간을 낭비하면 낙오자가 된다.

논밭을 망치는 것은 잡초요, 사람을 망치는 것은 허영이다. 모든 일은 심은 대로 거두는 것이다. 우리는 심은 것을 거두는 ＿＿＿＿＿＿＿＿＿＿(을)를 마음속에 되새겨야 할 것이다.

① 자연이 주는 혜택 　　　　　② 인과응보의 진리
③ 긍정적 사고방식 　　　　　④ 낭비하지 않는 습관

해설 제시된 글의 주제는 모든 일은 원인에 따라 결과를 맺는다.

42 다음 중 주어진 글의 빈칸에 들어갈 문장으로 가장 적절한 것을 고르면?

웹 만화의 특징으로 들 수 있는 것은 인터넷상에서 두루마리처럼 아래로 길게 펼쳐 읽는 것이다. 일반적인 출판 만화는 한 편을 오른쪽에서 왼쪽으로 장을 넘겨 가며 읽는 책의 형식인 반면, 웹 만화는 마우스를 이용해 위에서 아래로 내려가며 읽는 형식을 취하고 있다. 이와 같은 웹 만화의 세로 읽기는 한 회의 만화를 끊김 없이 읽어 내려가게 함으로써 ＿＿＿＿＿＿＿＿＿＿. 출판 만화의 경우 긴장이 고조된 장면이라고 할지라도 한 장 한 장 넘기며 읽어야 하기 때문에 감정의 흐름이 끊길 수 있지만, 웹 만화는 장면을 연속적으로 이어 볼 수 있으므로 긴장감을 지속적으로 유지해 나갈 수 있다.

① 궁금증을 유발할 수 있다
② 독자의 피곤함을 덜 수 있다
③ 더 빠르게 읽을 수 있다
④ 독자의 흥미를 배가시킬 수 있다

해설 지문의 마지막 문장 "웹 만화는 장면을 연속적으로 이어 볼 수 있으므로 긴장감을 지속적으로 유지해 나갈 수 있다." 를 통해 빈칸에는 독자의 흥미를 배가시킬 수 있다가 들어가는 것이 가장 적절하다.

ANSWER 39.② 40.③ 41.② 42.④

도덕이나 윤리는 원만한 사회생활을 위한 지혜이며, 나를 포함한 모든 사람들을 위하여 매우 소중하고 보배로운 것이다. 그런데 우리 사회에는 윤리와 도덕을 존중하는 것이 오히려 손해를 보는 것이라는 인식이 널리 퍼져 있다. 사람들은 왜 도덕적 삶이 자신에게 손해를 가져온다고 생각하는 것일까?

첫째 이유는 그러한 주장을 하는 사람들의 계산법이 근시안적이기 때문이다. 당장 눈앞에 보이는 이해관계만을 계산할 때 우리는 윤리를 존중하는 사람은 손해를 본다는 결론을 내리게 된다. 근시안적인 관점에서 눈에 보이는 이해관계만을 눈여겨볼 때, 정직하고 성실한 사람은 손해를 본다는 인상을 받기 쉽다. 그러나 긴 안목으로 볼 때는, 정직하고 성실한 사람이 불행한 생애의 주인공이 된 경우보다는 부도덕하기로 소문난 사람이 말년을 비참하게 보낸 사례가 더 많을 것이다. ㉠ (이)라는 말이 언제나 적중한다고는 보기 어려우나 전혀 근거 없는 허사(虛辭)라고 보기는 더욱 어렵다.

둘째 이유는 우리 사회에 도덕률을 어기는 사람들이 너무나 많기 때문이다. 도덕률 또는 윤리가 삶의 지혜로서의 진가를 발휘하는 것은 대부분의 사회 성원이 그것을 준수할 경우이다. 대부분의 사람들이 도덕률을 실천으로써 존중할 경우에 나를 포함한 모든 사람들이 도덕률의 혜택을 입게 되는 것이며, 대부분의 사람들이 그것을 지키지 않고 소수만이 그것을 지킬 경우에는 도덕을 지키는 소수의 사람들은 피해자가 될 염려가 있다.

셋째 이유는 시대상 또는 사회상이 급변하는 과정에서 옛날의 전통 윤리가 오늘의 우리 현실에 적합하지 않을 경우도 많기 때문이다. 삶의 지혜로서의 윤리는 행복한 삶을 위한 행위의 원칙 또는 그 처방에 해당한다. 그 행위의 처방은 상황에 적합해야 하거니와, 시대상 또는 사회상이 크게 바뀌고 생활의 조건이 크게 달라지면, 행복을 위한 행위의 처방도 따라서 달라져야 할 경우가 많다. 그런데 우리가 윤리와 도덕성을 강조할 때 사람들의 머리에 떠오르는 것은 대체로 전통 윤리의 규범들이다. 그 전통 윤리의 규범 가운데는 현대의 생활 조건에 맞지 않는 것도 흔히 있으며, 오늘의 상황에 맞지 않는 윤리의 규범을 맹목적으로 지키는 사람들은 현대의 생활 조건에 적응하지 못하고 어려움을 겪게 된다. 이러한 경우에 '윤리를 지키는 사람은 손해를 본다'. 라는 말이 나올 수 있는 여지가 생기는 것이다.

43 이 글의 중심 내용으로 가장 적절한 것은?

① 바뀌는 시대상과 도덕성의 관계

② 도덕적 삶이 손해라고 인식하는 까닭

③ 전통 윤리에 깃들어 있는 도덕적 가치

④ 손해를 무릅쓰고 도덕을 지켜야 하는 이유

> **해설** 처음 문단에서 도덕적 삶을 손해라고 생각하는 인식이 널리 퍼지게 된 까닭이 무엇인지에 대해 문제를 제기하고, 이어지는 문단에서 그 이유를 밝히고 있다.

44 문맥상 ㉠에 들어갈 알맞은 한자 성어는?

① 사필귀정(事必歸正)

② 권선징악(勸善懲惡)

③ 적자생존(適者生存)

④ 선공후사(先公後私)

> **해설** ㉠의 바로 앞에 쓰인 문장은, 정직하고 성실한 사람이 말년에 비참하게 보내지 않을 확률이 더 높다는 뜻으로 해석할 수 있다.
> ① 사필귀정(事必歸正) : 모든 일은 반드시 바른길로 돌아감
> ② 권선징악(勸善懲惡) : 착한 일을 권장하고 악한 일을 징계함
> ③ 적자생존(適者生存) : 환경에 적응하는 생물만이 살아남고, 그렇지 못한 것은 도태되어 멸망하는 현상
> ④ 선공후사(先公後私) : 공적인 일을 먼저 하고 사사로운 일은 뒤로 미룸

ANSWER 43.② 44.①

45 다음 중 언어적인 의사소통과 비교한 문서적 측면으로서 의사소통의 특징이 아닌 것은?

① 권위감이 있다.

② 정확성을 기하기 쉽다.

③ 전달성이 높다.

④ 상대방의 반응이나 감정을 살필 수 있다.

> **✔ 해설** 언어적인 측면으로서 의사소통의 특징이다.

46 다음의 괄호에 알맞은 한자성어는?

> 일을 하다 보면 균형과 절제가 필요하다는 것을 알게 된다. 일의 수행 과정에서 부분적 잘못을 바로
> 잡으려다 정작 일 자체를 뒤엎어 버리는 경우가 왕왕 발생하기 때문이다. 흔히 속담에 "빈대 잡으려다 초
> 가삼간 태운다."라는 말은 여기에 해당할 것이다. 따라서 부분적 결점을 바로잡으려다 본질을 해치는 (
>)의 어리석음을 저질러서는 안 된다.

① 개과불린(改過不吝)

② 경거망동(輕擧妄動)

③ 교각살우(矯角殺牛)

④ 부화뇌동(附和雷同)

> **✔ 해설** ① **개과불린** : 허물을 고침에 인색하지 않음을 이르는 말
> ② **경거망동** : 경솔하여 생각 없이 망령되게 행동함. 또는 그런 행동
> ③ **교각살우** : 소의 뿔을 바로잡으려다가 소를 죽인다는 뜻으로, 잘못된 점을 고치려다가 그 방법이나 정도가 지나쳐
> 오히려 일을 그르침을 이르는 말
> ④ **부화뇌동** : 우레 소리에 맞춰 함께 한다는 뜻으로, 자신의 뚜렷한 소신 없이 그저 남이 하는 대로 따라가는 것을
> 이르는 말

47 다음은 □□전자의 스마트폰 사용에 관한 조사 설계의 일부분이다. 본 설문조사의 목적으로 가장 적합하지 않은 것은?

---

1. 조사목적

2. 과업 범위
    ① 조사 대상 : 서울과 수도권에 거주하고 있으며 최근 5년 이내에 스마트폰 변경 이력이 있고, 향후 1년 이내에 스마트폰 변경 의향이 있는 만 20~30세의 성인 남녀
    ② 조사 방법 : 구조화된 질문지를 이용한 온라인 조사
    ③ 표본 규모 : 총 1,000명
3. 조사 내용
    ① 시장 환경 파악 : 스마트폰 시장 동향 (사용기기 브랜드 및 가격, 기기사용 기간 등)
    ② 과거 스마트폰 변경 현황 파악 : 변경 횟수, 변경 사유 등
    ③ 향후 스마트폰 변경 잠재 수요 파악 : 변경 사유, 선호 브랜드, 변경 예산 등
    ④ 스마트폰 구매자를 위한 개선 사항 파악 : 스마트폰 구매자를 위한 요금할인, 사은품 제공 등 개선 사항 적용 시 스마트폰 변경 의향
    ⑤ 배경정보 파악 : 인구사회학적 특성 (연령, 성별, 거주 지역 등)
4. 결론 및 기대효과

---

① 스마트폰 구매자를 위한 요금할인 프로모션 시행의 근거 마련
② 평균 스마트폰 기기사용 기간 및 주요 변경 사유 파악
③ 광고 매체 선정에 참고할 자료 구축
④ 스마트폰 구매 시 사은품 제공 유무가 구입 결정에 미치는 영향 파악

> **✔ 해설** 제시된 설문조사에는 광고 매체 선정에 참고할 만한 조사 내용이 포함되어 있지 않다. 따라서 ③은 이 설문조사의 목적으로 적합하지 않다.

48 다음 보도자료 작성 요령을 참고할 때, 적절한 보도자료 문구를 〈보기〉에서 모두 고른 것은?

1. 인명과 호칭

〈우리나라 사람의 경우〉

• 우리나라 사람의 인명은 한글만 쓴다. 동명이인 등 부득이한 경우에만 괄호 안에 한자를 써준다.

• 직함은 소속기관과 함께 이름 뒤에 붙여 쓴다.

• 두 명 이상의 이름을 나열할 경우에는 맨 마지막 이름 뒤에 호칭을 붙인다.

〈외국인의 경우〉

• 중국 및 일본사람의 이름은 현지음을 한글로 외래어 표기법에 맞게 쓰고 괄호 안에 한자를 쓴다. 한자가 확인이 안 될 경우에는 현지음만 쓴다.

• 기타 외국인의 이름은 현지발음을 외래어 표기법에 맞게 한글로 적고 성과 이름 사이를 띄어 쓴다.

2. 지명

• 장소를 나타내는 국내 지명은 광역시 · 도 → 시 · 군 · 구 → 동 · 읍 · 면 · 리 순으로 표기한다.

• 시 · 도명은 줄여서 쓴다.

• 자치단체명은 '서울시', '대구시', '경기도', '전남도' 등으로 적는다.

• 중국과 일본 지명은 현지음을 한글로 외래어 표기법에 맞게 쓰고 괄호 안에 한자를 쓴다.(확인이 안 될 경우엔 현지음과 한자 중 택1)

• 외국 지명의 번역명이 통용되는 경우 관용에 따른다.

3. 기관 · 단체명

• 기관이나 단체 이름은 처음 나올 때는 정식 명칭을 적고 약칭이 있으면 괄호 안에 넣어주되 행정부처 등 관행화된 것은 넣지 않는다. 두 번째 표기부터는 약칭을 적는다.

• 기관이나 단체명에 대표 이름을 써야 할 필요가 있을 때는 괄호 안에 표기한다.

• 외국의 행정부처는 '부', 부처의 장은 '장관'으로 표기한다. 단, 한자권 지역은 그 나라에서 쓰는 정식 명칭을 따른다.

• 국제기구나 외국 단체의 경우 처음에는 한글 명칭과 괄호 안에 영문 약어 표기를 쓴 다음 두 번째부터는 영문 약어만 표기한다.

• 언론기관 명칭은 AP, UPI, CNN 등 잘 알려진 경우는 영문을 그대로 사용하되 잘 알려지지 않은 기관은 그 앞에 설명을 붙여 준다.

• 약어 영문 이니셜이 우리말로 굳어진 것은 우리말 발음대로 표기한다.

〈보기〉

㈎ '최한국 사장, 조대한 사장, 강민국 사장을 등 재계 주요 인사들은 모두 ~'

㈏ '버락오바마 미국 대통령의 임기는 ~'

㈐ '절강성 온주에서 열리는 박람회에는 ~'

㈑ '국제노동기구(ILO) 창설 기념일과 때를 같이하여 ILO 회원국들은 ~'

① (나)

② (라)

③ (가), (나)

④ (가), (다), (라)

✔해설 (가) 두 명 이상의 이름을 나열할 경우에는 맨 마지막 이름 뒤에 호칭을 붙인다는 원칙에 따라 '최한국, 조대한, 강민국 사장을 등 재계 주요 인사들은 모두 ~'로 수정해야 한다.

(나) 외국인의 이름은 현지발음을 외래어 표기법에 맞게 한글로 적고 성과 이름 사이를 띄어 쓴다는 원칙에 따라 '버락 오바마 미국 대통령의 임기는 ~'으로 수정해야 한다.

(다) 중국 지명이므로 현지음을 한글로 외래어 표기법에 맞게 쓰고 괄호 안에 한자를 써야한다는 원칙에 따라, '절강성 (浙江省) 온주(溫州)'로 수정해야 한다.

(라) 국제기구나 외국 단체의 경우 처음에는 한글 명칭과 괄호 안에 영문 약어 표기를 쓴 다음 두 번째부터는 영문 약어만 표기한다는 원칙에 따른 올바른 표기이다.

49 다음 글의 문맥으로 보아 밑줄 친 단어의 쓰임이 올바른 것은?

우리나라의 저임금근로자가 소규모사업체 또는 자영업자에게 많이 고용되어 있기 때문에 최저임금의 급하고 과도한 인상은 많은 자영업자의 추가적인 인건비 인상을 ㉠표출할 것이다. 이것은 최저임금위원회의 심의 과정에서 지속적으로 논의된 사안이며 ㉡급박한 최저임금 인상에 대한 가장 강력한 반대 논리이기도 하다. 아마도 정부가 최저임금 결정 직후에 매우 포괄적인 자영업 지원대책을 발표한 이유도 이것 때문으로 보인다. 정부의 대책에는 기존의 자영업 지원대책을 비롯하여 1차 분배를 개선하기 위한 장·단기적인 대책과 단기적 충격 완화를 위한 현금지원까지 포함되어 있다. 현금지원의 1차적인 목적은 자영업자 보호이지만 최저임금제도가 근로자 보호를 위한 제도이기 때문에 궁극적인 목적은 근로자의 고용 안정 도모이다. 현금지원에 고용안정자금이라는 꼬리표가 달린 이유도 이 때문일 것이다. 정부의 현금지원 발표 이후 이에 대한 비판이 쏟아졌다. 비판의 요지는 자영업자에게 최저임금 인상으로 인한 추가적인 인건비 부담을 현금으로 지원할거면 최저임금을 덜 올리고 현금지원 예산으로 근로장려세제를 ㉢축소하면 되지 않느냐는 것이다. 그러나 이는 두 정책의 대상을 ㉣혼동하기 때문에 제기되는 주장이라고 판단된다. 최저임금은 1차 분배 단계에서 임금근로자를 보호하기 위한 제도적 틀이고 근로 장려세제는 취업의 의지가 낮은 노동자의 노동시장 참여를 유보하기 위해 고안된 사회부조(2차 분배)라는 점을 기억해야 할 것이다. 물론 현실적으로 두 정책의 적절한 조합이 필요할 것이다.

① ㉠

② ㉡

③ ㉢

④ ㉣

해설 ④ '구별하지 못하고 뒤섞어서 생각하다.'의 '혼동'은 올바르게 사용된 단어이며, '혼돈'으로 잘못 쓰지 않도록 주의한다.
① 최저임금 인상이 자영업자의 추가적인 인건비 인상을 발생시키는 원인이 된다는 내용이므로 '표출'이 아닌 '초래'하는 것이라고 표현해야 한다.
② 앞의 내용으로 보아 급하고 과도한 최저임금인상에 대한 수식어가 될 것이므로 '급격한'이 올바른 표현이다.
③ 최저임금인상 대신 그만큼에 해당하는 근로 장려세제를 '확대'하는 것의 의미를 갖는 문장이다.

50 다음에 제시된 문장의 빈칸 ㉠~㉤에 들어갈 알맞은 말을 순서대로 나열한 것은?

- 선약이 있어서 모임에 (㉠)이(가) 어렵게 되었다.
- 홍보가 부족했는지 사람들의 (㉡)이(가) 너무 적었다.
- 그 모임에는 (㉢)하는 데에 의의를 두자.
- 손을 뗀다고 했으면 (㉣)을(를) 말아라.
- 애 학교에서 하는 공개수업에 (㉤)할 예정이다.

---

① 참여, 참석, 참가, 참견, 참관
② 참석, 참여, 참관, 참견, 참가
③ 참석, 참가, 참여, 참견, 참관
④ 참석, 참여, 참가, 참견, 참관

✔ 해설 '참여'는 '어떤 일에 끼어들어 관계함', '참석'은 '모임이나 회의 따위의 자리에 참여함', '참가'는 '모임이나 단체 또는 일에 관계하여 들어감'의 뜻을 지닌다. 이를 보면 각각 그 의미의 초점의 다르다는 것을 알 수 있는데, '참여'는 '어떤 일에 관계하다'의 의미로서 쓰여 그 일의 진행 과정에 개입해 있는 경우를 드러내는 데에 쓰이는 것인데 반해서, '참석'은 모임이나 회의에 출석하는 것의 의미를 지니는 경우에 사용되며, '참가'는 단순한 출석의 의미가 아니라 '참여'의 단계로 들어가는 과정을 나타내는 것으로 이해하여 볼 수 있다.
'참견'은 '자기와 별로 관계없는 일이나 말 따위에 끼어들어 쓸데없이 아는 체하거나 이래라저래라 함'을 의미하며, '참관'은 '어떤 자리에 직접 나아가서 봄'의 의미이다.

[문제해결] 출제유형

① 사고력 : 개인이 가지고 있는 경험과 지식을 통해 가치 있는 아이디어를 산출하는 사고능력이다. 논리문제가 주로 출제된다.
② 문제처리능력 : 목표를 분석하고 이를 토대로 문제를 도출하여 최적의 해결책을 찾는 문제이다.

[문제해결] 출제경향

사고력과 문제처리능력을 파악할 수 있는 문항들로 구성된다. 명제 및 진위관계, SWOT 분석을 통한 문제도출, 주어진 상황을 고려하여 비용 및 시간, 순서 등의 상황 문제, 고객 응대 등의 문제가 자료 해석 유형으로 출제된다. 최근 필기시험에서는 논리형이 일부 출제되어 논리적으로 추리해가면서 풀어가는 문제로 인하여 시간 내로 푸는 것이 어려웠다. 또한 자료해석에서는 빠른 계산을 요하는 문제에 함정을 두어 자세히 읽지 않으면 틀리기 쉬운 문제가 다수 출제되었다.

[문제해결] 빈출유형

명제 및 진위관계												
SWOT 분석												
고객응대												
자료해석												

예제 01 문제처리능력

D회사 신입사원으로 입사한 귀하는 신입사원 교육에서 업무수행과정에서 발생하는 문제 유형 중 설정형 문제를 하나씩 찾아오라는 지시를 받았다. 이에 대해 귀하는 교육받은 내용을 다시 복습하려고 한다. 설정형 문제에 해당하는 것은?

① 현재 직면하여 해결하기 위해 고민하는 문제
② 현재의 상황을 개선하거나 효율을 높이기 위한 문제
③ 앞으로 어떻게 할 것인가 하는 문제
④ 원인이 내재되어 있는 원인지향적인 문제

출제의도
업무수행 중 문제가 발생하였을 때 문제 유형을 구분하는 능력을 측정하는 문항이다.

해설
업무수행과정에서 발생하는 문제 유형으로는 발생형 문제, 탐색형 문제, 설정형 문제가 있으며 ①④는 발생형 문제이며 ②는 탐색형 문제, ③이 설정형 문제이다.

≫ ③

예제 02 사고력

M사 홍보팀에서 근무하고 있는 귀하는 입사 5년차로 창의적인 기획안을 제출하기로 유명하다. S부장은 이번 신입사원 교육 때 귀하에게 창의적인 사고란 무엇인지 교육을 맡아달라고 부탁하였다. 창의적인 사고에 대한 귀하의 설명으로 옳지 않은 것은?

① 창의적인 사고는 새롭고 유용한 아이디어를 생산해 내는 정신적인 과정이다.
② 창의적인 사고는 특별한 사람들만이 할 수 있는 대단한 능력이다.
③ 창의적인 사고는 기존의 정보들을 특정한 요구조건에 맞거나 유용하도록 새롭게 조합시킨 것이다.
④ 창의적인 사고는 통상적인 것이 아니라 기발하거나, 신기하며 독창적인 것이다.

출제의도
창의적 사고에 대한 개념을 정확히 파악하고 있는지를 묻는 문항이다.

해설
창의적인 사고는 이미 알고 있는 경험과 지식을 해체하여 다시 새로운 정보로 결합하여 가치 있는 아이디어를 산출하는 사고라고 할 수 있다.

≫ ②

예제 03 문제처리능력

L사에서 주력 상품으로 밀고 있는 TV의 판매 이익이 감소하고 있는 상황에서 귀하는 B부장으로부터 3C분석을 통해 해결방안을 강구해 오라는 지시를 받았다. 다음 중 3C에 해당하지 않는 것은?

① Customer
② Company
③ Competitor
④ Content

출제의도
3C의 개념과 구성요소를 정확히 숙지하고 있는지를 측정하는 문항이다.

해설
3C 분석에서 사업 환경을 구성요소는 사(Company), 경쟁사(Competitor), 고객을 3C (Customer)이다.

≫ ④

예제 04 문제처리능력

C사는 최근 국내 매출이 지속적으로 하락하고 있어 사내 분위기가 심상치 않다. 이에 대해 Y부장은 이 문제를 극복하고자 문제처리 팀을 구성하여 해결방안을 모색하도록 지시하였다. 문제처리 팀의 문제해결 절차를 올바른 순서로 나열한 것은?

① 문제 인식 → 원인 분석 → 해결안 개발 → 문제 도출 → 실행 및 평가
② 문제 도출 → 문제 인식 → 해결안 개발 → 원인 분석 → 실행 및 평가
③ 문제 인식 → 원인 분석 → 문제 도출 → 해결안 개발 → 실행 및 평가
④ 문제 인식 → 문제 도출 → 원인 분석 → 해결안 개발 → 실행 및 평가

출제의도
실제 업무 상황에서 문제가 일어났을 때 해결 절차를 알고 있는지를 측정하는 문항이다.

해설
일반적인 문제해결절차는 '문제 인식 → 문제 도출 → 원인 분석 → 해결안 개발 → 실행 및 평가'로 이루어진다.

≫ ④

문제해결능력 대표유형

문제란 업무를 수행함에 있어 답을 요구하는 질문이나 의논하여 해결해야 하는 사항으로, 문제해결을 위해서는 전략적이고 분석적인 사고는 물론 발상의 전환과 효율적인 자원활용 등 다양한 능력이 요구된다. 따라서 명제나 추론 같은 일반적인 논리추론 유형과 함께 수리, 자원관리 등이 융합된 문제해결 유형이나 실무이해를 바탕으로 하는 유형의 문제도 다수 출제된다.

1 다음 조건을 바탕으로 할 때 정 대리가 이번 달 중국 출장 출발일로 정하기에 가장 적절한 날은 언제인가? (전체 일정은 모두 이번 달 안에 속해 있다.)

> • 이번 달은 1일이 월요일인 달이다.
> • 3박 4일 일정이며 출발일과 도착일이 모두 휴일이 아니어야 한다.
> • 현지에서 복귀하는 비행편은 매주 화, 목요일에만 있다.
> • 이번 달 셋째 주 화요일에 있을 부서의 중요한 회의에 반드시 참석해야 하며, 회의 후에 출장을 가려 한다.

① 12일

② 15일

③ 17일

④ 22일

✅ **해설** 날짜를 따져 보아야 하는 유형의 문제는 아래와 같이 달력을 그려서 살펴보면 어렵지 않게 정답을 구할 수 있다.

일	월	화	수	목	금	토
	1	2	3	4	5	6
7	8	9	10	11	12	13
14	15	16	17	18	19	20
21	22	23	24	25	26	27
28	29	30	31			

1일이 월요일이므로 정 대리는 위와 같은 달력에 해당하는 기간 중에 출장을 가려고 한다. 3박 4일 일정 중 출발과 도착일 모두 휴일이 아니어야 한다면 월~목요일, 화~금요일, 금~월요일 세 가지의 경우의 수가 생기는데, 현지에서 복귀하는 비행편이 화요일과 목요일이므로 월~목요일의 일정을 선택해야 한다. 회의가 셋째 주 화요일이라면 16일이므로 그 이후 가능한 월~목요일은 두 번이 있으나, 마지막 주의 경우 도착일이 다음 달로 넘어가게 되므로 조건에 부합되지 않는다. 따라서 출장 출발일로 적절한 날은 22일이며 일정은 22~25일이 된다.

2 다음은 L공사의 국민임대주택 예비입주자 통합 정례모집 관련 신청자격에 대한 사전 안내이다. 甲~戊 중 국민임대주택 예비입주자로 신청할 수 있는 사람은? (단, 함께 살고 있는 사람은 모두 세대별 주민등록표상에 함께 등재되어 있고, 제시되지 않은 사항은 모두 조건을 충족한다고 가정한다)

□ 2025년 2월 정례모집 개요

구분	모집공고일	대상지역
2025년 2월	2025. 2. 5(수)	수도권
	2024. 2. 13(목)	수도권 제외한 나머지 지역

□ 신청자격

입주자모집공고일 현재 무주택세대구성원으로서 아래의 소득 및 자산보유 기준을 충족하는 자

※ 무주택세대구성원이란?

다음의 세대구성원에 해당하는 사람 전원이 주택(분양권 등 포함)을 소유하고 있지 않은 세대의 구성원을 말합니다.

세대구성원(자격검증대상)	비고
• 신청자	
• 신청자의 배우자	신청자와 세대 분리되어 있는 배우자도 세대구성원에 포함
• 신청자의 직계존속 • 신청자의 배우자의 직계존속 • 신청자의 직계비속 • 신청자의 직계비속의 배우자	신청자 또는 신청자의 배우자와 세대별 주민등록표상에 함께 등재되어 있는 사람에 한함
• 신청자의 배우자의 직계비속	신청자와 세대별 주민등록표상에 함께 등재되어 있는 사람에 한함

※ 소득 및 자산보유 기준

구분	소득 및 자산보유 기준		
	가구원수	월평균소득기준	참고사항
소득	3인 이하 가구	3,781,270원 이하	• 가구원수는 세대구성원 전원을 말함(외국인 배우자와 임신 중인 경우 태아 포함) • 월평균소득액은 세전금액으로서 세대구성원 전원의 월평균소득액을 모두 합산한 금액임
	4인 가구	4,315,641원 이하	
	5인 가구	4,689,906원 이하	
	6인 가구	5,144,224원 이하	
	7인 가구	5,598,542원 이하	
	8인 가구	6,052,860원 이하	
자산	• 총자산가액 : 세대구성원 전원이 보유하고 있는 총자산가액 합산기준 28,000만 원 이하		
	• 자동차 : 세대구성원 전원이 보유하고 있는 전체 자동차가액 2,499만 원 이하		

ANSWER 1.④

① 甲의 아내는 주택을 소유하고 있지만, 甲과 세대 분리가 되어 있다.

② 아내의 부모님을 모시고 살고 있는 乙 가족의 월평균소득은 500만 원이 넘는다.

③ 丙은 재혼으로 만난 아내의 아들과 함께 살고 있는데, 아들은 전 남편으로부터 물려받은 아파트 분양권을 소유하고 있다.

④ 어머니를 모시고 사는 丁은 아내가 셋째 아이를 출산하면서 丁 가족의 월평균소득으로는 1인당 80만 원도 돌아가지 않게 되었다.

> **✔해설** ④ 어머니와 본인, 배우자, 아이 셋을 합하면 丁의 가족은 모두 6명이다. 6인 가구의 월평균소득기준은 5,144,224원 이하로, 월평균소득이 480만 원이 되지 않는 丁는 국민임대주택 예비입주자로 신청할 수 있다.
> ① 세대 분리되어 있는 배우자도 세대구성원에 포함되므로 주택을 소유한 아내가 있는 甲은 국민임대주택 예비입주자로 신청할 수 없다.
> ② 본인과 배우자, 배우자의 부모님을 합하면 乙의 가족은 모두 4명이다. 4인 가구 월평균소득기준은 4,315,641원 이하로, 월평균소득이 500만 원을 넘는 乙은 국민임대주택 예비입주자로 신청할 수 없다.
> ③ 신청자인 丙의 배우자의 직계비속인 아들이 전 남편으로부터 아파트 분양권을 물려받아 소유하고 있으므로 丙은 국민임대주택 예비입주자로 신청할 수 없다.

3 다음은 유진이가 학교에 가는 요일에 대한 설명이다. 이들 명제가 모두 참이라고 가정할 때, 유진이가 학교에 가는 요일은?

> ㉠ 목요일에 학교에 가지 않으면 월요일에 학교에 간다.
> ㉡ 금요일에 학교에 가지 않으면 수요일에 학교에 가지 않는다.
> ㉢ 수요일에 학교에 가지 않으면 화요일에 학교에 간다.
> ㉣ 월요일에 학교에 가면 금요일에 학교에 가지 않는다.
> ㉤ 유진이는 화요일에 학교에 가지 않는다.

① 월, 수

② 월, 수, 금

③ 수, 목, 금

④ 수, 금

> **✔해설** ㉤에서 유진이는 화요일에 학교에 가지 않으므로 ㉢의 대우에 의하여 수요일에는 학교에 간다.
> 수요일에 학교에 가므로 ㉡의 대우에 의해 금요일에는 학교에 간다.
> 금요일에 학교에 가므로 ㉣의 대우에 의해 월요일에는 학교를 가지 않는다.
> 월요일에 학교를 가지 않으므로 ㉠의 대우에 의해 목요일에는 학교에 간다.
> 따라서 유진이가 학교에 가는 요일은 수, 목, 금이다.

4 서원 그룹의 K부서에서는 자기 부서의 정책을 홍보하기 위해 책자를 제작해 배포하는 프로젝트를 진행하였다. 프로젝트 진행 과정이 다음과 같을 때, 프로젝트 결과에 대한 평가로 항상 옳은 것을 모두 고르면?

> 이번에 K부서에서는 자기 부서의 정책을 홍보하기 위해 책자를 제작해 배포하였다. 이 홍보 사업에 참여한 K부서의 팀은 A와 B 두 팀이다. 두 팀은 각각 500권의 정책홍보 책자를 제작하였다. 그러나 책자를 어떤 방식으로 배포할 것인지에 대해 두 팀 간에 차이가 있었다. A팀은 자신들이 제작한 K부서의 모든 정책홍보책자를 서울이나 부산에 배포한다는 지침에 따라 배포하였다. 한편, B팀은 자신들이 제작한 K부서 정책홍보책자를 서울에 모두 배포하거나 부산에 모두 배포한다는 지침에 따라 배포하였다. 사업이 진행된 이후 배포된 결과를 살펴보기 위해서 서울과 부산을 조사하였다. 조사를 담당한 한 직원은 A팀이 제작·배포한 K부서 정책홍보책자 중 일부를 서울에서 발견하였다.
>
> 한편, 또 다른 직원은 B팀이 제작·배포한 K부서 정책홍보책자 중 일부를 부산에서 발견하였다. 그리고 배포 과정을 검토해 본 결과, 이번에 A팀과 B팀이 제작한 K부서 정책 홍보책자는 모두 배포되었다는 것과, 책자가 배포된 곳과 발견된 곳이 일치한다는 것이 확인되었다.

> ㉠ 부산에는 500권이 넘는 K부서 정책홍보책자가 배포되었다.
>
> ㉡ 서울에 배포된 K부서 정책홍보책자의 수는 부산에 배포된 K부서 정책홍보책자의 수보다 적다.
>
> ㉢ A팀이 제작한 K부서 정책홍보책자가 부산에서 발견되었다면, 부산에 배포된 K부서 정책홍보책자의 수가 서울에 배포된 수보다 많다.

① ㉠
② ㉢
③ ㉠, ㉡
④ ㉡, ㉢

✔해설 B팀은 자신들이 제작한 K부서 정책홍보책자를 서울에 모두 배포하거나 부산에 모두 배포한다는 지침에 따라 배포하였는데, B팀이 제작·배포한 K부서 정책홍보책자 중 일부를 부산에서 발견하였으므로, B팀의 책자는 모두 부산에 배포되었다.

A팀이 제작·배포한 책자 중 일부를 서울에서 발견하였지만, A팀은 자신들이 제작한 K부서의 모든 정책홍보책자를 서울이나 부산에 배포한다는 지침에 따라 배포하였으므로, 모두 서울에 배포되었는지는 알 수 없다.

따라서 항상 옳은 평가는 ㉢뿐이다.

5 다음은 ○○항공사의 항공이용에 관한 조사 설계의 일부분이다. 본 설문조사의 목적으로 가장 적합하지 않은 것은?

1. 조사 목적

2. 과업 범위
• 조사 대상 : 서울과 수도권에 거주하고 있으며 최근 3년 이내 여행 및 출장 목적의 해외방문 경험이 있고 향후 1년 이내 해외로 여행 및 출장 의향이 있는 만 20~60세 이상의 성인 남녀
• 조사 방법 : 구조화된 질문지를 이용한 온라인 설문조사
• 표본 규모 : 총 1,000명

3. 조사 내용
• 시장 환경 파악 : 여행 출장 시장 동향 (출국 목적, 체류기간 등)
• 과거 해외 근거리 당일 왕복항공 이용 실적 파악 : 이용 빈도, 출국 목적, 목적지 등
• 향후 해외 근거리 당일 왕복항공 잠재 수요 파악 : 이용의향 빈도, 출국 목적 등
• 해외 근거리 당일 왕복항공 이용을 위한 개선 사항 파악 : 해외 근거리 당일 왕복항공을 위한 개선사항 적용 시 해외 당일 여행 계획 또는 의향
• 배경정보 파악 : 인구사회학적 특성 (성별, 연령, 거주 지역 등)

4. 결론 및 기대효과

① 단기 해외여행의 수요 증가 현황과 관련 항공 시장 파악
② 해외 당일치기 여객의 수요에 부응할 수 있는 노선 구축 근거 마련
③ 해외 근거리 당일 왕복항공을 이용한 실적 및 행태 파악
④ 근거리 국가로 여행 또는 출장을 위해 당일 왕복항공을 이용할 의향과 수용도 파악

해설 ① 조사 대상과 조사 내용을 볼 때, ①은 본 설문조사의 목적으로 가장 적합하지 않다.
② 조사 내용 중 '향후 해외 근거리 당일 왕복항공 잠재 수요 파악'을 통해 해외 당일치기 여객의 수요에 부응할 수 있는 노선 구축 근거를 마련할 수 있다.
③ 조사 내용 중 '과거 해외 근거리 당일 왕복항공 이용 실적 파악'을 통해 해외 근거리 당일 왕복항공을 이용한 실적 및 행태를 파악할 수 있다.
④ 조사 내용 중 '해외 근거리 당일 왕복항공 이용을 위한 개선 사항 파악'을 통해 근거리 국가로 여행 또는 출장을 위해 당일 왕복항공을 이용할 의향과 수용도를 파악할 수 있다.

ANSWER 5.①

03 출제예상문제

1 A학교의 국어과, 수학과, 체육과, 영어과에는 이 선생, 최 선생, 정 선생, 강 선생이 근무한다. 다음 조건을 참고할 때, 최 선생은 어느 과인가? (네 사람은 각각 1명씩 네 개 교과의 선생님이다.)

> • 이 선생는 체육과와 영어과 중 하나의 교과 담당이다.
> • 최 선생는 수학과가 아니다.
> • 정 선생와 강 선생는 국어과와 체육과가 아니다.

① 국어과

② 수학과

③ 영어과

④ 체육과

> ✔해설 세 번째 조건에 의하면 정 선생와 강 선생는 국어과 담당도 체육과 담당도 아니므로 수학과와 영어과 담당이 된다. 따라서 이 선생과 최 선생은 국어과와 체육과 중 하나이다. 첫 번째 조건에 의하면 이 선생이 체육과와 영어과 중 한 곳의 담당이며 세 번째 조건에 의해 영어과를 제외한 체육과 담당임을 알 수 있다. 따라서 남은 한 곳인 국어과가 최 선생이 담당하는 교과임을 알 수 있다.

2 다음 두 사건은 별개의 사건으로 다음이 조건을 따를 때 옳은 것은?

〈사건 1〉

가인 : 저는 빵을 훔치지 않았어요.

나은 : 다영이는 절대 빵을 훔치지 않았어요.

다영 : 제가 빵을 훔쳤습니다.

　그런데 나중에 세 명 중 두 명은 거짓말을 했다고 자백하였고, 빵을 훔친 사람은 한 명이라는 것이 밝혀졌다.

〈사건 2〉

라희 : 저는 결코 창문을 깨지 않았습니다.

마준 : 라희의 말이 맞습니다.

바은 : 제가 창문을 깼습니다.

　그런데 나중에 창문을 깬 사람은 한 명이고 그 범인은 거짓말을 했다는 것이 밝혀졌다.

---

① 가인이의 진술은 참이었다.

② 사건 2에서 참을 말한 사람이 1명 이상이다.

③ 마준이는 창문을 깬 범인이다.

④ 나은이는 거짓을 말하지 않았다.

✔**해설**　주어진 조건에 따라 범인을 가정하여 진술을 판단하면 다음과 같다.

〈사건 1〉

진술 ＼ 범인	가인	나은	다영
가인	거짓	참	참
나은	참	참	거짓
다영	거짓	거짓	참

〈사건 2〉

진술 ＼ 범인	라희	마준	바은
라희	거짓	참	참
마준	거짓	참	참
바은	거짓	거짓	참

따라서 〈사건 1〉의 범인은 가인, 〈사건 2〉의 범인은 라희다.

① 가인이의 진술을 거짓이다.

② 사건 2에서 참을 말한 사람은 없다.

③ 마준이는 창문을 깬 범인이 아니다.

3 기초대사량에 대한 다음 설명을 참고할 때, 제시된 두 남녀의 일일 칼로리 요구량이 순서대로 올바르게 나열된 것은 어느 것인가? (모든 계산은 반올림하여 소수 둘째 자리까지 표시한다.)

> 기초 대사량은 성별, 나이, 체중, 개인의 신진 대사율이나 근육량 등 신체적인 요소에 따라 차이가 있지만, 일반적으로 남성은 체중 1kg당 1시간에 1kcal를 소모하고, 여성은 0.9kcal를 소모하는 것으로 알려졌다. 기초 대사량은 우리가 하루 소모하는 총 에너지의 60~70%를 차지할 정도로 중요하다. 체중 조절을 위해 무리하게 굶게 되면 우리 몸에서는 에너지가 부족하다는 것을 느끼게 되고 에너지가 고갈되지 않게 하려고 기초 대사량을 줄여나간다. 따라서 에너지 소모가 활발하게 이루어지지 않아, 장기적으로 보면 오히려 다이어트에 역효과를 주게 된다. 굶기보다는 꾸준한 운동을 통해 근육량을 증가시켜 기초 대사량을 높이는 것이 도움이 된다.
>
> 기초대사량 산출방법은 남녀 각각 다른데, 남자의 경우 66.47+(13.75×체중)+(5×키)-(6.76×나이)를 계산하면 된다. 여자의 경우 655.1+(9.56×체중)+(1.85×키)-(4.68×나이)를 계산하면 기초대사량이 나온다.
>
> 기초대사량을 구한 후에는 칼로리 지수를 곱하여 일일 칼로리 요구량을 계산할 수 있다. 거의 운동을 하지 않는 사람은 기초대사량에 1.2를 곱하면 일일 칼로리 요구량을 얻을 수 있다. 가벼운 운동을 하는 사람은 1.375를 곱해야 하고 적당한 운동을 하는 사람은 1.55를 곱한다. 심한 운동을 하는 사람은 1.725를 곱하고 아주 심한 운동을 하는 사람은 1.9를 곱한다.

- 김길동(남, 48세) : 체중 75kg, 신장 175cm, 운동선수로 매우 심한 운동을 함.
- 이갑순(여, 36세) : 체중 52kg, 신장 165cm, 적당한 운동을 하는 일반인.

① 1,997.93칼로리, 1,648.24칼로리

② 1,648.24칼로리, 1,288.99칼로리

③ 1,288.99칼로리, 1,648.24칼로리

④ 3,131.66칼로리, 1,997.93칼로리

✔해설 제시된 계산 방법을 활용하여 운동량에 따른 칼로리 지수를 곱하여 각각 다음과 같이 계산할 수 있다.
김길동 : 66.47+(13.75×75)+(5×175)-(6.76×48)=1,648.24
　　　→ 일일 칼로리 요구량: 1,648.24×1.9=3,131.66칼로리
이갑순 : 655.1+(9.56×52)+(1.85×165)-(4.68×36)=1,288.99
　　　→ 일일 칼로리 요구량: 1,288.99×1.55=1,997.93칼로리

<이번 달 담당의사별 진료 시간 안내>

구분	신경외과							
	A과장		B과장		C과장		D과장	
	오전	오후	오전	오후	오전	오후	오전	오후
월요일	진료	수술	진료	수술	수술	진료	진료	수술
화요일	수술	진료	진료	수술	진료	수술	진료	수술
수요일	진료	수술	수술	진료	진료	수술	진료	수술
목요일	수술	진료	진료	수술	수술	진료	진료	수술
금요일	진료	수술	수술	진료	진료	수술	진료	수술
토요일	진료 또는 수술		진료		진료 또는 수술		수술	
토요일 휴무	넷째 주		둘째 주		첫째 주		셋째 주	

* 토요일 진료시간: 09:00~13:00

* 평일 진료시간: 09:00~12:30 / 14:00~18:00

* 접수마감 시간: 오전 12:00, 오후 17:30

<기타 안내사항>
- 이번 달 15일(수)~18일(토)은 병원 내부 공사로 인해 외래진료 및 수술, 신규 환자 접수는 불가합니다.
- MRI 및 CT 촬영은 최소 3일 전 예약을 하셔야 합니다.
- 외래진료 시 MRI 등 영상 자료가 있어야 합니다(필요한 경우에 한함).
- 초진의 경우, 건강보험증을 지참하시고 원무과에서 접수를 하시기 바랍니다. 접수 후 진료실에서 진료를 마친 환자분께서는 다시 원무과로 오셔서 진료비를 수납 후 P창구에서 처방전을 받아 약을 받아 가시기 바랍니다. 예약 또는 재진하시는 환자분은 곧바로 진료실로 가셔서 진료 후 원무과에 수술 또는 영상 촬영 여부를 알려주시고 수술이신 경우 H창구에서 입원 수속을 하시고, 영상 촬영이 필요하신 분은 영상센터로 가시어 안내를 받으시기 바랍니다.

4 다음 중 위의 안내문에 대한 올바른 설명이 아닌 것은 어느 것인가?

① 일주일 전 예약을 하고 찾아 온 환자는 원무과를 거치지 않고 곧장 진료를 받으면 된다.

② 오전은 진료시간과 접수 가능 시간이 모두 오후보다 30분 더 짧다.

③ 처음 내원한 환자는 '원무과 → 진료실 → 원무과 → P창구 → 약국'의 동선으로 이동하게 된다.

④ 평일의 경우, D과장을 제외한 나머지 세 명은 모두 진료와 수술 일정이 오전과 오후에 고르게 분배
되어 있다.

> **✔해설** 평일의 경우, D과장을 제외한 나머지 세 명은 모두 오전에 진료하는 날이 3일, 오후에 수술하는 날이 3일씩이므로
> 네 명 모두 오전에는 진료를, 오후에는 수술을 더 많이 하고 있음을 알 수 있다.
> ① 예약과 재진 환자의 경우 진료실을 곧바로 찾아가면 된다.
> ② 진료시간은 오전과 오후가 각각 3시간 30분, 4시간이며, 접수 가능 시간은 이보다 30분씩 짧은 것을 알 수 있다.
> ③ 안내 사항에 언급되어 있다.

5 K씨는 평소 앓고 있던 허리 디스크를 고치기 위하여 '이번 달'에 수술을 하기로 결정하였다. W병원 신경외과의
A과장이나 C과장에게 꼭 수술을 받고자 하며, 가급적 오전에 수술하기를 원하는 K씨의 상황에 대한 다음 설명
중 올바른 것은 어느 것인가?

① 20일에 MRI 촬영 예약을 하여 23일에 MRI 촬영 및 진료 후 다음 날인 24일에 수술을 하면 된다.

② 25일에 A과장에게 수술을 받을 수 있다.

③ 평일 중 원하는 시간에 수술을 받을 수 있는 요일은 월요일과 목요일뿐이다.

④ 수요일과 금요일에는 K씨가 원하는 시간에 수술을 받을 수 없다.

> **✔해설** 15일이 수요일이라 했으므로 '이번 달'의 달력을 그려 B과장과 C과장의 수술 일정(오전/오후)을 확인해 보면 다음과
> 같다.
>
> | 일 | 월 | 화 | 수 | 목 | 금 | 토 |
> |---|---|---|---|---|---|---|
> | | | | 1 | 2 | 3 | 4 C과장 X |
> | 5 | 6 C / A | 7 A / C | 8 X / A, C | 9 A, C / X | 10 X / A, C | 11 |
> | 12 | 13 | 14 | 15 공사 | 16 공사 | 17 공사 | 18 공사 |
> | 19 | 20 | 21 | 22 | 23 | 24 | 25 A과장 X |
> | 26 | 27 | 28 | 29 | 30 | (31) | |
>
> 따라서 수요일과 금요일은 A과장과 C과장이 모두 오전 수술 일정이 없어 K씨가 원하는 시간에 수술을 받을 수 없는
> 요일이 된다.
> ① 24일은 금요일이므로 A과장이나 C과장의 오전 수술 일정이 없는 날이다.
> ② 25일은 넷째 주 토요일이므로 A과장 휴무일이다.
> ③ 화요일 오전에도 A과장에게 수술을 받을 수 있다.

ANSWER 4.④ 5.④

  다음 〈조건〉에 따를 때, 각 팀의 신사업 제안서 검토 순서의 가능한 조합으로 옳은 것은?

A팀과 B 팀은 가~바 총 6개의 제안서를 각각 6주 동안 검토할 것이다. 가, 나, 다 3개 제안서는 문화예술에 관한 제안서이고, 라, 마, 바 3개 제안서는 관광정책에 관한 제안서이다. A 팀과 B 팀은 다음과 같은 원칙대로 제안서를 검토한다.

○ B 팀은 A 팀이 먼저 검토하지 않은 문화예술에 관한 제안서는 검토할 수 없다.
○ A 팀은 B 팀이 먼저 검토하지 않은 관광정책에 관한 제안서는 검토할 수 없다.
○ B 팀은 문화예술에 관한 제안서 2개를 연속으로 검토할 수 없다.
○ A 팀은 4주 차에 라 제안서를 검토해야 한다.
○ 각 팀은 6주에 걸쳐 매주 하나의 제안서를 검토한다.
○ 어떤 제안서도 같은 주에 A, B 팀에서 동시에 검토하지 않는다.

	1주	2주	3주	4주	5주	6주

① A팀 : 가 – 나 – 라 – 바 – 다 – 마
　 B팀 : 라 – 가 – 바 – 나 – 마 – 다
② A팀 : 나 – 바 – 가 – 라 – 다 – 마
　 B팀 : 바 – 가 – 라 – 나 – 마 – 다
③ A팀 : 나 – 다 – 가 – 라 – 마 – 바
　 B팀 : 라 – 나 – 다 – 마 – 바 – 가
④ A팀 : 가 – 마 – 나 – 라 – 다 – 바
　 B팀 : 마 – 가 – 라 – 나 – 바 – 다

해설 ① A팀은 4주차에 라 제안서를 검토해야 한다.
② B팀은 A팀보다 먼저 가 제안서를 검토할 수 없다.
③ B팀은 문화예술에 관한 제안서를 2개 연속 검토할 수 없다.

7 연철이는 이번 여름휴가에 친구들이랑 강릉으로 여행을 계획하고 있다. 그러던 중 여러 가지 교통수단을 생각하게 되었다. 아래의 표를 참조하여 보완적 평가방식을 활용해 연철이와 친구들이 강릉까지 이동 가능한 교통운송 수단을 고르면 어떤 대안이 선택될 수 있는가?

평가 기준	중요도	교통운송수단에 관한 평가			
		비행기	기차	고속버스	승용차
경제성	20	4	5	4	3
디자인	30	4	4	5	7
승차감	40	7	5	7	8
속도	50	9	8	5	6

① 기차

② 비행기

③ 고속버스

④ 승용차

 보완적 평가방식은 각 상표에 있어 어떤 속성의 약점을 다른 속성의 강점에 의해 보완하여 전반적인 평가를 내리는 방식을 의미한다. 한 가지 예로서 비행기의 경우 속성별 평가점수가 4, 4, 7, 9점이며, 각 속성이 평가에서 차지하는 중요도는 20, 30, 40, 50이므로, 이러한 가중치를 각 속성별 평가점수에 곱한 후에 이를 모두 더하면 930이 된다. 이러한 방식으로 계산하면 그 결과는 아래와 같다.

- 비행기 : $(20 \times 4) + (30 \times 4) + (40 \times 7) + (50 \times 9) = 930$
- 기차 : $(20 \times 5) + (30 \times 4) + (40 \times 5) + (50 \times 8) = 820$
- 고속버스 : $(20 \times 4) + (30 \times 5) + (40 \times 7) + (50 \times 5) = 760$
- 승용차 : $(20 \times 3) + (30 \times 7) + (40 \times 8) + (50 \times 6) = 890$

8 김대리는 모스크바 현지 영업소로 출장을 갈 계획이다. 4일 오후 2시 모스크바에서 회의가 예정되어 있어 모스크바 공항에 적어도 오전 11시 이전에는 도착하고자 한다. 인천에서 모스크바까지 8시간이 걸리며, 시차는 인천이 모스크바보다 6시간이 더 빠르다. 김대리는 인천에서 늦어도 몇 시에 출발하는 비행기를 예약하여야 하는가?

① 3일 09 : 00

② 3일 19 : 00

③ 4일 09 : 00

④ 4일 11 : 00

> ✔ **해설** 인천에서 모스크바까지 8시간이 걸리고, 6시간이 인천이 더 빠르므로
> 09 : 00시 출발 비행기를 타면 9+(8-6)=11시 도착
> 19 : 00시 출발 비행기를 타면 19+(8-6)=21시 도착
> 02 : 00시 출발 비행기를 타면 2+(8-6)=4시 도착

9 한국전자는 영업팀 6명의 직원(A~F)과 관리팀 4명의 직원(갑~정)이 매일 각 팀당 1명씩 총 2명이 당직 근무를 선다. 2일 날 A와 갑 직원이 당직 근무를 서고 팀별 순서(A~F, 갑~정)대로 돌아가며 근무를 선다면, E와 병이 함께 근무를 서는 날은 언제인가? (단, 근무를 서지 않는 날은 없다고 가정한다)

① 10일

② 11일

③ 12일

④ 13일

> ✔ **해설** 주어진 조건에 따라 선택지의 날짜에 해당하는 당직 근무표를 정리해 보면 다음과 같다.

구분	갑	을	병	정
A	2일, 14일		8일	
B		3일		9일
C	10일		4일	
D		11일		5일
E	6일		12일	
F		7일		13일

따라서 A와 갑이 2일 날 당직 근무를 섰다면 E와 병은 12일 날 당직 근무를 서게 된다.

10 T사에서는 새롭게 출시한 제품의 판매율 제고를 위한 프로모션 아이디어 회의를 진행 중이다. 브레인스토밍을 통하여 다양한 아이디어를 수집하려는 회의 운영 방식에 적절하지 않은 의견은 어느 것인가?

① "팀장인 나는 그냥 참관인 자격으로 지켜볼 테니 거침없는 의견들을 마음껏 제시해 보세요."

② "많은 의견이 나올수록 좋으며, 중요하다 싶은 의견은 그때그때 집중 논의하여 적용 여부를 결정하고 넘어가야 해요."

③ "엊그제 입사한 신입사원들도 적극적으로 의견을 개진해 주세요. 아직 회사 사정을 잘 몰라도 상관없어요."

④ "우선 책상 배열을 좀 바꿔보면 어떨까요? 서로를 쳐다볼 수 있도록 원형 배치가 좋을 것 같습니다."

> ✔해설 우수한 의견을 즉석에서 판단하려는 것은 다듬어지지 않은 많은 양의 아이디어를 도출해내고자 하는 브레인스토밍에 해로운 방식이다.
> ① 직원들에게 부담 없이 자유롭게 의견을 개진할 수 있는 분위기를 만들어주는 바람직한 방법으로 볼 수 있다.
> ③ 신선하고 참신한 아이디어를 얻을 수 있고 모든 구성원을 참여시킬 수 있는 방법으로 브레인스토밍에 적절하다.
> ④ 브레인스토밍은 서로를 쳐다보며 동등한 위치에서 회의를 진행할 수 있는 원형 좌석배치가 적절한 방법이다.

11 다음에 제시된 정보를 종합할 때, 서류장 10개와 의자 10개의 가격은 테이블 몇 개의 가격과 같은가?

> • 홍보팀에서는 테이블, 의자, 서류장을 다음과 같은 수량으로 구입하였다.
> • 테이블 5개와 의자 10개의 가격은 의자 5개와 서류장 10개의 가격과 같다.
> • 의자 5개와 서류장 15개의 가격은 의자 5개와 테이블 10개의 가격과 같다.

① 8개
② 9개
③ 10개
④ 11개

> ✔해설 두 번째 정보에서 테이블 1개＋의자 1개＝서류장 2개임을 알 수 있다. 세 번째 정보에서 두 번째 정보를 대입하면 서류장 1개＝의자 2개가 되며 테이블 1개＝의자 3개가 된다. 따라서 서류장 10개＋의자 10개＝의자 30개이며, 의자 30개＝테이블 10이다.

12 〈보기〉는 문제를 지혜롭게 처리하기 위한 단계별 방법을 나열한 것이다. 올바른 문제처리 절차에 따라 (가)~(마)의 순서를 재배열한 것은 어느 것인가?

〈보기〉

(가) 당초 장애가 되었던 문제의 원인들을 해결안을 사용하여 제거한다.

(나) 문제로부터 도출된 근본 원인을 효과적으로 해결할 수 있는 최적의 해결방안을 수립한다.

(다) 파악된 핵심문제에 대한 분석을 통해 근본 원인을 도출해 본다.

(라) 선정된 문제를 분석하여 해결해야 할 것이 무엇인지를 명확히 결정한다.

(마) 해결해야 할 전체 문제를 파악하여 우선순위를 정하고, 선정문제에 대한 목표를 명확히 한다.

---

① (마) − (라) − (다) − (나) − (가)

② (라) − (마) − (다) − (가) − (나)

③ (라) − (다) − (나) − (가) − (마)

④ (가) − (나) − (마) − (라) − (다)

> **해설** 문제처리능력이란 목표와 현상을 분석하고 이 분석결과를 토대로 문제를 도출하여 최적의 해결책을 찾아 실행, 평가 처리해 나가는 일련의 활동을 수행하는 능력이라 할 수 있다. 이러한 문제처리능력은 문제해결절차를 의미하는 것으로, 일반적인 문제해결절차는 문제 인식, 문제 도출, 원인 분석, 해결안 개발, 실행 및 평가의 5단계를 따른다. ① 주어진 〈보기〉의 (가)~(마)의 내용은 문제해결절차 5단계를 역순으로 제시해 놓았다.

13 영업팀 직원인 갑, 을, 병 3명은 어젯밤 과음을 한 것으로 의심되고 있다. 이에 대한 이들의 진술이 다음과 같을 때, 과음을 한 것이 확실한 직원과 과음을 하지 않은 것이 확실한 직원을 순서대로 바르게 짝지은 것은? (단, 과음을 한 직원은 거짓말을 하고, 과음을 하지 않은 직원은 사실을 말하였다)

> 갑 : "우리 중 1명만 거짓말을 하고 있습니다."
> 을 : "우리 중 2명이 거짓말을 하고 있습니다."
> 병 : "갑, 을 중 1명만 거짓말을 하고 있습니다."

① 갑, 을
② 을, 아무도 없음
③ 갑, 아무도 없음
④ 갑과 을, 병

✔해설 갑, 을, 병의 진술과 과음을 한 직원의 수를 기준으로 표를 만들어 보면 다음과 같다.

과음직원 진술자	0명	1명	2명	3명
갑	거짓	참	거짓	거짓
을	거짓	거짓	참	거짓
병	거짓	참	참	거짓

- 과음을 한 직원의 수가 0명인 경우, 갑, 을, 병 모두 거짓을 말한 것이 되어 결국 모두 과음을 한 것이 된다. 따라서 이 경우는 과음을 한 직원의 수가 0명이라는 전제와 모순이 생기게 된다.
- 과음을 한 직원의 수가 1명인 경우, 을만 거짓을 말한 것이므로 과음을 한 직원의 수가 1명이라는 전제에 부합한다. 이 경우에는 을이 과음을 한 것이 되며, 갑과 병은 과음을 하지 않은 것이 된다.
- 과음을 한 직원의 수가 2명인 경우, 갑만 거짓을 말한 것이 되므로 과음을 한 직원의 수가 1명이 된다. 따라서 이 역시 과음을 한 직원의 수가 2명이라는 전제와 모순이 생기게 된다.
- 과음을 한 직원의 수가 3명인 경우, 갑, 을, 병 모두 거짓을 말한 것이 되어 과음을 한 직원의 수가 3명이 될 것이며, 이는 전제와 부합하게 된다.

따라서 4가지의 경우 중 모순 없이 발생 가능한 경우는 과음을 한 직원의 수가 1명 또는 3명인 경우가 되는데, 이 두 경우에 모두 거짓을 말한 을은 과음을 한 직원이라고 확신할 수 있다. 그러나 이 두 경우에 모두 사실을 말한 사람은 없으므로, 과음을 하지 않은 것이 확실한 직원은 아무도 없다.

14 다음 기사를 읽고 밑줄 친 부분과 관련한 내용으로 가장 거리가 먼 것은?

최근 포항·경주 등 경북지역 기업들에 정부의 일학습병행제가 본격 추진되면서 큰 관심을 보이고 있는 가운데, 포스코 외주파트너사인 ㈜세영기업이 지난 17일 직무개발훈련장의 개소식을 열고 첫 발걸음을 내딛었다. 청년층의 실업난 해소와 고용 창출의 해법으로 정부가 시행하는 일학습병행제는 기업이 청년 취업희망자를 채용해 이론 및 실무교육을 실시한 뒤 정부로부터 보조금을 지원받을 수 있는 제도로, ㈜세영기업은 최근 한국산업인력공단 포항지사와 함께 취업희망자를 선발했고 오는 8월 1일부터 본격적인 실무교육에 나설 전망이다.

㈜세영기업 대표이사는 "사업 전 신입사원 <u>OJT</u>는 단기간 수료해 현장 배치 및 직무수행을 하면서 직무능력수준 및 조직적응력 저하, 안전사고 발생위험 등 여러 가지 문제가 있었다"며 "이번 사업을 통해 2~3년 소요되던 직무능력을 1년 만에 갖출 수 있어 생산성 향상과 조직만족도가 향상될 것"이라고 밝혔다.

① 전사적인 교육훈련이 아닌 통상적으로 각 부서의 장이 주관하여 업무에 관련된 계획 및 집행의 책임을 지는 일종의 부서 내 교육훈련이다.

② 교육훈련에 대한 내용 및 수준에 있어서의 통일성을 기하기 어렵다.

③ 상사 또는 동료 간 이해 및 협조정신 등을 높일 수 있다.

④ 다수의 종업원을 훈련하는 데에 있어 가장 적절한 훈련기법이다.

✔ **해설** OJT(On the Job Training ; 사내교육훈련)는 다수의 종업원을 훈련하는 데에 있어 부적절하다.

15 다음 글에서 엿볼 수 있는 문제의 유형과 사고력의 유형이 알맞게 짝지어진 것은?

> 대한상사는 가전제품을 수출하는 기업이다. 주요 거래처가 미주와 유럽에 있다 보니 대한상사는 늘 환율 변동에 대한 리스크를 안고 있다. 최근 북한과 중동의 급변하는 정세 때문에 연일 환율이 요동치고 있어 대한상사는 도저히 향후 손익 계획을 가름해 볼 수 없는 상황이다. 이에 따라 가격 오퍼 시 고정 환율을 적용하거나 현지에 생산 공장을 설립하는 문제를 심각하게 검토하고 있다.

	문제의 유형	사고력 유형
①	탐색형 문제	논리적 사고
②	설정형 문제	논리적 사고
③	탐색형 문제	비판적 사고
④	설정형 문제	창의적 사고

✔해설 현재 발생하지 않았지만 장차 발생할지 모르는 문제를 예상하고 대비하는 일. 보다 나은 미래를 위해 새로운 문제를 스스로 설정하여 도전하는 일은 조직과 개인 모두에게 중요한 일이다. 이러한 형태의 문제를 설정형 문제라고 한다. 설정형 문제를 해결하기 위해서는 주변의 발생 가능한 문제들의 움직임을 관심을 가지고 지켜보는 자세가 필요하며, 또한 문제들이 발생했을 때 그것이 어떤 영향을 가져올지에 대한 논리적 추론이 가능해야 한다. 이러한 사고의 프로세스는 논리적 연결고리를 생성시킬 수 있는 추론의 능력이 요구된다고 볼 수 있다.

16 K지점으로부터 은행, 목욕탕, 편의점, 미용실, 교회 건물이 각각 다음과 같은 조건에 맞게 위치해 있다. 모두 K지점으로부터 일직선상에 위치해 있다고 할 때, 다음 설명 중 올바른 것은 어느 것인가? (언급되지 않은 다른 건물은 없다고 가정한다)

• K지점으로부터 50m 이상 떨어져 있는 건물은 목욕탕, 미용실, 은행이다.

• 목욕탕과 교회 건물 사이에는 편의점을 포함한 2개의 건물이 있다.

• 5개의 건물은 각각 K지점에서 15m, 40m, 60m, 70m, 100m 떨어진 거리에 있다.

---

① 목욕탕과 편의점과의 거리는 40m이다.

② 연이은 두 건물 간의 거리가 가장 먼 것은 은행과 편의점이다.

③ 미용실과 편의점의 사이에는 1개의 건물이 있다.

④ K지점에서 미용실이 가장 멀리 있다면 은행과 교회는 45m 거리에 있다.

✔해설 첫 번째 조건을 통해 목욕탕, 미용실, 은행은 C, D, E 중 한 곳, 교회와 편의점은 A, B 중 한 곳임을 알 수 있다. 두 번째 조건에 의하면 목욕탕과 교회 사이에 편의점과 또 하나의 건물이 있어야 한다. 이 조건을 충족하려면 A가 교회, B가 편의점이어야 하며 또한 D가 목욕탕이어야 한다. C와 E는 어느 곳이 미용실과 은행의 위치인지 주어진 조건만으로 알 수 없다. 따라서 보기 ④에서 언급된 바와 같이 미용실이 E가 된다면 은행은 C가 되어 교회인 A와 45m 거리에 있게 된다.

17 외국계 은행인 A 은행 서울지사에 근무하는 甲과, 런던지사에 근무하는 乙, 시애틀지사에 근무하는 丙은 같은 프로젝트를 진행하면서 다음과 같이 영상업무회의를 진행하였다. 회의 시각은 런던을 기준으로 11월 1일 오전 9시이고, 런던은 GMT+0, 서울은 GMT+9, 시애틀은 GMT−7을 표준시로 사용한다. 회의록을 바탕으로 할 때 빈칸에 들어갈 일시는?

> 甲 : 제가 프로젝트에서 맡은 업무는 오늘 오후 10시면 마칠 수 있습니다. 런던에서 받아서 1차 수정을 부탁드립니다.
>
> 乙 : 네, 저는 甲님께서 제시간에 끝내 주시면 다음날 오후 3시면 마칠 수 있습니다. 시애틀에서 받아서 마지막 수정을 부탁드립니다.
>
> 丙 : 알겠습니다. 저는 앞선 두 분이 제시간에 끝내 주신다면 서울을 기준으로 모레 오전 10시면 마칠 수 있습니다. 제가 업무를 마치면 프로젝트가 최종 마무리 되겠군요.
>
> 甲 : 잠깐, 다들 말씀하신 시각의 기준이 다른 것 같은데요? 저는 처음부터 런던을 기준으로 이해하고 말씀드렸습니다.
>
> 乙 : 저는 처음부터 시애틀을 기준으로 이해하고 말씀드렸는데요?
>
> 丙 : 저는 처음부터 서울을 기준으로 이해하고 말씀드렸습니다. 그렇다면 계획대로 진행될 때 서울을 기준으로 ( )에 프로젝트를 최종 마무리할 수 있겠네요.
>
> 甲, 乙 : 네, 맞습니다.

① 11월 2일 오후 11시
② 11월 3일 오전 10시
③ 11월 3일 오후 3시
④ 11월 3일 오후 7시

✔해설 회의 시간이 런던을 기준으로 11월 1일 9시이므로, 이때 서울은 11월 1일 18시, 시애틀은 11월 1일 2시이다.
- 甲은 런던을 기준으로 말했으므로 甲이 프로젝트에서 맡은 업무를 마치는 시간은 런던기준 11월 1일 22시로, 甲이 맡은 업무를 마치는 데 필요한 시간은 22−9=13시간이다.
- 乙은 시애틀을 기준으로 이해하고 말했으므로 乙은 甲이 말한 乙이 말한 다음날 오후 3시는 시애틀 기준 11월 2일 15시이다. 乙은 甲이 시애틀을 기준으로 11월 1일 22시에 맡은 일을 끝내 줄 것이라고 생각하였으므로, 乙이 맡은 업무를 마치는 데 필요한 시간은 2+15=17시간이다.
- 丙은 서울을 기준으로 말했으므로 丙이 말한 모레 오전 10시는 11월 3일 10시이다. 丙은 乙이 서울을 기준으로 11월 2일 15시에 맡은 일을 끝내 줄 것이라고 생각하였으므로, 丙이 맡은 업무를 마치는 데 필요한 시간은 9+10=19시간이다. 따라서 계획대로 진행될 경우 甲, 乙, 丙이 맡은 업무를 끝내는 데 필요한 총 시간은 13+17+19=49시간으로, 2일하고 1시간이라고 할 수 있다. 이를 서울 기준으로 보면 11월 1일 18시에서 2일하고 1시간이 지난 후이므로, 11월 3일 19시이다.

18 다음은 5가지의 영향력을 행사하는 방법과 수민, 홍진이의 발언이다. 수민이와 홍진이의 발언은 각각 어떤 방법에 해당하는가?

〈영향력을 행사하는 방법〉

- 합리적 설득 : 논리와 사실을 이용하여 제안이나 요구가 실행 가능하고, 그 제안이나 요구가 과업 목표 달성을 위해 필요하다는 것을 보여주는 방법
- 연합 전술 : 영향을 받는 사람들이 제안을 지지하거나 어떤 행동을 하도록 만들기 위해 다른 사람의 지지를 이용하는 방법
- 영감에 호소 : 이상에 호소하거나 감정을 자극하여 어떤 제안이나 요구사항에 몰입하도록 만드는 방법
- 교환 전술 : 제안에 대한 지지에 상응하는 대가를 제공하는 방법
- 합법화 전술 : 규칙, 공식적 방침, 공식 문서 등을 제시하여 제안의 적법성을 인식시키는 방법

〈발언〉

- 수민 : 이번에 내가 제안한 기획안이 이사회의 허락을 얻으면 당신이 오랜 기간 공들인 사업이 폐지될 수 있다는 것을 잘 알고 있습니다. 하지만 이번에 당신이 나를 도와 이 기획안을 지지해준다면 이번 기획을 통해 성사되는 계약의 성과 중 일부를 당신과 나누도록 하겠습니다.
- 홍진 : 이 계획은 앞서 본부에서 한 달 전에 각 지사에 시달한 공문에 근거한 것입니다. 또한 이 계획을 시행될 사업과 관련한 세부적인 방법도 이미 본부에서 마련하였고, 절차상 아무 문제도 없습니다.

<u>수민</u>	<u>홍진</u>
① 교환 전술	영감에 호소
② 교환 전술	합법화 전술
③ 영감에 호소	합법화 전술
④ 합리적 설득	연합 전술

✔️ **해설**　㉠ 수민 : 계약의 성과 중 일부를 나눈다고 하였으므로 지지에 상응하는 대가를 제공하는 '교환 전술'에 해당한다.
　㉡ 홍진 : 공문에 근거한 것이고 절차상 아무 문제도 없다고 하였으므로 제안의 적법성을 인식시키는 '합법화 전술'에 해당한다.

19 Z회사에 근무하는 7명의 직원이 교육을 받으려고 한다. 교육실에서 직원들이 앉을 좌석의 조건이 다음과 같을 때 직원 중 빈자리 바로 옆 자리에 배정받을 수 있는 사람은?

〈교육실 좌석〉

첫 줄	A	B	C
중간 줄	D	E	F
마지막 줄	G	H	I

〈조건〉

- 직원은 강훈, 연정, 동현, 승만, 문성, 봉선, 승일 7명이다.
- 서로 같은 줄에 있는 좌석들끼리만 바로 옆 자리일 수 있다.
- 봉선의 자리는 마지막 줄에 있다.
- 동현이의 자리는 승만이의 바로 옆 자리이며, 또한 빈 자리 바로 옆이다.
- 승만이의 자리는 강훈이의 바로 뒷 자리이다.
- 문성이와 승일이는 같은 줄의 좌석을 배정받았다.
- 문성이나 승일이는 누구도 강훈이의 바로 옆 자리에 배정받지 않았다.

① 승만
② 문성
③ 연정
④ 봉선

✔️**해설** 주어진 조건을 정리해 보면 마지막 줄에는 봉선, 문성, 승일이가 앉게 되며 중간 줄에는 동현이와 승만이가 앉게 된다. 그러나 동현이가 승만이 바로 옆 자리이며, 또한 빈자리가 바로 옆이라고 했으므로 승만이는 빈자리 옆에 앉지 못한다. 첫 줄에는 강훈이와 연정이가 앉게 되고 빈자리가 하나 있다. 따라서 연정이는 빈자리 옆에 배정 받을 수 있다.

20 직장인인 기원, 현욱, 은영, 정아는 아침을 못먹어서 출근길에 우유를 사먹었다. 자신이 먹은 우유에 대한 진술과 주어진 정보를 종합했을 때 A~D 중 은영이가 먹은 우유는 무엇인가?

〈진술〉

- 기원 : 나는 흰우유를 먹었어.
- 현욱 : 내가 먹은 우유는 정아가 먹은 우유보다 용량이 많았어.
- 은영 : 내가 먹은 우유는 가장 비싼 우유는 아니야.
- 정아 : 내가 먹은 우유는 다른 누군가가 먹은 우유와 종류가 같았어.

〈정보〉

	종류	용량(ml)	가격(원)
A	흰우유	190	1,100
B	흰우유	200	1,200
C	딸기우유	200	1,200
D	바나나우유	350	1,500

① A   ② B

③ C   ④ D

✔해설 기원이와 정아의 진술로 인해 기원이와 정아는 흰우유(A 또는 B)를 먹었다. 현욱이는 정아보다 용량이 많은 우유를 먹었으므로 현욱이가 먹은 우유는 D이고 나머지 C는 은영이가 먹은 우유가 된다.

21 편의점에 우유, 콜라, 사이다, 이온음료, 오렌지주스로 구성된 다섯 가지 음료가 진열돼 있다. 아래 조건을 만족시킬 때 왼쪽에서 두 번째에 진열될 수 있는 음료가 아닌 것은?

- 우유는 오렌지주스보다 왼쪽에 진열돼 있다.
- 콜라와 사이다 사이에는 반드시 음료 하나가 진열돼야 한다.
- 이온음료는 가장 오른쪽에 진열돼 있다.

① 우유   ② 콜라

③ 사이다   ④ 오렌지주스

✔해설 진열되는 음료는 다음과 같다.

콜라/사이다	우유	사이다/콜라	오렌지주스	이온음료
우유	콜라/사이다	오렌지주스	사이다/콜라	이온음료

22 빨간색, 파란색, 노란색 구슬이 각각 한 개씩 있다. 이 세 개의 구슬을 A, B, C 세 사람에게 하나씩 나누어 주고, 세 사람 중 한 사람만 진실을 말하도록 하였더니 구슬을 받고 난 세 사람이 다음과 같이 말하였다.

> A : 나는 파란색 구슬을 가지고 있다.
> B : 나는 파란색 구슬을 가지고 있지 않다.
> C : 나는 노란색 구슬을 가지고 있지 않다.

빨간색, 파란색, 노란색의 구슬을 받은 사람을 차례대로 나열한 것은?

① A, B, C
② A, C, B
③ B, A, C
④ C, B, A

✔해설 1) A가 진실을 말할 때,
  A : 파란색 구슬, B : 파란색 구슬, C : 노란색 구슬
  이 경우, 빨간색 구슬을 가진 사람이 없어서 모순이다.
2) B가 진실을 말할 때,
  A : 빨간색 또는 노란색 구슬, B : 빨간색 또는 노란색 구슬, C : 노란색 구슬
  이 경우, 파란색 구슬을 가진 사람이 없어서 모순이다.
3) C가 진실을 말할 때,
  A : 빨간색 또는 노란색 구슬, B : 파란색 구슬, C : 빨간색 또는 파란색 구슬
  이로부터, A는 노란색 구슬, B는 파란색 구슬, C는 빨간색 구슬을 가지고 있다.
1), 2), 3)에 의하여 빨간색, 파란색, 노란색 구슬을 받은 사람을 차례로 나열하면 C, B, A이다.

23 용의자 A, B, C, D 4명이 있다. 이들 중 A, B, C는 조사를 받는 중이며 D는 아직 추적 중이다. 4명 중에서 한 명만이 진정한 범인이며, A, B, C의 진술 중 한 명의 진술만이 참일 때 범인은 누구인가?

> • A : B가 범인이다.
> • B : 내가 범인이다.
> • C : D가 범인이다.

① A
② B
③ C
④ D

✔해설 만약 B가 범인이라면 A와 B의 진술이 참이어야 한다. 하지만 문제에서 한 명의 진술만이 참이라고 했으므로 A, B는 거짓을 말하고 있고 C의 진술이 참이다. 따라서 범인은 D이다.

ANSWER 20.③ 21.④ 22.④ 23.④

24 다음 제시문을 읽고 바르게 추론한 것을 〈보기〉에서 모두 고른 것은?

A회사에서는 1,500명의 소속직원들이 마실 생수를 구입하기로 하였다. 모든 조건이 동일한 두 개의 생수회사가 최종 경쟁을 하게 되었다. 구입 담당자는 직원들에게 시음하게 하여 직원들이 가장 좋아하는 생수를 선정하고자 하였다. 다음과 같은 절차를 통하여 구입 담당자가 시음회를 주관하였다.

- 직원들로부터 더 많이 선택 받은 생수회사를 최종적으로 선정한다.
- 생수 시음회 참여를 원하는 직원을 대상으로 신청자를 접수하고 그 중 남자 15명과 여자 15명을 무작위로 선정하였다.
- 두 개의 컵을 마련하여 하나는 1로 표기하고 다른 하나는 2로 표기하여 회사이름을 가렸다.
- 참가직원들은 1번 컵의 생수를 마신 후 2번 컵의 생수를 마시고 둘 중 어느 쪽을 선호하는지 표시하였다.

〈보기〉

㉠ 참가자들이 특정 번호를 선호할 가능성을 고려하지 못하였다.
㉡ 참가자가 무작위로 선정되었으므로 전체 직원에 대한 대표성이 확보되었다.
㉢ 참가자의 절반은 2번 컵을 먼저 마시고 1번 컵을 나중에 마시도록 했어야 한다.
㉣ 우리나라의 남녀 비율이 50대 50이므로 남자직원과 여자직원을 동수로 뽑은 것은 적절하였다.

① ㉠㉡

② ㉠㉢

③ ㉡㉢

④ ㉡㉣

✔해설 ㉡ 참가자는 무작위로 선정한 것이 아니라 시음회의 참여를 원하는 직원을 대상으로 선정하였기 때문에 전체 직원에 대한 대표성이 확보되었다고 보기는 어렵다.
　　㉣ 대표성을 확보하기 위해서는 우리나라의 남녀 비율이 아닌 A회사의 남녀 비율을 고려하여 선정하는 것이 더 적절하다.

25 다음은 수미의 소비상황과 각종 신용카드 혜택 정보이다. 수미가 가장 유리한 하나의 신용카드만을 결제수단으로 사용할 때 적절한 소비수단은?

- 뮤지컬, OO 테마파크 및 서점은 모두 B 신용카드의 문화 관련업에 해당한다.
- 신용카드 1포인트는 1원이고, 문화상품권 1매는 1만 원으로 가정한다.
- 혜택을 금전으로 환산하여 액수가 많을수록 유리하다.
- 액수가 동일한 경우 할인혜택, 포인트 적립, 문화상품권 지급 순으로 유리하다.
- 혜택의 액수 및 혜택의 종류가 동일한 경우 혜택 부여시기가 빠를수록 유리하다(현장 할인은 결제 즉시 할인되는 것을 말하며, 청구할인은 카드대금 청구 시 할인 되는 것을 말한다).

〈수미의 소비상황〉

서점에서 여행서적(정가 각 3만 원) 3권과 DVD 1매(정가 1만 원)를 구입(직전 1개월 간 A신용카드 사용금액은 15만 원이며, D신용카드는 가입 후 미사용 상태임)

〈각종 신용카드의 혜택〉

A 신용카드	○○테마파크 이용 시 본인과 동행 1인의 입장료의 20% 현장 할인(단, 직전 1개월 간 A신용카드 사용금액이 30만 원 이상인 경우에 한함)
B 신용카드	문화 관련 가맹업 이용 시 총액의 10% 청구 할인(단, 할인되는 금액은 5만 원을 초과할 수 없음)
C 신용카드	이용 시마다 사용금액의 10%를 포인트로 즉시 적립. 사용금액이 10만 원을 초과하는 경우에는 사용금액의 20%를 포인트로 즉시 적립
D 신용카드	가입 후 2만 원 이상에 상당하는 도서류(DVD 포함) 구매 시 최초 1회에 한하여 1만 원 상당의 문화상품권 증정(단, 문화상품권은 다음달 1일에 일괄 증정)

① A 신용카드
② B 신용카드
③ C 신용카드
④ D 신용카드

> **✔해설** 수미 소비상황을 봤을 때 A 신용카드 혜택이 없으며, B 신용카드는 1만 원 청구할인, C 신용카드는 1만 포인트 적립, D 신용카드는 1만 원 문화상품권을 증정한다. 액수가 동일한 경우 할인혜택, 포인트 적립, 문화상품권 지급 순으로 유리하다고 했으므로 수미는 B 신용카드를 선택한다.

26 甲회사 인사부에 근무하고 있는 H부장은 각 과의 요구를 모두 충족시켜 신규직원을 배치하여야 한다. 각 과의 요구가 다음과 같을 때 홍보과에 배정되는 사람은 누구인가?

〈신규직원 배치에 대한 각 과의 요구〉
• 관리과 : 5급이 1명 배정되어야 한다.
• 홍보과 : 5급이 1명 배정되거나 6급이 2명 배정되어야 한다.
• 재무과 : B가 배정되거나 A와 E가 배정되어야 한다.
• 총무과 : C와 D가 배정되어야 한다.

〈신규직원〉
• 5급 2명(A, B)
• 6급 4명(C, D, E, F)

① A

② B

③ C와 D

④ E와 F

✔해설 주어진 조건을 보면 관리과와 재무과에는 반드시 각각 5급이 1명씩 배정되고, 총무과에는 6급 2명이 배정된다. 인원 수를 따져보면 홍보과에는 5급을 배정할 수 없기 때문에 6급이 2명 배정된다. 6급 4명 중에 C와 D는 총무과에 배정되므로 홍보과에 배정되는 사람은 E와 F이다. 각 과별로 배정되는 사람을 정리하면 다음과 같다.

관리과	A
홍보과	E, F
재무과	B
총무과	C, D

|27-28| 다음은 ○○협회에서 주관한 학술세미나 일정에 관한 것으로 다음 세미나를 준비하는 데 필요한 일, 각각의 일에 걸리는 시간, 일의 순서 관계를 나타낸 표이다. 제시된 표를 바탕으로 물음에 답하시오. (단, 모든 작업은 동시에 진행할 수 없다)

▣ 세미나 준비 현황

구분	작업	작업시간(일)	먼저 행해져야 할 작업
가	세미나 장소 세팅	1	바
나	현수막 제작	2	다, 마
다	세미나 발표자 선정	1	라
라	세미나 기본계획 수립	2	없음
마	세미나 장소 선정	3	라
바	초청자 확인	2	라

27 현수막 제작을 시작하기 위해서는 최소 며칠이 필요하겠는가?

① 3일　　　　　　　　　　　② 4일
③ 5일　　　　　　　　　　　④ 6일

✔해설 현수막을 제작하기 위해서는 라, 다, 마가 선행되어야 한다. 따라서 세미나 기본계획 수립(2일)+세미나 발표자 선정(1일)+세미나 장소 선정(3일)=최소한 6일이 소요된다.

28 세미나 기본계획 수립에서 세미나 장소 세팅까지 모든 작업을 마치는 데 필요한 시간은?

① 10일　　　　　　　　　　② 11일
③ 12일　　　　　　　　　　④ 13일

✔해설 각 작업에 걸리는 시간을 모두 더하면 총 11일이다.

ANSWER 26.④　27.④　28.②

어린이집 입소기준

• 어린이집의 장은 당해시설에 결원이 생겼을 때마다 '명부 작성방법' 및 '입소 우선순위'를 기준으로 작성된 명부의 선 순위자를 우선 입소조치 한다.

명부작성방법
• 동일 입소신청자가 1·2순위 항목에 중복 해당되는 경우, 해당 항목별 점수를 합하여 점수가 높은 순으로 명부를 작성함
• 1순위 항목 당 100점, 2순위 항목 당 50점 산정
－다만, 2순위 항목만 있는 경우 점수합계가 1순위 항목이 있는 자보다 같거나 높더라도 1순위 항목이 있는 자보다 우선순위가 될 수 없으며, 1순위 항목점수가 동일한 경우에 한하여 2순위 항목에 해당될 경우 추가합산 가능함
• 영유아가 2자녀 이상인 가구가 동일 순위일 경우 다자녀가구 자녀가 우선입소
• 대기자 명부 조정은 매분기 시작 월 1일을 기준으로 함

입소 우선순위
• 1순위
－ 국민기초생활보장법에 따른 수급자
－ 국민기초생활보장법 제24조의 규정에 의한 차상위계층의 자녀
－ 장애인 중 보건복지부령이 정하는 장애 등급 이상에 해당하는 자의 자녀
－ 아동복지시설에서 생활 중인 영유아
－ 다문화가족의 영유아
－ 자녀가 3명 이상인 가구 또는 영유아가 2자녀 가구의 영유아
－ 산업단지 입주기업체 및 지원기관 근로자의 자녀로서 산업 단지에 설치된 어린이집을 이용하는 영유아
• 2순위
－ 한부모 가족의 영유아
－ 조손 가족의 영유아
－ 입양된 영유아

29 어린이집에 근무하는 A씨가 점수합계를 내보니, 두 영유아가 1순위 항목에서 동일한 점수를 얻었다. 이 경우에는 어떻게 해야 하는가?

① 두 영유아 모두 입소조치 한다.

② 다자녀가구 자녀를 우선 입소조치 한다.

③ 한부모 가족의 영유아를 우선 입소조치 한다.

④ 2순위 항목에 해당될 경우 1순위 항목에 추가합산 한다.

> ✔ **해설** 명부작성방법에서 1순위 항목점수가 동일한 경우에 한하여 2순위 항목에 해당될 경우 추가합산 가능하다고 나와 있다.

30 다음에 주어진 영유아들의 입소순위로 높은 것부터 나열한 것은?

㉠ 혈족으로는 할머니가 유일하나, 현재는 아동복지시설에서 생활 중인 영유아

㉡ 아버지를 여의고 어머니가 근무하는 산업단지에 설치된 어린이집을 동생과 함께 이용하는 영유아

㉢ 동남아에서 건너온 어머니와 가장 높은 장애 등급을 가진 한국인 아버지가 국민기초생활보장법에 의한 차상위 계층에 해당되는 영유아

---

① ㉠ - ㉡ - ㉢

② ㉡ - ㉠ - ㉢

③ ㉡ - ㉢ - ㉠

④ ㉢ - ㉡ - ㉠

> ✔ **해설** ㉢ 300점
> ㉡ 250점
> ㉠ 150점

31 다음 조건을 읽고 〈보기〉에서 옳은 설명을 고르면?

> • 과일 A에는 씨가 2개, 과일 B에는 씨가 1개 있다.
> • 철수와 영수는 각각 과일 4개씩을 먹었다.
> • 철수는 영수보다 과일 A를 1개 더 먹었다.
> • 철수는 같은 수로 과일 A와 B를 먹었다.

> 〈보기〉
> A : 영수는 B과일을 3개 먹었다.
> B : 두 사람이 과일을 다 먹고 나온 씨의 개수 차이는 1개이다.

① A만 옳다.
② B만 옳다.
③ A와 B 모두 옳다.
④ A와 B 모두 그르다.

> ✔해설 철수는 같은 수로 과일 A와 B를 먹었으므로 각각 2개씩 먹었다는 것을 알 수 있다. 철수는 영수보다 과일 A를 1개 더 먹었으므로, 영수는 과일 A를 1개 먹었다.

32 다음 중 밑줄 친 ㉠, ㉡ 사회관에 대한 분석으로 옳은 것은?

> 개인과 사회의 관계를 바라보는 상반된 관점이 있다. 하나는 ㉠ 개인은 사회라는 생명체의 한 부분이라는 견해로, 개인은 사회를 배경으로 저마다의 역할을 수행하며 사회를 떠나서는 존재할 수 없다고 본다. 다른 하나는 사회는 개인들이 자신들의 권리를 더 안전하게 지키고 향유하기 위해서 개개인들이 합의하여 만든 존재이기 때문에 ㉡ 개인이 없으면 사회도 존재할 수 없다는 견해이다.

① ㉠에 따르면 개인의 자유와 권리는 제한될 수 없다.
② ㉠에 따르면 개인 간의 상호 작용 분석을 통해 사회를 이해할 수 있다.
③ ㉡은 자유주의, 개인주의와 맥락을 함께 한다.
④ ㉡에 따르면 사회는 개인의 외부에서 영향력을 발휘한다.

> ✔해설 사회 명목론은 사회 전체의 이익보다는 개인의 권리를 중시한다는 점에서 자유주의, 개인주의와 맥락을 함께 한다.

33 다음 조건을 읽고 옳은 설명을 고르면?

> • 날씨가 시원하면 기분이 좋다.
> • 배고프면 라면이 먹고 싶다.
> • 기분이 좋으면 마음이 차분하다.
> • '마음이 차분하면 배고프다'는 명제는 참이다.

> A : 날씨가 시원하면 라면이 먹고 싶다.
> B : 배고프면 마음이 차분하다.

① A만 옳다.
② B만 옳다.
③ A와 B 모두 옳다.
④ A와 B 모두 그르다.

> **✔해설** 날씨가 시원함→기분이 좋음→마음이 차분함→배고픔→라면이 먹고 싶음
> 따라서 A만 옳다.

34 다음 중 주어진 글의 빈칸에 들어갈 단어나 문장으로 가장 적절한 것을 고르면?

> 현대 사회에서 국가는 개인의 권리와 이익에 영향을 주는 다양한 행정 작용을 한다. 이에 따라 국가 활동으로 인해 손해를 입은 개인을 보호할 필요성이 커지게 되었다. 국가배상 제도는 국가 활동으로부터 손해를 입은 개인을 보호하기 위해 국가에게 손해배상 책임을 지운다. 이 제도는 19세기 후반 프랑스에서 법원의 판결 곧 판례에 의해 도입된 이래, 여러 나라에서 법률 또는 판례에 의해 인정되었다. 우리나라도 국가배상법을 제정하여 공무원의 법을 위반한 직무 집행으로 _______________________.

① 재판에 대한 국가배상 책임을 제한할 필요성이 인정되고 있다.
② 법관이 소신껏 재판 업무에 임할 수 있도록 독립을 보장하고 있다.
③ 법을 위반한 공무원에게 과중한 징계를 내리도록 하고 있다.
④ 손해를 입은 개인에게 국가가 그 손해를 배상하도록 하고 있다.

> **✔해설** 문장의 첫머리에 우리나라도~ 라고 제시하고 있으므로 빈칸에는 문장 앞의 내용인 국가 활동으로 인해 손해를 입은 개인을 보호하는 것에 대한 내용이 나와야 하므로 ④가 정답이 된다.

ANSWER 31.③ 32.③ 33.① 34.④

35 A교육연구소 아동청소년연구팀에 근무하는 甲은 다음과 같은 연구를 시행하여 결과를 얻었다. 연구결과를 상사에게 구두로 보고하자 결과를 뒷받침할 만한 직접적인 근거를 추가하여 보고서를 작성해 오라는 지시를 받았다. 다음 〈보기〉 중 근거로 추가할 수 있는 자료를 모두 고른 것은?

[연구개요] 한 아동이 다른 사람을 위하여 행동하는 매우 극적인 장면이 담긴 'Lassie'라는 프로그램을 매일 5시간 이상 시청한 초등학교 1~2학년 아동들은 이와는 전혀 다른 내용이 담긴 프로그램을 시청한 아동들보다 훨씬 더 협조적이고 타인을 배려하는 행동을 보여주었다. 반면에 텔레비전을 통해 매일 3시간 이상 폭력물을 시청한 아동과 청소년들은 텔레비전 속에서 보이는 성인들의 폭력행위를 빠른 속도로 모방하였다.

[연구결과] 텔레비전 속에서 보이는 폭력이 아동과 청소년의 범죄행위를 유발시킬 가능성이 크다.

〈보기〉

㉠ 전국의 소년교도소에 폭행죄로 수감되어 있는 재소자들은 6세 이후 폭력물을 매일 적어도 4시간 이상씩 시청했었다.

㉡ 전국의 성인교도소에 폭행죄로 수감되어 있는 재소자들은 6세 이후 폭력물을 매일 적어도 6시간 이상씩 시청했었다.

㉢ 전국의 소년교도소에 폭행죄로 수감되어 있는 청소년들은 매일 저녁 교도소 내에서 최소한 3시간씩 폭력물을 시청한다.

㉣ 6세에서 12세 사이에 선행을 많이 하는 아동들이 성인이 되어서도 선행을 많이 한다.

① ㉠

② ㉠, ㉡

③ ㉠, ㉡, ㉢

④ ㉡, ㉢, ㉣

✔**해설** ㉠은 [연구개요] 중 '3시간 이상 폭력물을 시청한 아동과 청소년들은 텔레비전 속에서 보이는 성인들의 폭력행위를 빠른 속도로 모방하였다.'와 같은 맥락으로 볼 수 있는 자료로, [연구결과]를 뒷받침하는 직접적인 근거가 된다.
㉡ 성인의 범죄행위 유발과 관련 자료이다.
㉢ 이미 범죄행위를 저지르고 난 후 폭력물을 시청하는 조건이다.
㉣ 텔레비전 프로그램 시청이 선행에 영향을 미침을 증명하는 자료가 아니다.

36 다음 진술이 참이 되기 위해 꼭 필요한 전제를 〈보기〉에서 고르면?

〈진술〉

반장은 반에서 인기가 많다.

〈보기〉

㉠ 머리가 좋은 친구 중 몇 명은 반에서 인기가 많다.
㉡ 얼굴이 예쁜 친구 중 몇 명은 반에서 인기가 많다.
㉢ 반장은 머리가 좋다.
㉣ 반장은 얼굴이 예쁘다.
㉤ 머리가 좋거나 얼굴이 예쁘면 반에서 인기가 많다.
㉥ 머리가 좋고 얼굴이 예쁘면 반에서 인기가 많다.

---

① ㉠㉢ ② ㉡㉣
③ ㉢㉥ ④ ㉣㉤

✔ **해설** 반장은 머리가 좋다. 또는 반장은 얼굴이 예쁘다(㉢ 또는 ㉣).

머리가 좋거나 얼굴이 예쁘면 반에서 인기가 많다(㉤).

∴ 반장은 반에서 인기가 많다.

※ ㉥의 경우 머리도 좋고 얼굴도 예뻐야 반에서 인기가 많다는 의미이므로 주어진 진술이 반드시 참이 되지 않는다.

ANSWER 35.① 36.④

37 다음은 5가지의 영향력을 행사하는 방법과 순정, 석일이의 발언이다. 순정이와 석일이의 발언은 각각 어떤 방법에 해당하는가?

〈영향력을 행사하는 방법〉
- 합리적 설득 : 논리와 사실을 이용하여 제안이나 요구가 실행 가능하고, 그 제안이나 요구가 과업 목표 달성을 위해 필요하다는 것을 보여주는 방법
- 연합 전술 : 영향을 받는 사람들이 제안을 지지하거나 어떤 행동을 하도록 만들기 위해 다른 사람의 지지를 이용하는 방법
- 영감에 호소 : 이상에 호소하거나 감정을 자극하여 어떤 제안이나 요구사항에 몰입하도록 만드는 방법
- 교환 전술 : 제안에 대한 지지에 상응하는 대가를 제공하는 방법
- 합법화 전술 : 규칙, 공식적 방침, 공식 문서 등을 제시하여 제안의 적법성을 인식시키는 방법

〈발언〉
- 순정 : 이 기획안에 대해서는 이미 개발부와 재정부가 동의했습니다. 여러분들만 지지해준다면 계획을 성공적으로 완수할 수 있을 것입니다.
- 석일 : 이 기획안은 우리 기업의 비전과 핵심가치들을 담고 있습니다. 이 계획이야말로 우리가 그동안 염원했던 가치를 실현함으로써 회사의 발전을 이룩할 수 있는 기회라고 생각합니다. 여러분이 그동안 고생한 만큼 이 계획은 성공적으로 끝마쳐야 합니다.

① 순정 : 합리적 설득, 석일 : 영감에 호소

② 순정 : 연합 전술, 석일 : 영감에 호소

③ 순정 : 연합 전술, 석일 : 합법화 전술

④ 순정 : 영감에 호소, 석일 : 합법화 전술

✔해설 ㉠ 순정 : 다른 사람들의 지지를 이용하기 때문에 '연합 전술'에 해당한다.
㉡ 석일 : 기업의 비전과 가치를 언급함으로써 이상에 호소하여 제안에 몰입하도록 하기 때문에 '영감에 호소'에 해당한다.

38 다음 대화에 대한 분석으로 옳은 것은?

> 갑 : 여성도 군대에 가는 것이 당연하다고 생각해. 여성도 남성과 마찬가지로 대한민국 국민이잖아.
>
> 을 : 여성은 군대에 의무적으로 가지 않는 대신, 출산과 양육으로 인해 남성보다 임금이나 승진에서 불평등한 대우를 받고 있어.
>
> 병 : 내 주변 사람들은 거의 다 여성이 군대에 가는 것에 찬성하던데?
>
> 정 : 그 보다 징병제가 우리 사회에 적합한지에 대해 먼저 생각해 봐야 하지 않을까?

① 갑의 진술은 사실 진술로만 구성되어 있다.

② 을의 진술은 경험적으로 증명이 어렵다.

③ 병은 객관적 태도를 취하고 있다.

④ 정은 성찰적 태도를 취하고 있다.

✔해설 모두가 당연시 하는 징병제의 적합성 자체를 비판적 시각으로 재고하려는 태도는 성찰적 태도에 해당한다.

39 다음 글에 나타난 일탈 이론에 해당하는 내용으로 옳은 것은?

> 사회에는 법 위반에 호의적인 가치와 비호의적인 가치가 모두 존재한다. 따라서 주위 사람들을 보면 법 위반에 호의적인 사람들이 있는가 하면 그렇지 않은 사람들도 있다. 그런데 어떤 사람이 주위 사람들 중에 법 위반에 호의적인 사람과 더 자주 만나고 상호 작용을 하게 되면 법 위반에 호의적인 가치를 갖게 되고 그러한 연유로 범죄를 저지르게 된다.

① 일탈 행동은 상대적으로 규정된다.

② 일탈 행동은 급격한 사회 변화가 원인이 된다.

③ 사회 규범의 통제력 회복을 통해 일탈이 억제된다.

④ 일탈자와의 접촉을 제한함으로써 일탈을 억제할 수 있다.

✔해설 차별적 교제 이론에서 일탈에 대한 해결책으로 제시하는 것은 일탈 행위자와의 접촉을 제한하는 것이다.

40 다음 사회·문화 현상을 바라보는 관점 A, B에 대한 설명으로 옳지 않은 것은?

> A는 사회 체계를 공통적 가치 아래 안정되어 있다고 보는 데 비해, B에서는 갈등이 내재되어 있어 사회 체계가 근본적으로 불안정하므로 체제 유지보다는 체제의 구조적 변화가 불가피하다고 본다. 또한 A는 사회의 안정과 가치 합의에 관심을 갖는 데 비해, B는 사회 갈등으로 인한 사회 변동에 주로 관심을 갖는다.

① A는 B와 달리 현존하는 사회 체계의 유지를 강조한다.

② B는 A와 달리 사회적 역할이 강제적으로 배분되었다고 본다.

③ B는 A와 달리 지배 집단의 합의에 의해 사회 규범이 제정되었다고 본다.

④ A는 거시적 관점, B는 미시적 관점에 해당한다.

✔ **해설** 기능론과 갈등론은 모두 거시적 관점에 해당한다.

41 다음에서 설명하는 일탈 이론에 부합하는 사례로 옳은 것은?

> 같은 행동이라도 아무 일 없으면 그냥 '일상'이 되고 문제가 생기면 '일탈'이 된다. 누구나 살면서 잘못을 저지르지만 적발되지 않으면 별 문제 없이 지나간다. 하지만 그것이 다른 사람들에게 적발되고 세상에 알려지면 상황은 급격히 변화한다. 자신을 대하는 사회적 시선이 예전과 달라졌음을 인식하게 되면서 그는 점점 일탈을 내면화하고 정상적인 사회 규범과 멀어진다.

① 실직 가장이 일확천금을 꿈꾸며 도박판에 뛰어들어 남은 재산을 모두 탕진한다.

② 폭행을 당한 피해자가 법에 호소하는 대신 친구들을 동원해 가해자에게 보복을 한다.

③ 교도소에서 소매치기 기술을 배운 전과자가 출소한 후 길거리에서 다른 사람의 지갑을 훔친다.

④ 부유층 아이의 싸움은 자연스러운 성장 과정으로, 빈민층 아이의 싸움은 비행으로 가는 과정으로 간주한다.

✔ **해설** 동일한 행동이라도 일탈에 대한 기준이 서로 다르게 적용될 수 있음을 보여 주는 사례로, 이는 낙인 이론의 사례로 적절하다.

42 다음 A, B 두 조직에 대한 옳은 설명을 〈보기〉에서 고른 것은?

> • A와 B는 모두 인위적으로 형성되었다.
> • A는 목표 달성을 위해 능률의 논리에 따라 구성되나, B는 감정의 논리에 따라 구성된다.
> • A는 그 조직의 모든 구성원들을 포함하는 데 비해, B는 A의 일부 구성원들만으로 이루어지며 소집단의 성격을 띤다.

> 〈보기〉
> ㉠ A는 구성원의 역할과 책임이 명확하다.
> ㉡ A보다 B는 가입과 탈퇴가 자유롭다.
> ㉢ A와 달리 B는 2차적 관계가 형성된다.
> ㉣ B는 A의 경직성을 강화하는 데 기여한다.

① ㉠, ㉡
② ㉠, ㉢
③ ㉡, ㉢
④ ㉡, ㉣

✔**해설** ㉠ 공식 조직은 구성원의 역할과 책임이 분명하다.
㉡ 비공식 조직은 공식 조직보다 가입과 탈퇴가 자유롭다.

43 노인 문제를 바라보는 A~C의 대화에 대한 설명으로 옳은 것은?

> A : 산업화로 인해 가족의 기능이 약화되면서 생기는 문제야.
> B : 중년층 중심의 사회 구조로 인해 중년층이 노인들의 사회적 역할을 빼앗아 가기 때문에 발생하는 문제야.
> C : 사람들이 노인들을 늙고 의존적인 존재로 인식하고 있으며, 노인들도 자신을 쓸모없는 존재로 인식하기 때문에 발생하는 문제야.

① A는 개인에게 영향을 미치는 사회 구조의 힘을 간과한다.
② B는 사회를 유기체에 비유할 것이다.
③ C는 개인을 구속하는 사회 구조의 힘에 주목한다.
④ A는 B와 달리 사회적 역할이 대다수 성원의 합의에 의한 것이라고 본다.

✔**해설** 사회적 역할이 대다수 사회 구성원의 합의에 의한 것이라고 보는 관점은 기능론이다.

ANSWER 40.④ 41.④ 42.① 43.④

44 다음 두 사례에서 공통적으로 부각되어 있는 문화의 속성에 대한 진술로 가장 적절한 것은?

> • 우리나라 사람들이 돌무더기 탑을 지날 때 돌 하나를 얹는 이유를 외국 사람들은 알지 못한다.
> • 요즘 청소년들이 여러 단어의 첫 음절만을 이용하여 만든 줄임말의 의미를 기성세대는 알지 못한다.

① 문화는 환경의 특수성과 관계없이 공통성을 갖는다.

② 문화는 부분들이 모여 전체로서 하나의 체계를 이룬다.

③ 문화는 경험과 상징을 통해 세대 간에 전승되고 축적된다.

④ 문화는 구성원 간에 사고와 행동의 동질성을 형성하게 해 준다.

> ✔**해설** 두 사례는 같은 문화를 공유하는 사람들끼리 공통적인 생활양식을 가지고 있다는 점에서 공유성을 보여 주고 있다.

45 ㉠~㉣ 중 글의 흐름으로 볼 때 삭제해도 되는 문장은?

> 　토의는 어떤 공통된 문제에 대해 최선의 해결안을 얻기 위하여 여러 사람이 의논하는 말하기 양식이다. ㉠패널 토의, 심포지엄 등이 그 대표적 예이다. ㉡토의가 여러 사람이 모여 공동의 문제를 해결하는 것이라면 토론은 의견을 모으지 못한 어떤 쟁점에 대하여 찬성과 반대로 나뉘어 각자의 주장과 근거를 들어 상대방을 설득하는 것이라 할 수 있다. ㉢패널 토의는 3~6인의 전문가들이 사회자의 진행에 따라, 일반 청중 앞에서 토의 문제에 대한 정보나 지식, 의견이나 견해 등을 자유롭게 주고받는 유형이다. ㉣심포지엄은 전문가가 참여한다는 점, 청중과 질의·응답 시간을 갖는다는 점에서는 패널 토의와 비슷하다. 다만 전문가가 토의 문제의 하위 주제에 대해 서로 다른 관점에서 연설이나 강연의 형식으로 10분 정도 발표한다는 점에서는 차이가 있다.

① ㉠

② ㉡

③ ㉢

④ ㉣

> ✔**해설** 다음 글에서는 토의를 정의하고 토의의 종류에는 무엇이 있는지 예시를 들어 설명하고 있으므로 토론에 대해 정의하고 있는 ㉡은 삭제해도 된다.

46 (가)~(다)는 관료제에서 나타날 수 있는 일반적인 문제점이다. 이와 관련한 설명으로 옳지 않은 것은?

> (가) 복잡한 규정으로 많은 서류가 만들어지는 과정에서 본연의 업무 처리가 지연될 수 있다.
>
> (나) 의사 결정권이 상위 직급에 집중되어 권력의 남용이나 쏠림이 일어날 수 있다.
>
> (다) 승진 시 경력을 중시하므로 무능한 사람이 자기 능력 이상의 자리를 차지할 수 있다.

① (나)는 다양한 의사 결정 구조와 방식을 적용함으로써 완화할 수 있다.

② (다)는 인사 관리에서 연공서열보다 성과를 중시함으로써 완화할 수 있다.

③ (가)는 업무 처리의 형식적 절차를, (나)는 의사 결정의 일방성을 강조하는 과정에서 발생한다.

④ (나), (다)는 조직의 과업과 목적에 따라 조직 형태가 수시로 변화하는 과정에서 발생한다.

✔ **해설** 조직의 과업과 목적에 따라 수시로 조직 형태가 변화하는 것은 탈관료제의 특징이다.

47 포항으로 홀로 여행을 떠난 율희는 오후 늦게서야 배고픔을 느끼게 되어 주변 A횟집으로 들어갔다. 하지만 메뉴판을 보는 순간 너무나 많은 종류의 회를 보고 율희는 무엇을 선택해야 할지 고민하고 있다. 다음 중 아래와 같은 선택에 대한 평가기준이 제시된 경우 보완적 평가방식에 의해 율희가 선택하게 되는 횟감의 종류는 무엇인가?

평가기준	중요도	횟감 종류에 대한 평가			
		광어	우럭	물회	참치
가격	40	2	2	1	7
반찬 종류	30	2	3	1	5
서비스 수준	50	2	2	2	4

① 광어

② 우럭

③ 물회

④ 참치

✔ 해설   보완적 평가방식은 각 상표에 있어 어떤 속성의 약점을 다른 속성의 강점에 의해 보완하여 전반적인 평가를 내리는 방식을 의미한다. 이를 계산하면 다음과 같다.
- 광어=(40×2)+(30×2)+(50×2)=240
- 우럭=(40×2)+(30×3)+(50×2)=270
- 물회=(40×1)+(30×1)+(50×2)=170
- 참치=(40×7)+(30×5)+(50×4)=630

그러므로 율희는 보완적 평가방식에 의해 가장 높은 값이 나온 참치회를 선택하게 된다.

48 다음과 같은 문제 상황을 인지한 A사는 甲의 행위를 절도로 판단하고 이를 위한 대책을 수립하려고 한다. 이러한 문제 상황에 봉착한 A사가 가장 먼저 해야 할 일로 적절한 것은 다음 보기 중 어느 것인가?

> 甲은 A사의 기술연구소 기술고문으로 근무하면서 주도적으로 첨단기술 제조공법을 개발했음에도 뚜렷한 상여금이나 인센티브를 받지 못하고 승진에서도 누락된 사실을 알고 불만을 품게 됐다. 당시 반도체 분야에 새로이 진출하고자 하는 경쟁업체인 B사에서 이와 같은 사실을 알고 甲이 A사에서 받던 급여조건보다 월등하게 좋은 연봉, 주택제공 등의 조건을 제시하여 甲을 영입하기로 했다.
>
> 甲은 B사의 상무이사로 입사하기로 하고, A사의 기술 및 영업 자료를 향후 B사의 생산 및 판매 자료로 활용할 것을 마음먹고 A사 사무실에서 회사의 기술상·영업상의 자료들인 매출단가 품의서, 영업추진계획, 반도체 조립공정 문제점 및 개선대책 등을 서류가방에 넣어 가지고 나와 이를 B사에 넘겨주었다.

① 자료 유출 시의 전 직원에 대한 강화되고 엄격해진 규정을 마련하여 즉시 실시한다.

② 강화된 보안 대책과 함께 컴퓨터 파일 유출을 방지할 수 있는 기술 도입을 검토한다.

③ 인센티브나 승진 문제 등 甲의 행위가 촉발된 근본 원인을 찾아낸다.

④ 어떻게 자료 유출이 가능했는지를 확인하고 甲과 B사에 대한 대응방안을 정확히 수립한다.

✔해설 문제를 해결하기 위해서는 다음과 같은 5단계를 거치게 되는 것이 일반적이다.
- **문제 인식**: 해결해야 할 전체 문제를 파악하여 우선순위를 정하고, 선정문제에 대한 목표를 명확히 하는 단계
- **문제 도출**: 선정된 문제를 분석하여 해결해야 할 것이 무엇인지를 명확히 하는 단계
- **원인 분석**: 파악된 핵심문제에 대한 분석을 통해 근본 원인을 도출하는 단계
- **해결안 개발**: 문제로부터 도출된 근본원인을 효과적으로 해결할 수 있는 최적의 해결방안을 수립하는 단계
- **실행 및 평가**: 해결안 개발을 통해 만들어진 실행계획을 실제 상황에 적용하는 활동으로 당초 장애가 되는 문제의 원인들을 해결안을 사용하여 제거하는 단계

따라서 보기 ④와 같이 해결할 문제가 무엇인지를 확인하고 甲과 B사에 대한 대응의 목표를 명확히 수립하는 것이 최우선 되어야 할 일이라고 할 수 있다.
① 실행 및 평가의 단계에 해당된다.
② 해결안 개발의 단계에 해당된다.
③ 원인 분석의 단계에 해당된다.

49 8층에서 엘리베이터를 타게 된 갑, 을, 병, 정, 무 5명은 5층부터 내리기 시작하여 마지막 다섯 번째 사람이 1층에서 내리게 되었다. 다음 〈조건〉을 만족할 때, 1층에서 내린 사람은 누구인가?

〈조건〉
- 2명이 함께 내린 층은 4층이며, 나머지는 모두 1명씩만 내렸다.
- 을이 내리기 직전 층에서는 아무도 내리지 않았다.
- 무는 정의 바로 다음 층에서 내렸다.
- 갑과 을은 1층에서 내리지 않았다.

① 갑
② 을
③ 병
④ 정

해설 문제의 내용과 조건의 내용에서 알 수 있는 것은 다음과 같다.
- 5층과 1층에서는 적어도 1명이 내렸다.
- 4층에서는 2명이 내렸다. →2층 또는 3층 중 아무도 내리지 않은 층이 한 개 있다.

그런데 네 번째 조건에 따라 을은 1층에서 내리지 않았고, 두 번째 조건에 따라 을이 내리기 직전 층에서는 아무도 내리지 않아야 하므로, 을은 2층에서 내렸고 3층에서는 아무도 내리지 않은 것이 된다(∵ 2층 또는 3층 중 아무도 내리지 않은 층이 한 개 있으므로)

또한 무는 정의 바로 다음 층에서 내렸다는 세 번째 조건에 따르면, 정이 5층에서 내리고 무가 4층에서 내린 것이 된다.

네 번째 조건에서 갑은 1층에서 내리지 않았다고 하였으므로, 2명이 함께 내린 층인 4층에서 무와 함께 내린 것이고, 결국 1층에서 내릴 수 있는 사람은 병이 된다.

50 다음 SWOT 분석기법에 대한 설명과 분석 결과 사례를 토대로 한 대응 전략으로 가장 적절한 것은?

> SWOT 분석은 내부 환경요인과 외부 환경요인의 2개의 축으로 구성되어 있다. 내부 환경요인은 자사 내부의 환경을 분석하는 것으로 분석은 다시 자사의 강점과 약점으로 분석된다. 외부환경요인은 자사 외부의 환경을 분석하는 것으로 분석은 다시 기회와 위협으로 구분된다. 내부환경요인과 외부환경요인에 대한 분석이 끝난 후에 매트릭스가 겹치는 SO, WO, ST, WT에 해당되는 최종 분석을 실시하게 된다. 내부의 강점과 약점을, 외부의 기회와 위협을 대응시켜 기업의 목표를 달성하려는 SWOT 분석에 의한 발전전략의 특성은 다음과 같다.
>
> • SO전략 : 외부 환경의 기회를 활용하기 위해 강점을 사용하는 전략 선택
> • ST전략 : 외부 환경의 위협을 회피하기 위해 강점을 사용하는 전략 선택
> • WO전략 : 자신의 약점을 극복함으로써 외부 환경의 기회를 활용하는 전략 선택
> • WT전략 : 외부 환경의 위협을 회피하고 자신의 약점을 최소화하는 전략 선택
>
> [분석 결과 사례]

강점 (Strength)	• 해외 조직 관리 경험 풍부 • 자사 해외 네트워크 및 유통망 다수 확보
약점 (Weakness)	• 순환 보직으로 인한 잦은 담당자 교체로 업무 효율성 저하 • 브랜드 이미지 관리에 따른 업무 융통성 부족
기회 (Opportunity)	• 현지에서 친숙한 자사 이미지 • 현지 정부의 우대 혜택 및 세제 지원 약속
위협 (Threat)	• 일본 경쟁업체와의 본격 경쟁체제 돌입 • 위안화 환율 불안에 따른 환차손 우려

내부환경 외부환경	강점(Strength)	약점(Weakness)
기회(Opportunity)	① 세제 혜택을 통하여 환차손 리스크 회피 모색	② 타 해외 조직의 운영 경험을 살려 업무 효율성 벤치마킹
위협(Threat)	③ 다양한 유통채널을 통하여 경쟁체제 우회 극복	④ 해외 진출 경험으로 축적된 우수 인력 투입으로 업무 누수 방지

✔ **해설**　③ 네트워크와 유통망이 다양한 것은 자사의 강점이며 이를 통하여 심화되고 있는 일본 업체와의 경쟁을 우회하여 돌파할 수 있는 전략은 주어진 환경에서 적절한 ST전략이라고 볼 수 있다.

① 세제 혜택(O)을 통하여 환차손 리스크 회피 모색(T)
② 타 해외 조직의 운영 경험(S)을 살려 업무 효율성 벤치마킹(W)
④ 해외 진출 경험으로 축적된 우수 인력(S) 투입으로 업무 누수 방지(W)

ANSWER 49.③　50.③

03 수리능력

[수리능력] 출제유형

① 기초연산능력 : 사칙연산, 검산과 관련한 문제가 출제된다. 데이터나 통계를 확인하여 기초연산을 하는 문제가 주로 출제된다.
② 기초통계능력 : 업무 수행에 필요한 수량계산, 표본을 통한 특성 유추, 논리적으로 결론을 추출하기 위한 문제가 출제된다.
③ 도표분석능력 : 도표가 제시되고 그에 따른 연산문제가 출제된다.
④ 도표작성능력 : 제시된 통계를 확인하고 도표를 작성하는 문제이다.

[수리능력] 출제경향

업무를 수행함에 있어 필요한 기본적인 수리능력은 물론이고 지원자의 논리성까지 파악할 수 있는 문항들로 구성된다. 사칙연산, 방정식과 부등식, 응용계산, 수열추리, 자료해석 등이 혼합형으로 출제된다. 난이도가 높은 편은 아니지만 시험에서 짧은 시간 내에 정확하게 풀어낼 수 있는 능력을 요구하며, 표나 그래프를 보며 문제를 해결할 수 있는 문제해결능력의 문제들 역시 꾸준히 출제되고 있다.

[수리능력] 빈출유형

응용계산										
도표 분석										
그래프 분석 · 작성										

예제 01 도표분석능력

다음 자료를 보고 주어진 상황에 대한 물음에 답하시오.

〈근로소득에 대한 간이 세액표〉

월 급여액(천 원) [비과세 및 학자금 제외]		공제대상 가족 수				
이상	미만	1	2	3	4	5
2,500	2,520	38,960	29,280	16,940	13,570	10,190
2,520	2,540	40,670	29,960	17,360	13,990	10,610
2,540	2,560	42,380	30,640	17,790	14,410	11,040
2,560	2,580	44,090	31,330	18,210	14,840	11,460
2,580	2,600	45,800	32,680	18,640	15,260	11,890
2,600	2,620	47,520	34,390	19,240	15,680	12,310
2,620	2,640	49,230	36,100	19,900	16,110	12,730
2,640	2,660	50,940	37,810	20,560	16,530	13,160
2,660	2,680	52,650	39,530	21,220	16,960	13,580
2,680	2,700	54,360	41,240	21,880	17,380	14,010
2,700	2,720	56,070	42,950	22,540	17,800	14,430
2,720	2,740	57,780	44,660	23,200	18,230	14,850
2,740	2,760	59,500	46,370	23,860	18,650	15,280

※ 갑근세는 제시되어 있는 간이 세액표에 따름
※ 주민세＝갑근세의 10%
※ 국민연금＝급여액의 4.50%
※ 고용보험＝국민연금의 10%
※ 건강보험＝급여액의 2.90%
※ 교육지원금＝분기별 100,000원(매 분기별 첫 달에 지급)

박○○ 사원의 5월 급여내역이 다음과 같고 전월과 동일하게 근무하였으나 특별수당은 없고 차량지원금으로 100,000원을 받게 된다면, 6월에 받게 되는 급여는 얼마인가? (단, 원 단위 절삭)

(주) 서원플랜테크 5월 급여내역			
성명	박○○	지급일	5월 12일
기본급여	2,240,000	갑근세	39,530
직무수당	400,000	주민세	3,950
명절 상여금		고용보험	11,970
특별수당	20,000	국민연금	119,700
차량지원금		건강보험	77,140
교육지원		기타	
급여계	2,660,000	공제합계	252,290
		지급총액	2,407,710

① 2,443,910 ② 2,453,910

③ 2,463,910 ④ 2,473,910

출제의도

업무상 계산을 수행하거나 결과를 정리하고 업무비용을 측정하는 능력을 평가하기 위한 문제로서, 주어진 자료에서 문제를 해결하는 데에 필요한 부분을 빠르고 정확하게 찾아내는 것이 중요하다.

해설

기본 급여	2,240,000	갑근세	46,370
직무 수당	400,000	주민세	4,630
명절 상여금		고용 보험	12,330
특별 수당		국민 연금	123,300
차량 지원금	100,000	건강 보험	79,460
교육 지원		기타	
급여계	2,740,000	공제 합계	266,090
		지급 총액	2,473,910

〉〉 ④

다음 식을 바르게 계산한 것은?

$$1 + \frac{2}{3} + \frac{1}{2} - \frac{3}{4}$$

① $\dfrac{13}{12}$

② $\dfrac{15}{12}$

③ $\dfrac{17}{12}$

④ $\dfrac{19}{12}$

출제의도

직장생활에서 필요한 기초적인 사칙연산과 계산방법을 이해하고 활용할 수 있는 능력을 평가하는 문제로서, 분수의 계산과 통분에 대한 기본적인 이해가 필요하다.

해설

$$\frac{12}{12} + \frac{8}{12} + \frac{6}{12} - \frac{9}{12} = \frac{17}{12}$$

» ③

예제 03 기초통계능력

인터넷 쇼핑몰에서 회원가입을 하고 디지털캠코더를 구매하려고 한다. 다음은 구입하고자 하는 모델에 대하여 인터넷 쇼핑몰 세 곳의 가격과 조건을 제시한 표이다. 표에 있는 모든 혜택을 적용하였을 때 디지털캠코더의 배송비를 포함한 실제 구매가격을 바르게 비교한 것은?

구분	A 쇼핑몰	B 쇼핑몰	C 쇼핑몰
정상가격	129,000원	131,000원	130,000원
회원혜택	7,000원 할인	3,500원 할인	7% 할인
할인쿠폰	5% 쿠폰	3% 쿠폰	5,000원
중복할인여부	불가	가능	불가
배송비	2,000원	무료	2,500원

① $A < B < C$

② $B < C < A$

③ $C < A < B$

④ $C < B < A$

출제의도

직장생활에서 자주 사용되는 기초적인 통계기법을 활용하여 자료의 특성과 경향성을 파악하는 능력이 요구되는 문제이다.

해설

㉠ A 쇼핑몰
- 회원혜택을 선택한 경우 : $129,000 - 7,000 + 2,000 = 124,000$(원)
- 5% 할인쿠폰을 선택한 경우 : $129,000 \times 0.95 + 2,000 = 124,550$

㉡ B 쇼핑몰 :
$131,000 \times 0.97 - 3,500 = 123,570$

㉢ C 쇼핑몰
- 회원혜택을 선택한 경우 : $130,000 \times 0.93 + 2,500 = 123,400$
- 5,000원 할인쿠폰을 선택한 경우 : $130,000 - 5,000 + 2,500 = 127,500$

∴ $C < B < A$

» ④

둘레의 길이가 4.4km인 정사각형 모양의 공원이 있다. 이 공원의 넓이는 몇 a인가?

① 12,100a

② 1,210a

③ 121a

④ 12.1a

길이, 넓이, 부피, 들이, 무게, 시간, 속도 등 단위에 대한 기본적인 환산 능력을 평가하는 문제로서, 소수점 계산이 필요하며, 자릿수를 읽고 구분할 줄 알아야 한다.

해설

공원의 한 변의 길이는

$4.4 \div 4 = 1.1(\mathrm{km})$이고

$1\mathrm{km}^2 = 10,000\mathrm{a}$이므로

공원의 넓이는

$1.1\mathrm{km} \times 1.1\mathrm{km} = 1.21km^2$
$= 12,100a$

» ①

다음 표는 2009 ~ 2010년 지역별 직장인들의 자기개발에 관해 조사한 내용을 정리한 것이다. 이에 대한 분석으로 옳은 것은?

(단위 : %)

연도	2009				2010			
	자기개발하고 있음	자기개발 비용 부담 주체			자기개발하고 있음	자기개발 비용 부담 주체		
구분 지역		직장100%	본인100%	직장50%+본인50%		직장100%	본인100%	직장50%+본인50%
충청도	36.8	8.5	88.5	3.1	45.9	9.0	65.5	24.5
제주도	57.4	8.3	89.1	2.9	68.5	7.9	68.3	23.8
경기도	58.2	12	86.3	2.6	71.0	7.5	74.0	18.5
서울시	60.6	13.4	84.2	2.4	72.7	11.0	73.7	15.3
경상도	40.5	10.7	86.1	3.2	51.0	13.6	74.9	11.6

① 2009년과 2010년 모두 자기개발 비용을 본인이 100% 부담하는 사람의 수는 응답자의 절반 이상이다.

② 자기개발을 하고 있다고 응답한 사람의 수는 2009년과 2010년 모두 서울시가 가장 많다.

③ 자기개발 비용을 직장과 본인이 각각 절반씩 부담하는 사람의 비율은 2009년과 2010년 모두 서울시가 가장 높다.

④ 2009년과 2010년 모두 자기개발을 하고 있다고 응답한 비율이 가장 높은 지역에서 자기개발비용을 직장이 100% 부담한다고 응답한 사람의 비율이 가장 높다.

그래프, 그림, 도표 등 주어진 자료를 이해하고 의미를 파악하여 필요한 정보를 해석하는 능력을 평가하는 문제이다.

해설

② 지역별 인원수가 제시되어 있지 않으므로, 각 지역별 응답자 수는 알 수 없다.

③ 2009년에는 경상도에서, 2010년에는 충청도에서 가장 높은 비율을 보인다.

④ 2009년과 2010년 모두 '자기 개발을 하고 있다'고 응답한 비율이 가장 높은 지역은 서울시이며, 2010년의 경우 자기개발 비용을 직장이 100% 부담한다고 응답한 사람의 비율이 가장 높은 지역은 경상도이다.

» ①

수리능력 대표유형

수리능력은 직장생활에서 요구되는 기본적인 사칙연산과 기초적인 통계를 이해하고 도표의 의미를 파악하거나 도표를 이용해서 결과를 효과적으로 제시하는 능력을 말한다. 따라서 기본적은 계산능력을 파악하는 유형과 함께 자료해석, 도표 분석 능력 등을 요구하는 유형의 문제가 주로 출제된다.

1 다음은 국민연금 보험료를 산정하기 위한 소득월액 산정 방법에 대한 설명이다. 다음 설명을 참고할 때, 김갑동 씨의 신고 소득월액은 얼마인가?

> 소득월액은 입사(복직) 시점에 따른 근로자간 신고 소득월액 차등이 발생하지 않도록 입사(복직) 당시 약정되어 있는 급여 항목에 대한 1년치 소득총액에 대하여 30일로 환산하여 결정하며, 다음과 같은 계산 방식을 적용한다.
>
> > 소득월액 = 입사(복직) 당시 지급이 약정된 각 급여 항목에 대한 1년간 소득총액 ÷ 365 × 30

> 〈김갑동 씨의 급여 내역〉
>
> • 기본급 : 1,000,000원
> • 교통비 : 월 100,000원
> • 고정 시간외 수당 : 월 200,000원
> • 분기별 상여금(1, 4, 7, 10월 지급) : 기본급의 100%
> • 하계휴가비(매년 7월 지급) : 500,000원

① 1,645,660원 ② 1,652,055원

③ 1,668,900원 ④ 1,727,050원

✔ **해설** 주어진 조건에 의해 다음과 같이 계산할 수 있다.
{(1,000,000 + 100,000 + 200,000) × 12 + (1,000,000 × 4) + 500,000} ÷ 365 × 30 = 1,652,055원
따라서 소득월액은 1,652,055원이 된다.

2 다음은 2023년 한국인 사망 원인 '5대 암'과 관련된 자료이다. 2023년 총 인구를 5,100만 명이라고 할 때, 치명률을 구하는 공식으로 옳은 것을 고르면?

종류	환자수	완치자수	후유장애자수	사망자수	치명률
폐암	101,600명	3,270명	4,408명	2,190명	2.16%
간암	120,860명	1,196명	3,802명	1,845명	1.53%
대장암	157,200명	3,180명	2,417명	1,624명	1.03%
위암	184,520명	2,492명	3,557명	1,950명	1.06%
췌장암	162,050명	3,178명	2,549명	2,765명	1.71%

※ 환자수란 현재 해당 암을 앓고 있는 사람 수를 말한다.

※ 완치자수란 과거에 해당 암을 앓았던 사람으로 일상생활에 문제가 되는 장애가 남지 않고 5년 이내 재발이 없는 경우를 말한다.

※ 후유장애자수란 과거에 해당 암을 앓았던 사람으로 암으로 인하여 일상생활에 문제가 되는 영구적인 장애가 남은 경우를 말한다.

※ 사망자수란 해당 암으로 사망한 사람 수를 말한다.

① $치명률 = \dfrac{완치자수}{환자수} \times 100$

② $치명률 = \dfrac{후유장애자수}{환자수} \times 100$

③ $치명률 = \dfrac{사망자수}{환자수} \times 100$

④ $치명률 = \dfrac{사망자수 + 후유장애자수}{인구수} \times 100$

✔ 해설 자료에 제시된 각 암별 치명률이 나올 수 있는 공식은 보기 중 ③이다. 참고적으로 치명률은 어떤 질환에 의한 사망자수를 그 질환의 환자수로 나눈 것으로 보통 백분율로 나타내며, 치사율이라고도 한다.

3 제시된 자료를 참조하여, 2021년부터 2023년의 건강수명 비교에 대한 설명으로 옳은 것은?

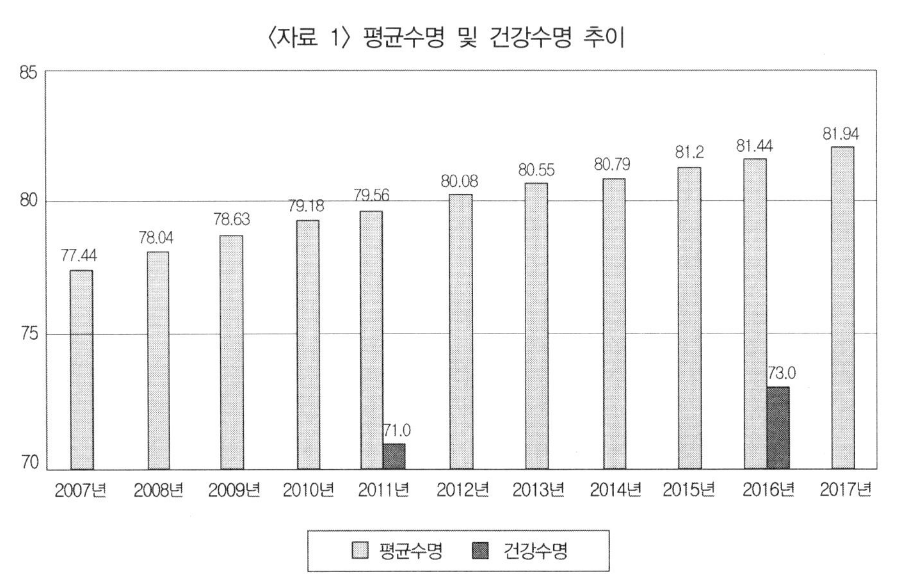

※ 평균수명 : 0세의 출생자가 향후 생존할 것으로 기대되는 평균생존연수 '0세의 기대여명' 을 나타냄

※ 건강수명 : 평균수명에서 질병이나 부상으로 인하여 활동하지 못한 기간을 뺀 기간을 나타냄

※ 2025년은 예상 수치임

〈자료 2〉 건강수명 예상치 추정 정보

• 건강수명 예상치의 범위는 평균수명의 90%에서 ±1% 수준이다.
• 건강수명 예상치는 환경 개선 정도에 영향을 받는다고 가정한다.

연도	2020년	2021년	2022년	2023년
환경 개선	보통	양호	불량	불량

− 해당 연도 환경 개선 정도가 '양호'이면 최대치(+1%)로 계산된다.
− 해당 연도 환경 개선 정도가 '보통'이면 중간치(±0%)로 계산된다.
− 해당 연도 환경 개선 정도가 '불량'이면 최소치(−1%)로 계산된다.

① 2021년 건강수명이 2022년 건강수명보다 짧다.

② 2022년 건강수명이 2023년 건강수명보다 짧다.

③ 2021년 건강수명이 2023년 건강수명 보다 짧다.

④ 2022년 환경 개선 정도가 보통일 경우 2021년 건강수명이 2022년 건강수명보다 짧다.

 ② 〈자료 1〉에 따르면 건강수명은 평균수명에서 질병이나 부상으로 인하여 활동하지 못한 기간을 뺀 기간이다. 〈자료 2〉에서 건강수명 예상치의 범위는 평균수명의 90%에서 ±1% 수준이고, 해당 연도 환경 개선 정도에 따라 계산한다고 기준을 제시하고 있으므로 이를 통해 2022년과 2023년의 건강수명을 구할 수 있다.

- 2022년 건강수명 = 80.79세(평균수명) × 89%(환경 개선 불량) = 71.9031세
- 2023년 건강수명 = 81.2세(평균수명) × 89%(환경 개선 불량) = 72.268세

따라서 2022년 건강수명이 2023년 건강수명보다 짧다.

①③ 2021년의 건강수명 = 80.55세(평균수명) × 91%(환경 개선 양호) = 73.3005세로 2022년의 건강수명인 71.9031세 또는 2023년의 건강수명인 72.268세보다 길다.

④ 2022년 환경 개선 정도가 보통일 경우 건강수명 = 80.79세 × 90% = 72.711세이다. 2021년의 건강수명은 73.3005세이므로 2021년 건강수명이 2022년 건강수명보다 길다.

---

4 A와 B가 다음과 같은 규칙으로 게임을 하였다. 규칙을 참고할 때, 두 사람 중 점수가 낮은 사람은 몇 점인가?

- 이긴 사람은 4점, 진 사람은 2점의 점수를 얻는다.
- 두 사람의 게임은 모두 20회 진행되었다.
- 20회의 게임 후 두 사람의 점수 차이는 12점이었다.

---

① 50점

② 52점

③ 54점

④ 56점

 첫 번째와 두 번째 규칙에 따라 두 사람의 점수 총합은 $4 \times 20 + 2 \times 20 = 120$점이 된다. 이 때 두 사람 중 점수가 더 낮은 사람의 점수를 x점이라고 하면, 높은 사람의 점수는 $120 - x$점이 되므로 $120 - x = x + 12$가 성립한다. 따라서 $x = 54$이다.

ANSWER 3.② 4.③

5 다음은 건설업과 관련된 주요 지표이다. 이에 대한 설명으로 옳은 것은?

〈건설업 주요 지표〉

(단위 : 개, 천 명, 조 원, %)

구분	2023년	2024년	전년대비	
			증감	증감률
기업체수	69,508	72,376	2,868	4.1
종사자수	1,573	1,670	97	6.1
건설공사 매출액	356.6	392.0	35.4	9.9
국내 매출액	313.1	354.0	40.9	13.1
해외 매출액	43.5	38.0	−5.5	−12.6
건설비용	343.2	374.3	31.1	9.1
건설 부가가치	13.4	17.7	4.3	32.1

〈연도별 건설업체수 및 매출 증감률〉

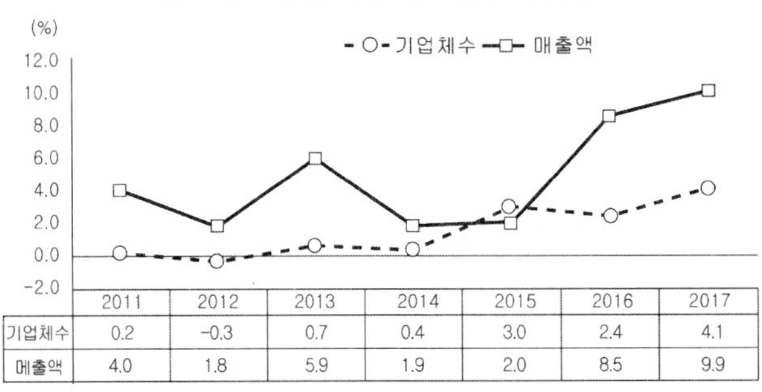

① 2019년의 기업체 수는 65,000개 이하이다.

② 건설공사 매출액 중 국내 매출액의 비중은 2024년보다 2023년이 더 크다.

③ 해외 매출액의 증감은 건설 부가가치의 증감에 영향을 미친다.

④ 건설업 주요 지표별 증감 추이는 모든 항목이 동일하다.

✔ 해설 ③ 표를 통해 건설 부가가치는 '건설공사 매출액 − 건설비용'의 산식이 적용됨을 알 수 있다. 건설공사 매출액은 국내와 해외 매출액의 합산이므로 해외 매출액의 증감은 건설 부가가치에 직접적인 영향을 미친다.

① 제시된 기업체 수 증가율을 통하여 연도별 기업체 수를 확인할 수 있으며, 2019년도에는 기업체 수가 약 65,183개로 65,000개 이상이 된다.

② 2023년은 313.3 ÷ 356.6 × 100 = 약 87.9%이며, 2024년은 354.0 ÷ 392.0 × 100 = 약 90.3%이다.

④ 다른 항목은 2024년에 모두 증가하였지만, 건설공사 매출액 중 해외 매출액 지표는 감소하였다.

ANSWER 5.③

1 회사에서 최근 실시한 1차 폐휴대폰 수거 캠페인에 참여한 1~3년차 직원 중 23%가 1년 차 직원이었다. 2차 캠페인에서는 1차 캠페인에 참여한 직원들이 모두 참여하고 1년차 직원 20명이 새롭게 더 참여하여 1년차 직원들의 비중이 전체 인원의 30%가 되었다. 1차 캠페인에 참여한 1~3년 차 직원 수를 구하면?

① 180명

② 200명

③ 220명

④ 240명

 1차 캠페인에 참여한 1~3년차 직원 수를 x 라고 할 때, 1년차 직원 수를 기준으로 식을 세우면

$$\frac{23}{100} \times x + 20 = (x + 20) \times \frac{30}{100}$$

$$23x + 2,000 = 30x + 600$$

$$7x = 1,400, \ x = 200$$

따라서 1차 캠페인에 참여한 1~3년차 직원은 200명이다.

2 35명 이상 50명 미만인 직원들이 지방에 연수를 떠났다. 참가비는 1인당 50만 원이고, 단체 입장 시 35명 이상은 1할 2푼을 할인해 주고, 50명 이상은 2할을 할인해 준다고 한다. 몇 명 이상일 때, 50명의 단체로 입장하는 것이 유리한가?

① 37명

② 45명

③ 46명

④ 47명

✔해설 그룹의 직원 수를 x 명이라고 할 때,

$$x \times 500,000 \times (1 - 0.12) > 50 \times 500,000 \times (1 - 0.2)$$

$$x > \frac{40}{0.88} = 45.4545 \cdots$$

따라서 46명 이상일 때 50명의 단체로 입장하는 것이 유리하다.

ANSWER 1.② 2.③

3 김 과장은 이번에 뽑은 신입사원을 대상으로 교육을 실시하려고 한다. 인원 파악을 해야 하는데 몇 명인지는 모르겠지만 긴 의자에 8명씩 앉으면 5명이 남는다는 것을 알았고, 또한 10명씩 앉으면 의자가 1개 남고 마지막 의자에는 7명만 앉게 된다. 의자의 수를 구하면?

① 6개　　　　　　　　　　　　　　② 7개

③ 8개　　　　　　　　　　　　　　④ 9개

 의자수를 x 라고 하면, 사람 수는 $8x+5$와 $10(x-2)+7$으로 나타낼 수 있다.

두 식을 연립하여 풀면 $8x+5=10(x-2)+7$, $x=9$이다.

따라서 의자의 개수는 9개이다.

4 주머니 안에 1, 2, 3, 4의 숫자가 하나씩 적혀 있는 4장의 카드가 있다. 주머니에서 갑이 2장의 카드를 임의로 뽑고 을이 남은 2장의 카드 중에서 1장의 카드를 임의로 뽑을 때, 갑이 뽑은 2장의 카드에 적힌 수의 곱이 을이 뽑은 카드에 적힌 수보다 작을 확률은?

① $\dfrac{1}{12}$　　　　　　　　　　　　② $\dfrac{1}{6}$

③ $\dfrac{1}{4}$　　　　　　　　　　　　④ $\dfrac{1}{3}$

 갑이 뽑은 두 장의 카드에 적힌 수의 곱이 을이 뽑은 카드에 적힌 수보다 작은 경우는 갑이 1, 2를 뽑고 을이 3 또는 4를 뽑는 경우와 갑이 1, 3을 뽑고 을이 4를 뽑는 경우의 세 가지 경우 밖에 없으므로 구하는 확률은

$$\frac{3}{{}_4C_2 \times {}_2C_1} = \frac{1}{4}$$

5 어느 지역에서 발생한 식중독과 음식 A 의 연관성을 알아보기 위해 300 명을 조사하여 다음 결과를 얻었다.

(단위 : 명)

	식중독에 걸린 사람	식중독에 걸리지 않은 사람	합계
A를 먹은 사람	22	28	50
A를 먹지 않은 사람	24	226	250
합계	46	254	300

조사 대상 300 명 중에서 임의로 선택된 사람이 A 를 먹은 사람일 때 이 사람이 식중독에 걸렸을 확률을 p_1,

A 를 먹지 않은 사람일 때 이 사람이 식중독에 걸렸을 확률을 p_2 라고 하자. $\dfrac{p_1}{p_2}$ 의 값은?

① $\dfrac{11}{3}$ ② $\dfrac{25}{6}$

③ $\dfrac{55}{12}$ ④ $\dfrac{35}{6}$

 A 를 먹은 사람이 50 명이고 이때 식중독에 걸린 사람은 22 명이므로 $p_1 = \dfrac{22}{50}$

A 를 먹지 않은 사람이 250 명이고 이때 식중독에 걸린 사람은 24 명이므로 $p_2 = \dfrac{24}{250}$

$\therefore \dfrac{p_1}{p_2} = \dfrac{22}{50} \times \dfrac{250}{24} = \dfrac{55}{12}$

6 어느 여객선의 좌석이 A 구역에 2 개, B 구역에 1 개, C 구역에 1 개 남아 있다. 남아 있는 좌석을 남자 승객 2 명과 여자 승객 2 명에게 임의로 배정할 때, 남자 승객 2 명이 모두 A 구역에 배정될 확률을 p 라 하자. $120p$ 의 값은?

① 16 ② 18

③ 20 ④ 22

해설 남자 승객 2 명이 A 구역에 배정되는 경우의 수는 $2!$ 가지이고 남아 있는 B 구역과 C 구역의 좌석에 여자 승객들을 각각 배치하는 경우의 수는 $2!$ 이다. 따라서 남자 승객 2 명이 모두 A 구역에 배정될 경우의 수는 → $2! \times 2! = 4$

4 명을 4 개의 좌석에 임의로 배정하는 경우의 수는 → $4! = 24$ 이므로 $p = \dfrac{4}{24} = \dfrac{1}{6}$

$\therefore 120p = 120 \times \dfrac{1}{6} = 20$

7 설탕 15g으로 10%의 설탕물을 만들었다. 이것을 끓였더니 농도가 20%인 설탕물이 되었다. 너무 달아서 물 15g을 더 넣었다. 몇 %의 설탕물이 만들어 졌는가?

① 약 10%

② 약 15%

③ 약 17%

④ 약 19%

✔ **해설** 설탕 15g으로 10%의 설탕물을 만들었으므로 물의 양을 x라 하면,

$$\frac{15}{x+15} \times 100 = 10\% \text{에서 } x = 135 \text{이다.}$$

여기에서 설탕물을 끓여 농도가 20%로 되었으므로, 이때의 물의 양을 다시 x라 하면,

$$\frac{15}{x+15} \times 100 = 20\% \text{에서 } x = 60$$

여기에서 물 15g을 더 넣었으므로

$$\frac{15}{60+15+15} \times 100 = 16.67\%$$

약 17%

8 ○○전기 A지역본부의 작년 한 해 동안의 송전과 배전 설비 수리 건수는 총 238건이다. 설비를 개선하여 올해의 송전과 배전 설비 수리 건수가 작년보다 각각 40%, 10%씩 감소하였다. 올해 수리 건수의 비가 5 : 3일 경우, 올해의 송전 설비 수리 건수는 몇 건인가?

① 102건

② 100건

③ 98건

④ 95건

✔ **해설** 작년의 송전 설비 수리 건수를 x, 배전 설비 수리 건수를 y라고 할 때, $x+y=238$이 성립한다. 또한 감소 비율이 각각 40%와 10%이므로 올해의 수리 건수는 $0.6x$와 $0.9y$가 되며, 이것의 비율이 5 : 3이므로 $0.6x : 0.9y = 5 : 3$이 되어 $1.8x = 4.5y(\rightarrow x = 2.5y)$가 된다.

따라서 두 연립방정식을 계산하면, $3.5y = 238$이 되어 $y = 68$, $x = 170$건임을 알 수 있다. 그러므로 올 해의 송전 설비 수리 건수는 $170 \times 0.6 = 102$건이 된다.

9 다음은 한 통신사의 요금제별 요금 및 할인 혜택에 관한 표이다. 이번 달에 전화통화와 함께 100건 이상의 문자메시지를 사용하였는데, A요금제를 이용했을 경우 청구되는 요금은 14,000원, B요금제를 이용했을 경우 청구되는 요금은 16,250원이다. 이번 달에 사용한 문자메시지는 모두 몇 건인가?

요금제	기본료	통화요금	문자메시지요금	할인 혜택
A	없음	5원/초	10원/건	전체 요금의 20% 할인
B	5,000원/월	3원/초	15원/건	문자메시지 월 100건 무료

① 125건   ② 150건

③ 200건   ④ 250건

✔해설 통화량을 x, 문자메시지를 y라고 하면

A요금제 $\rightarrow (5x + 10y) \times \left(1 - \dfrac{1}{5}\right) = 4x + 8y = 14,000$원

B요금제 $\rightarrow 5,000 + 3x + 15 \times (y - 100) = 16,250$원

두 식을 정리해서 풀면

$y = 250$, $x = 3,000$

10 경기장을 청소하는데 갑 혼자 8시간이 걸린다. 처음부터 3시간까지는 갑과 을이 같이 청소하고, 그 이후에는 갑 혼자 3시간이 걸려 청소를 마쳤다. 다음 중 을의 작업량이 전체 작업량에서 차지하는 비율은?

① 10%   ② 15%

③ 20%   ④ 25%

✔해설 ㉠ 갑의 작업량은 $\left(3 \times \dfrac{1}{8}\right) + \left(3 \times \dfrac{1}{8}\right) = \dfrac{3}{4}$

㉡ 전체 작업량을 1이라 하고 을의 작업량을 x라 하면,

$\dfrac{3}{4} + x = 1, \therefore x = \dfrac{1}{4}$

㉢ 을의 작업량이 전체에서 차지하는 비율은

$\dfrac{1}{4} \times 100 = 25\%$

11 직장인 B씨는 재작년에 받은 기본급은 1,800만 원이고, 작년 기본급은 재작년 기본급보다 20%가 많았다. 작년 성과급은 재작년 성과급보다 10%가 적었다. 재작년 성과급이 그 해 기본급의 1/5에 해당할 때, 작년 연봉의 인상률은? (단, 연봉은 기본급과 성과급의 합으로 한다.)

① 5% 　　　　　② 10%

③ 15% 　　　　　④ 20%

> **✔해설** ㉠ 재작년 기본급은 1,800만 원이고,
> ㉡ 재작년 성과급은 그 해의 기본급의 1/5이므로 $1,800 \times 1/5 = 360$만 원이다.
> ㉢ 작년 기본급은 재작년보다 20%가 많은 $1,800 \times 1.2 = 2,160$만 원이고,
> ㉣ 작년 성과급은 재작년보다 10%가 줄어든 $360 \times 0.9 = 324$만 원이다.
> 정리하면 재작년의 연봉은 $1,800 + 360 = 2,160$만 원이고, 작년의 연봉은 $2,160 + 324 = 2,484$만 원이다.
> 따라서 작년 연봉의 인상률은
> $$\frac{2,484 - 2,160}{2,160} \times 100 = 15\% \text{이다.}$$

12 남자 탁구 선수 4명과 여자 탁구 선수 4명이 참가한 탁구 시합에서 임의로 2명씩 4개의 조를 만들 때, 남자 1명과 여자 1명으로 이루어진 조가 2개일 확률은?

① $\dfrac{3}{7}$ 　　　　　② $\dfrac{18}{35}$

③ $\dfrac{3}{5}$ 　　　　　④ $\dfrac{24}{35}$

> **✔해설** 8명을 2명씩 4개조로 나누는 방법의 수는
> $$_8C_2 \times {}_6C_2 \times {}_4C_2 \times {}_2C_2 \times \frac{1}{4!} = 105$$
> 남자 1명과 여자 1명으로 이루어진 조가 2개인 경우는 남자 2명, 여자 2명, 남자 1명과 여자 1명, 남자 1명과 여자 1명으로 조를 나눌 때이므로 그 경우의 수는
> $$_4C_2 \times {}_4C_2 \times 2 \times 1 = 72$$
> 따라서 구하는 확률은
> $$\frac{72}{105} = \frac{24}{35}$$

13 각 면에 $1,\ 1,\ 1,\ 2,\ 2,\ 3$의 숫자가 하나씩 적혀있는 정육면체 모양의 상자를 던져 윗면에 적힌 수를 읽기로 한다. 이 상자를 3번 던질 때, 첫 번째와 두 번째 나온 수의 합이 4이고 세 번째 나온 수가 홀수일 확률은?

① $\dfrac{5}{27}$

② $\dfrac{11}{54}$

③ $\dfrac{2}{9}$

④ $\dfrac{7}{27}$

✔ **해설** 처음 두 수의 합이 4인 사건은
$(1,\ 3),\ (2,\ 2),\ (3,\ 1)$
이므로 그 확률은

$$\frac{3}{6}\times\frac{1}{6}+\frac{2}{6}\times\frac{2}{6}+\frac{1}{6}\times\frac{3}{6}=\frac{5}{18}$$

세 번째 수가 홀수일 확률은 $\dfrac{4}{6}=\dfrac{2}{3}$ 이므로 구하는 확률은 $\dfrac{5}{18}\times\dfrac{2}{3}=\dfrac{5}{27}$

14 제주도의 가장 더운 8월평균 기온은 $25.9℃$이다. 이를 화씨($℉$)로 변환하면?

① $76.1℉$

② $77℉$

③ $78.62℉$

④ $79.16℉$

✔ **해설** $℃\times\dfrac{9}{5}+32=℉$이므로 $25.9℃\times\dfrac{9}{5}+32=78.62℉$이다.

15 甲 농도가 8%인 소금물 500g을 가지고 있는데 乙이 자신이 가진 물을 甲의 소금물과 섞었더니 농도가 5%인 소금물이 되었다. 乙이 가지고 있던 물은 몇 g인가?

① 220g

② 250g

③ 300g

④ 320g

✔ **해설** 乙이 가진 물의 양을 $x\,g$이라고 하면

$$500 \times \frac{8}{100} = (500+x) \times \frac{5}{100} \quad \therefore \quad x = 300(g)\ \text{이다.}$$

16 A가 등산을 하는데 같은 등산로로 올라갈 때는 시속 2km 내려올 때는 시속 3km로 걸어서 모두 6시간이 걸렸다. 올라갈 때 걸린 시간은 얼마인가?

① 3시간 12분

② 3시간 24분

③ 3시간 36분

④ 3시간 41분

✔ **해설** 올라갈 때 걸린 시간을 x라고 하면

내려올 때 걸린 시간은 $(6-x)$이고 같은 등산로를 사용하였으므로 거리는 같다.

이를 이용해 공식을 세우면 $2x = 3(6-x), 5x = 18, x = \dfrac{18}{5} = 3 + \dfrac{36}{60}$ 이므로

올라갈 때 걸린 시간은 3시간 36분이다.

17 甲의 집에서 회사까지의 거리는 400km이다. 자동차로 집에서 출발하여 시속 60km로 가다가 늦을 것 같아 시속 80km로 속력을 내어 회사까지 도착하였더니 총 6시간이 걸렸다. 시속 60km로 간 거리는 얼마인가?

① 210km

② 220km

③ 230km

④ 240km

✔ **해설** 시속 $60km$로 간 거리는 x, 시속 $80km$로 간 거리는 $(400-x)$라고 하면

$$\frac{x}{60} + \frac{400-x}{80} = 6, 4x + 1200 - 3x = 1440, x = 240\ \text{이다.}$$

18 망고를 몇 명의 직원에게 나눠 주었는데 한 직원에게 4개씩 나누어 주면 11개가 남고 5개씩 나누어 주면 7개가 부족하였다. 이때, 직원 수는 몇 명인가?

① 15 명   ② 16 명

③ 17 명   ④ 18 명

> ✔ **해설** $4x + 11 = 5x - 7, \therefore x = 18$ 이다.

19 연속한 세 정수의 합이 57이라고 할 때 가장 작은 수는 얼마인가?

① 16   ② 17

③ 18   ④ 19

> ✔ **해설** $x + (x+1) + (x+2) = 57, 3x = 54, \therefore x = 18$

20 5%의 설탕물과 10%의 설탕물을 섞어서 농도가 8%인 설탕물 300g을 만들려고 한다. 이 때 5%의 설탕물의 양은 몇 g인가?

① 110g   ② 115g

③ 120g   ④ 125g

> ✔ **해설**   5%의 설탕물의 양을 xg이라고 하면 10%의 설탕물의 양은 $(300-x)$g이다. 두 설탕물을 섞기 전과 섞은 후에 들어 있는 설탕의 양은 같으므로
>
> $$\frac{5}{100} \times x + \frac{10}{100} \times (300-x) = \frac{8}{100} \times 300$$
> $$5x + 3000 - 10x = 2400, \ -5x = -600$$
> $$\therefore x = 120(g)$$

21 톱니의 개수가 각각 36, 84인 톱니바퀴 A, B가 서로 맞물려 돌아가고 있다. 두 톱니바퀴가 회전을 시작하여 다시 같은 톱니에서 맞물릴 때까지 A, B가 회전한 바퀴수를 각각 a, b라 할 때, a+b의 값은?

① 10　　　　　　　　　　　　② 11

③ 12　　　　　　　　　　　　④ 13

> ✔**해설** 두 톱니바퀴가 다시 같은 톱니에서 맞물릴 때까지 돌아간 톱니의 개수는 36과 84의 최소공배수이므로 $2^2 \times 3^2 \times 7 = 252$이다. 따라서 두 톱니바퀴가 다시 같은 톱니에서 맞물리는 것은 A가 $252 \div 36 = 7$(바퀴), B가 $252 \div 84 = 3$(바퀴) 회전한 후이다. 그러므로 a=7, b=3이고 a+b=10이다.

22 집에서 학교까지 거리는 170km이다. 차를 타고 집에서 출발하여 시속 80km로 가다가 속도를 높여 시속 100km로 가서 학교에 도착하였더니 총 2시간이 걸렸다. 시속 80km로 간 거리는?

① 100km　　　　　　　　　　② 110km

③ 120km　　　　　　　　　　④ 130km

> ✔**해설** 시속 80km로 간 거리를 $x$km라 하면 시속 100km로 간 거리는 $(170-x)$km이므로
> $$\frac{x}{80} + \frac{170-x}{100} = 2, \; 5x + 4(170-x) = 800, \; x = 120$$이다.
> 그러므로 시속 80km로 간 거리는 120km이다.

23 다음은 어느 통계사항을 나타낸 표이다. ㈎에 들어갈 수로 알맞은 것은?(단, 모든 계산은 소수점 첫째 자리에서 반올림한다)

구분	접수인원	응시인원	합격자수	합격률
1회	1,808	1,404	㈎	43.1
2회	2,013	1,422	483	34.0
3회	1,148	852	540	63.4

① 601　　　　　　　　　　　　② 605

③ 613　　　　　　　　　　　　④ 617

> ✔**해설** $\dfrac{x}{1404} \times 100 = 43.1$
> $100x = 60512.4$
> $\therefore x = 605$(명)

24 세 코스 A, B, C를 순서대로 한 번씩 체험하는 수련장이 있다. A코스에는 30개, B코스에는 60개, C코스에는 90개의 봉투가 마련되어 있고, 다음 표는 쿠폰 수에 따른 봉투의 수를 코스별로 나타낸 것이다.

코스 \ 쿠폰 수	1장	2장	3장	계
A	20	10	0	30
B	30	20	20	60
C	40	30	20	90

각 코스를 마친 학생은 그 코스에 있는 봉투를 임의로 1개 선택하여 봉투 속에 들어있는 쿠폰을 받는다. 첫째 번에 출발한 학생이 세 코스를 모두 체험한 후 받은 쿠폰이 모두 4장이었을 때, B코스에서 받은 쿠폰이 2장일 확률은?

① $\dfrac{6}{23}$

② $\dfrac{8}{23}$

③ $\dfrac{10}{23}$

④ $\dfrac{12}{23}$

> **해설** A, B, C 세 코스에서 받은 쿠폰의 수를 순서쌍으로 나타내면 $(1, 1, 2)$, $(1, 2, 1)$, $(2, 1, 1)$
> 각 경우의 확률은 각각
> $$\frac{2}{3}\times\frac{3}{6}\times\frac{3}{9}=\frac{1}{9}, \qquad \frac{2}{3}\times\frac{2}{6}\times\frac{4}{9}=\frac{8}{81}, \qquad \frac{1}{3}\times\frac{3}{6}\times\frac{4}{9}=\frac{2}{27}$$
> 이므로 구하는 확률은 $\dfrac{\dfrac{8}{81}}{\dfrac{1}{9}+\dfrac{8}{81}+\dfrac{2}{27}}=\dfrac{8}{23}$

25 같은 지점에서 동시에 출발하는 민주는 동쪽으로 매분 300m의 속력으로 소라는 서쪽으로 매분 180m의 속력으로 달려가고 있다. 두 사람이 1.6km 이상 떨어지려면 최소 몇 분이 경과해야 하는가?

① 3분

② 4분

③ 5분

④ 6분

> **해설** x분 후에 1.6km 이상 떨어진다고 하면
> $300x+180x \geq 1,600$
> $\therefore \ x \geq 3.333\ldots$
> 최소 4분

26 어떤 일을 정수가 혼자하면 6일, 선희가 혼자하면 12일 걸린다. 정수와 선희가 함께 동시에 일을 시작했지만 정수가 중간에 쉬어서 일을 끝마치는데 8일이 걸렸다고 한다. 이 때 정수가 쉬었던 기간은?

① 3일   ② 4일

② 5일   ④ 6일

✔ 해설 하루에 정수가 하는 일의 양은 $\frac{1}{6}$, 하루에 선희가 하는 일의 양은 $\frac{1}{12}$

선희는 처음부터 8일 동안 계속해서 일을 하였으므로 선희가 한 일의 양은 $\frac{1}{12} \times 8$

(일의 양) $-$ (선희가 한 일의 양) $=$ (정수가 한 일의 양)은 $1 - \frac{8}{12} = \frac{4}{12}$

정수가 일을 하는데 걸린 시간은 $\frac{4}{12} \div \frac{1}{6} = 2(일)$

작업기간 $-$ 정수가 일한 시간 $=$ 정수가 쉬었던 날이므로 $8-2=6$이다. 즉, 6일이 된다.

27 철수는 2025년 1월 말부터 매달 말에 20만 원씩 적금을 넣기로 하였다. 월이율 2%의 복리로 계산할 때, 2026년 12월 말에 철수가 모은 금액은? (단, $1.02^{12} = 1.3$으로 계산한다)

① 300만 원   ② 690만 원

③ 790만 원   ④ 850만 원

✔ 해설 월 납입액을 a, 월이율을 r, 납입 월수를 n이라고 하고 철수가 2026년 12월 말까지 모은 금액 M_n을 등비급수로

계산 하면 $M_n = \frac{a(r^n - 1)}{r - 1} = \frac{20(1.02^{24} - 1)}{1.02 - 1} = \frac{20(1.3^2 - 1)}{0.02}$

∴ 철수가 2026년 12월 말까지 모은 금액은 690만 원이다.

28 어떤 상품을 40% 이상의 이익이 남게 정가를 정한 후 결국 할인을 30%해서 9,800원으로 판매하였다. 원가는 얼마인가?

① 9,400원

② 9,600원

③ 9,800원

④ 10,000원

 **해설** 원가를 x 라 하면,
$x \times (1+0.4) \times (1-0.3) = 9800$
$0.98x = 9800$
$x = 10,000$원

29 순아와 석규는 12km 떨어진 지점에서 동시에 마주 보고 걷기 시작하였다. 순아는 시속 5km로, 석규는 시속 3km로 걷다가 도중에 만났다고 할 때 두 사람이 만날 때까지 걸린 시간은?

① 1시간

② 1시간 15분

③ 1시간 30분

④ 2시간

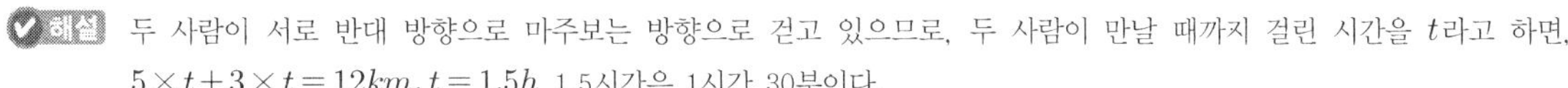 **해설** 두 사람이 서로 반대 방향으로 마주보는 방향으로 걷고 있으므로, 두 사람이 만날 때까지 걸린 시간을 t라고 하면, $5 \times t + 3 \times t = 12km, t = 1.5h$ 1.5시간은 1시간 30분이다.

30 다음은 우리나라의 경제활동 참가율 및 실업률에 대한 자료이다. 바르게 해석하지 못한 사람은?

(단위 : %)

연도	전체		여성		남성	
	경제활동 참가율	실업률	경제활동 참가율	실업률	경제활동 참가율	실업률
2014	57.6	4.4	39.3	2.8	77.9	5.3
2015	61.9	2.1	48.4	1.7	76.4	2.3
2016	62.1	2.0	48.9	1.6	76.2	2.4
2017	62.5	2.6	49.8	2.3	76.1	2.8
2018	60.6	7.0	47.1	5.7	75.1	7.8
2019	60.6	6.3	47.6	5.1	74.4	7.2
2020	61.0	4.1	48.6	3.3	74.2	4.7
2021	61.3	3.8	49.2	3.1	74.2	4.3
2022	61.9	3.1	49.7	2.5	74.8	3.5
2023	61.4	3.4	49.9	3.1	74.6	3.6

① 2018년의 남성 실업률은 7.8%로 전년대비 5%p 증가했는데, 이는 기간 중 가장 큰 폭의 변화이다.

② 여성 실업률과 남성 실업률 증감의 추이는 동일하다.

③ 전체 경제활동참가율은 2014년 이후 증감을 거듭하고 있다.

④ 조사기간 동안 여성의 실업률은 남성의 실업률보다 낮다.

✔ **해설** ② 2016년 여성 실업률은 전년대비 감소하였으나, 남성 실업률은 전년대비 증가하였다.

31 다음은 2023년 우리나라의 진료비가 가장 큰 상위 5개 질병에 대한 질병단위별 진료비 특성을 나타낸 자료이다. 진료인원 1명당 평균 내원일수와 평균 진료비에 대한 설명으로 올바르지 않은 것은 어느 것인가?

순위	코드	질병명	진료인원 (천 명)	내원일수 (천 일)	진료비 (백만 원)
1	I10	본태성(원발성)고혈압	5,806	44,161	2,921,284
2	E11	2형 당뇨병	2,538	19,340	1,850,898
3	N18	만성신장병	206	8,914	1,812,563
4	F00	알츠하이머병에서의 치매	398	20,701	1,618,097
5	J20	급성기관지염	15,988	55,960	1,516,446

※ 진료인원 1명당 평균 내원일수 $= \dfrac{내원일수}{진료인원}$

※ 진료인원 1명당 평균 진료비 $= \dfrac{진료비}{진료인원}$

① 진료인원 1명당 평균 내원일수와 평균 진료비는 모두 만성신장병이 가장 크다.

② 급성기관지염은 두 개의 수치가 모두 가장 작다.

③ 10일 이하의 평균 내원일수를 보이는 질병은 3가지이다.

④ 평균 진료비가 1백만 원을 넘는 질병은 2가지이다.

✔ 해설 진료인원 1명당 평균 내원일수는 '내원일수÷진료인원'으로 계산할 수 있으며, 진료인원 1명당 평균 진료비는 '진료비÷진료인원'으로 다음과 같이 각각 계산할 수 있다.
본태성고혈압 : $44,161÷5,806=7.61$일, $(2,921,284×1,000,000)÷(5,806×1,000)=503,149$원
2형 당뇨병 : $19,340÷2,538=7.62$, $(1,850,898×1,000,000)÷(2,538×1,000)=729,274$원
만성신장병 : $8,914÷206=43.27$, $(1,812,563×1,000,000)÷(206×1,000)=8,798,850$원
치매 : $20,701÷398=52.01$, $(1,618,097×1,000,000)÷(398×1,000)=4,065,570$원
급성기관지염 : $55,960÷15,988=3.50$, $(1,516,446×1,000,000)÷(15,988×1,000)=94,849$원
따라서 진료인원 1명당 평균 내원일수는 치매가, 평균 진료비는 만성신장병이 가장 큰 것을 확인할 수 있다.

▍32~33 ▍ 연도별 의료보장 적용인구에 대한 다음 자료를 참고하여 이어지는 물음에 답하시오.

〈건강보험 적용인구〉

(단위 : 천 명)

구분		2017	2018	2019	2020	2021	2022	2023	2024
직장	가입자	12,664	13,397	13,991	14,606	15,141	15,790	16,338	16,830
	피부양자	19,620	19,860	20,115	20,400	20,461	20,465	20,337	20,069
	부양률(명)	1.55	1.48	1.44	1.40	1.35	1.30	1.24	1.19
지역	세대주	7,041	6,945	6,818	6,683	6,655	6,507	6,482	6,541
	세대원	9,482	9,098	8,738	8,304	8,060	7,758	7,607	7,501
	부양률(명)	1.35	1.31	1.28	1.24	1.21	1.19	1.17	1.15

〈유형별 의료보장 적용인구〉

(단위 : 천 명)

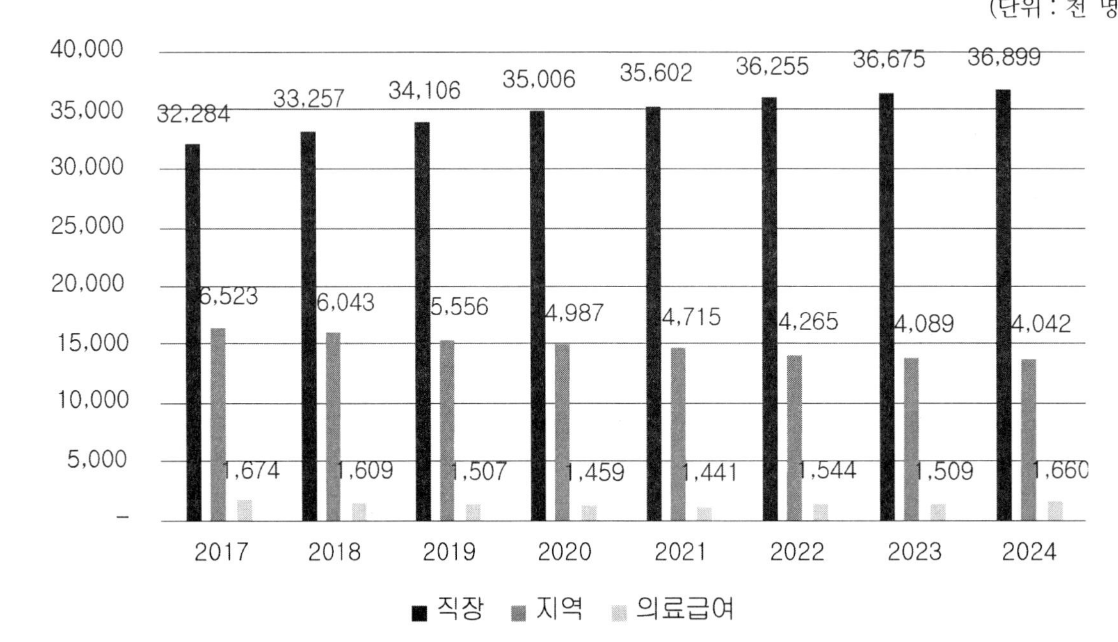

32 다음 중 위의 자료에 대한 올바른 설명이 아닌 것은 어느 것인가?

① 2024년의 건강보험 적용인구 중 직장 가입자 비율은 72.4%이다.

② 직장과 지역 건강보험 가입자를 합한 수는 매년 꾸준히 증가하고 있다.

③ 의료급여 적용인구는 매년 건강보험 적용인구 대비 3% 이상의 비중을 보이고 있다.

④ 직장 가입자가 부양해야 할 피부양자의 비중이 지역 가입자가 부양해야 할 세대원의 비중보다 매년 더 크다.

> ✔**해설** ③ 2020, 2021, 2023년에는 '의료급여 적용인구÷건강보험 적용인구(직장+지역)×100'의 결과가 3%에 못 미치는 결과를 보이고 있다.
> ① 36,899÷(36,899+14,042)×100＝72.4%이다.
> ② 직장 가입자는 증가 추세, 지역 가입자는 감소 추세이나 둘을 합한 가입자 수는 매년 꾸준히 증가하고 있음을 알 수 있다.
> ④ 가입자가 부양해야 할 피부양자(세대원)의 비중은 부양률을 의미하며, 매년 직장 가입자의 부양률이 지역 가입자의 부양률보다 크게 나타나 있다.

33 직장과 지역을 합산한 건강보험 적용인구 전체에 대한 2017년 대비 2024년의 부양률 변화를 올바르게 설명한 것은 어느 것인가?

① 약 −20%의 감소율을 보이고 있다.

② 약 20%의 증가율을 보이고 있다.

③ 약 0.5%p의 부양률 차이를 보이고 있다.

④ 약 12%의 증가율을 보이고 있다.

> ✔**해설** 각 연도의 건강보험 적용인구에 대한 부양률을 구해 보면 다음과 같다.
> 2017년 : (19,620+9,482)÷(12,664+7,041)＝1.48
> 2024년 : (20,069+7,501)÷(16,830+6,541)＝1.18
> 따라서 (1.18−1.48)÷1.48×100＝약 −20%의 감소율을 보이고 있음을 알 수 있다.

34 다음은 연도별 분만기관별 분만 진료현황을 나타낸 자료이다. 다음 자료에 대한 올바른 설명이 아닌 것은 어느 것인가?

구분		분만기관수 (단위 : 개소)	분만건수 (단위 : 건)			
			계	자연분만	(브이백)	제왕절개
2022년	상급종합병원	42	23,728	10,116	(72)	13,612
	종합병원	89	35,461	17,404	(156)	18,057
	병원	145	197,546	118,337	(724)	79,209
	의원	313	146,742	86,923	(483)	59,819
	조산원	18	1,226	1,226	–	–
2023년	상급종합병원	42	22,240	8,621	(72)	13,619
	종합병원	85	33,937	15,008	(139)	18,929
	병원	148	172,611	98,765	(673)	73,846
	의원	290	128,571	73,640	(341)	54,931
	조산원	16	926	926	–	–

* 브이백(VBAC) : 제왕절개 후 자연분만으로, 자연분만에 포함된다.

① 2023년에는 전년보다 분만기관과 분만건수가 모두 감소하였다.

② 브이백 분만을 실시한 기관 중 분만기관 1개소 당 평균 브이백 분만을 가장 적게 실시한 분만기관은 두 해 모두 상급종합병원이다.

③ 종합병원의 경우 총 분만건수에서 브이백에 의한 분만이 차지하는 비중이 2023년에 전년보다 더 낮아졌다.

④ 제왕절개에 의한 분만 건수는 종합병원 이상의 분만기관에서는 전년보다 더 증가한 반면, 병원 이하의 분만기관에서는 전년보다 더 감소하였다.

> ✔ **해설** ② 상급종합병원은 2022년과 2023년에 모두 1개소 당 평균 1.71건의 브이백 분만이 이루어졌으나, 의원은 2022년 483÷313＝약 1.54건, 2023년은 341÷290＝약 1.18건으로 두 해 모두 가장 낮은 평균 분만건수를 보이고 있다.
> ① 분만기관 수는 607→581개로, 분만건수는 404,703→358,285건으로 모두 감소하였다.
> ③ 2022년 종합병원의 경우 156÷35,461×100＝약 0.44%이며, 2023년은 139÷33,937×100＝약 0.41%로 전년보다 더 낮아졌다.
> ④ 상급종합병원과 종합병원에서는 소폭 증가하였으나, 병원과 의원에서는 그보다 큰 건수가 감소하였다.

 다음 자료를 통하여 확인할 수 있는 사항은 어느 것인가?

조기노령연금 지급 현황

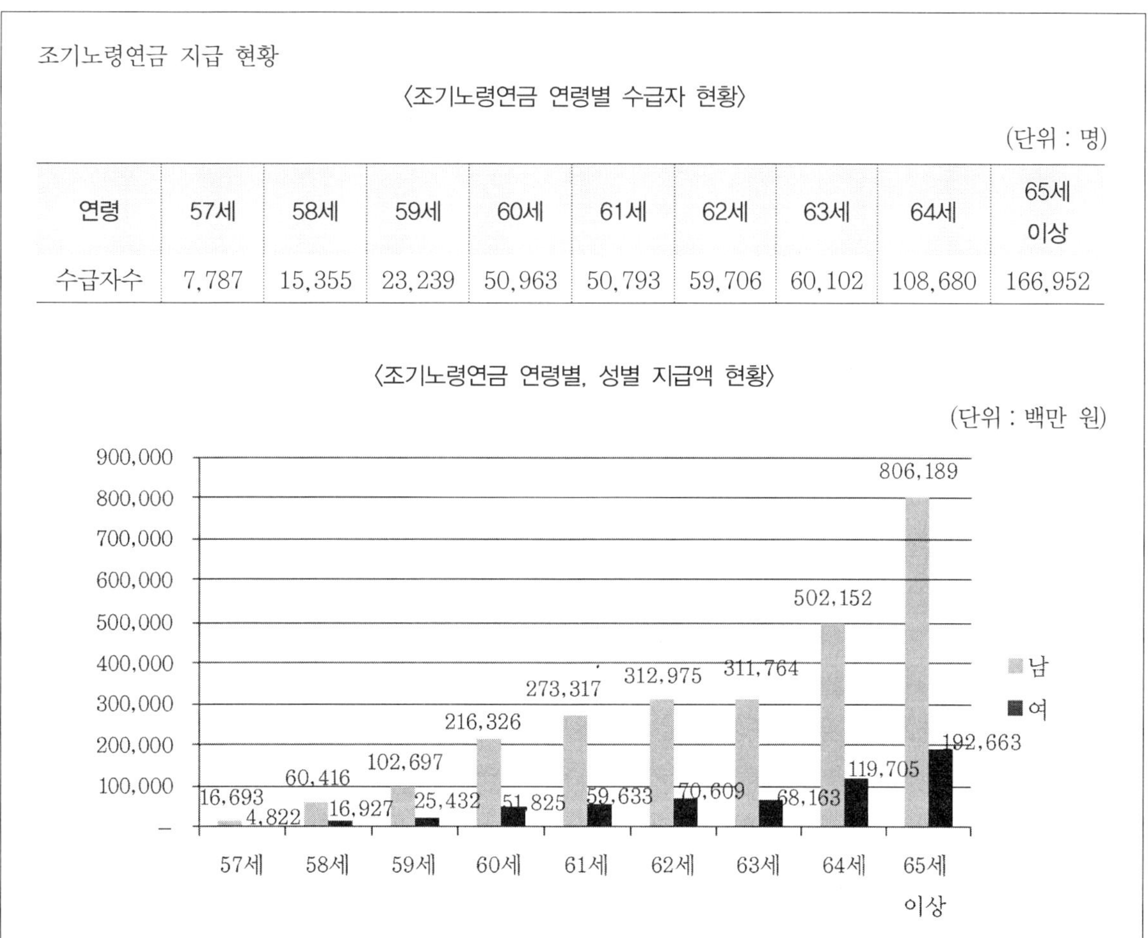

〈조기노령연금 연령별 수급자 현황〉

(단위 : 명)

연령	57세	58세	59세	60세	61세	62세	63세	64세	65세 이상
수급자수	7,787	15,355	23,239	50,963	50,793	59,706	60,102	108,680	166,952

① 연령별 남성 수급자 1인당 평균 수급액
② 연령별 수급자 1인당 평균 수급액의 성별 차이
③ 전체 연령의 성별 평균 수급자 수
④ 연령별 수급자 1인당 평균 수급액

해설 주어진 두 개의 자료는 각 연령대별 수급자 현황과 성별 수급액의 현황이므로 연령대별 성별 수급액에 관한 자료를 알 수는 없다. 따라서 제시된 보기의 내용 중에서는, 전체 수급액을 전체 수급자 수로 나누어 성별 구분 없는 '연령별 수급자 1인당 평균 수급액'만을 알 수 있다.

ANSWER 34.② 35.④

▌36~37 ▌ 다음은 퇴직연금제도 도입 사업장에 관한 현황을 나타낸 자료이다. 다음 자료를 보고 이어지는 물음에 답하시오.

<종사자규모별 사업장 도입 현황>

(단위 : 개소, %)

구분	2023년			2024년		
	전체 도입 사업장	도입 대상 사업장	도입 사업장	전체 도입 사업장	도입 대상 사업장	도입 사업장
합계 (구성비)	334,820 (100.0)	1,203,784 (100.0)	323,864 (100.0)	354,018 (100.0)	1,259,585 (100.0)	343,134 (100.0)
5인 미만	77,678 (23.2)	619,517 (51.5)	68,865 (21.3)	82,936 (23.4)	659,198 (52.3)	74,360 (21.7)
5~9인	93,500 (27.9)	307,047 (25.5)	92,108 (28.4)	102,312 (28.9)	320,042 (25.4)	100,742 (29.4)
10~29인	101,912 (30.4)	195,414 (16.2)	101,327 (31.3)	106,718 (30.1)	198,753 (15.8)	106,132 (30.9)
30~49인	24,178 (7.2)	35,207 (2.9)	24,092 (7.4)	24,456 (6.9)	35,101 (2.8)	24,371 (7.1)
50~99인	20,660 (6.2)	26,822 (2.2)	20,591 (6.4)	20,727 (5.9)	26,712 (2.1)	20,676 (6.0)
100~299인	12,339 (3.7)	14,768 (1.2)	12,330 (3.8)	12,283 (3.5)	14,732 (1.2)	12,270 (3.6)
300인 이상	4,553 (1.4)	5,009 (0.5)	4,551 (1.4)	4,586 (1.3)	5,047 (0.4)	4,583 (1.3)

〈산업별 사업장 도입 현황〉

(단위 : 개소)

구분	2023년			2024년		
	전체 도입 사업장	도입 대상 사업장	도입 사업장	전체 도입 사업장	도입 대상 사업장	도입 사업장
전체	334,820	1,203,784	323,864	354,018	1,259,585	343,134
농림어업	1,080	7,846	1,040	1,135	8,481	1,103
광업	303	734	299	297	746	297
제조업	98,422	258,385	96,678	101,100	265,543	99,479
전기가스업	380	1,270	363	395	1,413	379
수도하수업	2,470	6,164	2,436	2,612	6,363	2,577
건설업	19,524	94,004	18,807	20,485	98,971	19,780
도소매업	57,453	280,106	55,287	60,822	294,876	58,737
운수업	9,372	31,152	8,954	9,489	31,717	9,167
숙박음식업	7,327	102,031	6,567	7,705	108,674	7,030
정보통신업	8,699	30,001	8,511	9,093	32,272	8,911
금융보험업	11,148	17,904	11,102	11,161	18,520	11,124
부동산업	7,455	61,062	7,087	7,849	65,356	7,482
전문과학기술업	21,096	67,700	20,455	22,670	72,963	22,014
사업서비스업	9,370	33,323	8,840	9,495	34,795	9,005
공공행정	880	3,238	874	878	3,469	874
교육서비스업	13,558	38,869	13,333	14,606	40,348	14,409
보건사회복지업	55,121	118,203	52,513	62,253	120,445	59,254
예술스포츠여가업	2,182	11,147	2,064	2,289	11,944	2,195
협회 및 단체 등	8,980	40,645	8,654	9,684	42,689	9,317

* 도입률=도입 사업장÷도입 대상 사업장×100

36 다음 중 위의 자료에 대한 설명으로 적절하지 않은 것은 어느 것인가?

① 전체 사업장의 퇴직연금제도 도입률은 2023년보다 2024년에 더 높아졌다.

② 산업별 사업장의 경우, 도입 대상 사업장의 개수와 도입률과는 아무런 상관관계가 없다.

③ 산업별 사업장의 경우, 두 해 모두 도입 대상 사업장의 개수 상위 3개 업종은 도입 사업장의 개수 상위 3개 업종에 속한다.

④ 2023년과 2024년에 도입률이 가장 낮은 업종은 각각 부동산업과 숙박음식업이다.

> ✔ **해설** ④ 두 해 모두 숙박음식업은 각각 6.4%와 6.5%의 도입률을 보여 도입률이 가장 낮은 업종이며, 부동산업은 각각 11.6%와 11.4%로 두 번째로 도입률이 낮은 업종임을 알 수 있다.
> ① 26.9 → 27.2%로 전년보다 더 높아졌다.
> ② 도입 대상 사업장의 개수가 많고 적음에 따라 도입률이 높거나 낮아지는 상관관계를 찾아볼 수 없다.
> ③ 제조업, 도소매업, 보건사회복지업이 언급된 2가지 지표의 상위 3개 업종에 속한다.

37 다음 중 2024년의 퇴직연금제도 도입률이 가장 높은 사업장 규모와 가장 낮은 사업장 규모가 순서대로 올바르게 나열된 것은 어느 것인가?

① 300인 이상 사업장, 5인 미만 사업장

② 300인 이상 사업장, 5~9인 사업장

③ 100~299인 사업장, 5인 미만 사업장

④ 100~299인 사업장, 5~9인 사업장

> ✔ **해설** 주어진 산식에 의해 연도별 사업장 규모별 도입률을 구해 보면 다음과 같다.
> 5인 미만 : 11.3%, 5~9인 : 31.5%, 10~29인 : 53.4%, 30~49인 : 69.4%, 50~99인 : 77.4%, 100~299인 : 83.3%, 300인 이상 : 90.8%
> 따라서 사업장 규모에 따라 도입률이 비례 관계를 보이고 있으므로 300인 이상 사업장이 가장 도입률이 높고, 5인 미만 사업장이 가장 낮은 도입률을 보이고 있음을 알 수 있다.

38 다음은 우리나라 연도별 성별 월급여액과 국제간 남녀 임금격차 비교표이다. 〈보기〉에서 다음 표에 관해 옳게 해석한 것을 모두 고르면?

〈성별 월급여액〉

(단위 : 천 원)

구분	2016	2017	2018	2019	2020	2021	2022
여성 월급여액	1,015	1,112	1,208	1,286	1,396	1,497	1,582
남성 월급여액	1,559	1,716	1,850	1,958	2,109	2,249	2,381

$$※\ 남성\,대비\,여성\,임금\,비율 = \frac{여성\,월급여액}{남성\,월급여액} \times 100$$

〈국제간 남성 대비 여성 임금 비율 비교〉

(단위 : %)

연도	프랑스	독일	일본	한국	영국	미국	OECD평균
2011	90	76	63	58	74	76	78
2021	88	77	67	62	79	81	82

〈보기〉

㉠ 2021년 우리나라의 남녀 임금격차는 최고 수준이며, OECD 국가 평균의 2배 이상이다.

㉡ 남성 근로자의 임금 대비 여성 근로자의 임금 수준은 2016년에 비해 2022년 1.3%p 정도로 소폭 상승하였다.

㉢ 국제간 남녀 임금격차가 가장 적은 나라는 프랑스이다.

㉣ OECD 국가들은 남녀 임금격차가 줄어드는 추세이다.

① ㉠

② ㉠, ㉡

③ ㉠, ㉡, ㉢

④ ㉡, ㉢, ㉣

✔ **해설** ㉠ 2021년의 남녀 임금격차가 66.6%로 최고 수준이었으나, OECD 국가 평균의 2배 이상은 아니다.

㉡ 우리나라의 남성 근로자의 임금 대비 여성 근로자의 임금 수준은 다음과 같다.

구분	2016	2017	2018	2019	2020	2021	2022
남성 대비 여성 임금 비율	65.1%	64.8%	65.3%	65.7%	66.2%	66.6%	66.4%

2016년에 비해 2022년에는 1.3% 정도로 소폭 상승하였다.

㉢ 남녀 임금격차가 적다는 것은 남녀의 임금격차가 거의 없어 100%가 되어야 한다는 뜻이다. 프랑스는 OECD 국가 중에서 남녀 임금격차가 가장 적다.

㉣ OECD 평균이 78%에서 82%로 100%에 가까워졌으므로 남녀 임금격차가 줄어들고 있다고 볼 수 있다.

ANSWER 36.④ 37.① 38.④

39 다음 표는 A, B, C, D 도시의 인구 및 총 인구에 대한 여성의 비율과 그 여성 중 독신자의 비율을 나타낸 것이다. 올해 A 도시의 여성 독신자의 7%가 결혼을 하였다면 올해 결혼한 독신여성은 몇 명인가?

구분	A 도시	B 도시	C 도시	D 도시
인구(만 명)	25	39	43	52
여성 비율(%)	42	53	47	57
여성 독신자 비율(%)	42	31	28	32

① 3,087명

② 4,210명

③ 5,658명

④ 6,407명

✔ 해설 A 도시의 여성 수는 $250,000 \times \dfrac{42}{100} = 105,000$명

A 도시의 여성 독신자 수는 $105,000 \times \dfrac{42}{100} = 44,100$명

A 도시의 여성 독신자 중 7%에 해당하는 수는 $44,100 \times \dfrac{7}{100} = 3,087$명

40 다음은 A철도공사의 경영 현황에 대한 자료이다. 이에 대한 설명으로 옳지 않은 것은? (단, 계산 값은 소수 둘째 자리에서 반올림 한다.)

⟨A철도공사 경영 현황⟩

(단위 : 억 원)

	2019	2020	2021	2022	2023
경영성적 (당기순이익)	−44,672	−4,754	5,776	−2,044	−8,623
총수익	47,506	51,196	61,470	55,587	52,852
영업수익	45,528	48,076	52,207	53,651	50,572
기타수익	1,978	3,120	9,263	1,936	2,280
총비용	92,178	55,950	55,694	57,631	61,475
영업비용	47,460	47,042	51,063	52,112	55,855
기타비용	44,718	8,908	4,631	5,519	5,620

① 총수익이 가장 높은 해에 당기순수익도 가장 높다.

② 영업수익이 가장 낮은 해에 영업비용이 가장 높다.

③ 총수익 대비 영업수익이 가장 높은 해에 기타 수익이 2,000억 원을 넘지 않는다.

④ 기타수익이 가장 낮은 해와 총수익이 가장 낮은 해는 다르다.

> **✔해설** ② 영업수익이 가장 낮은 해는 2019년이고 영업비용이 가장 높은 해는 2023년이다.
> ① 총수익이 가장 높은 해와 당기순수익이 가장 높은 해는 모두 2021년이다.
> ③ 총수익 대비 영업수익이 가장 높은 해는 96.5%로 2022년이다. 2022년 기타 수익은 1,936억 원으로 2,000억 원을 넘지 않는다.
> ④ 기타수익이 가장 낮은 해는 2022년이고 총수익이 가장 낮은 해는 2013년이다.

41 다음 표에서 a~d의 값을 모두 더한 값은?

	2023년		2024년	전월대비		전년동월대비	
	1월	12월	1월	증감액	증감률(차)	증감액	증감률(차)
총거래액(A)	107,230	126,826	123,906	a	−2.3	c	15.6
모바일 거래액(B)	68,129	83,307	82,730	b	−0.7	d	21.4
비중(B/A)	63.5	65.7	66.8	−	1.1	−	3.3

① 27,780

② 28,542

③ 33,620

④ 34,774

 **해설** $a = 123,906 - 126,826 = -2,920$

$b = 82,730 - 83,307 = -577$

$c = 123,906 - 107,230 = 16,676$

$d = 82,730 - 68,129 = 14,601$

$a + b + c + d = -2,920 + (-577) + 16,676 + 14,601 = 27,780$

42 다음은 X공기업의 팀별 성과급 지급 기준이다. Y팀의 성과평가 결과에 따라 3/4 분기에 지급되는 성과급은?

- 성과급 지급은 성과평가 결과와 연계함
- 성과평가는 유용성, 안전성, 서비스 만족도의 총합으로 평가함. 단, 유용성, 안전성, 서비스 만족도의 가중치를 각각 0.4, 0.4, 0.2로 부여함
- 성과평가 결과를 활용한 성과급 지급 기준

성과평가 점수	성과평가 등급	분기별 성과급 지급액	비고
9.0 이상	A	100만 원	
8.0 이상 9.0 미만	B	90만 원(10만 원 차감)	성과평가 등급이 A이면 직전 분기 차감액의 50%를 가산하여 지급
7.0 이상 8.0 미만	C	80만 원(20만 원 차감)	
7.0 미만	D	40만 원(60만 원 차감)	

〈Y팀의 성과평가 결과〉

구분	1/4 분기	2/4 분기	3/4 분기	4/4 분기
유용성	8	8	10	8
안전성	8	6	8	8
서비스 만족도	6	8	10	8

① 130만 원

② 120만 원

③ 110만 원

④ 100만 원

해설 3/4 분기 성과평가 점수는 $(10 \times 0.4) + (8 \times 0.4) + (10 \times 0.2) = 9.2$로, 성과평가 등급은 A이다. 성과평가 등급이 A이면 직전 분기 차감액의 50%를 가산하여 지급하므로, 2/4 분기 차감액인 20만 원(∵ 2/4 분기 성과평가 등급 C)의 50%를 가산한 110만 원이 성과급으로 지급된다.

43 다음은 갑국의 최종에너지 소비량에 대한 자료이다. 이에 대한 설명으로 옳은 것들로만 바르게 짝지어진 것은?

〈2022~2024년 유형별 최종에너지 소비량 비중〉

(단위 : %)

연도 \ 유형	석탄		석유 제품	도시 가스	전력	기타
	무연탄	유연탄				
2022	2.7	11.6	53.3	10.8	18.2	3.4
2023	2.8	10.3	54.0	10.7	18.6	3.6
2024	2.9	11.5	51.9	10.9	19.1	3.7

〈2024년 부문별 유형별 최종에너지 소비량〉

(단위 : 천TOE)

부문 \ 유형	석탄		석유 제품	도시 가스	전력	기타	합
	무연탄	유연탄					
산업	4,750	15,317	57,451	9,129	23,093	5,415	115,155
가정 · 상업	901	4,636	6,450	11,105	12,489	1,675	37,256
수송	0	0	35,438	188	1,312	0	36,938
기타	0	2,321	1,299	669	152	42	4,483
계	5,651	22,274	100,638	21,091	37,046	7,132	193,832

※ TOE는 석유 환산 톤수를 의미

> ㉠ 2022~2024년 동안 전력소비량은 매년 증가한다.
> ㉡ 2024년에는 산업부문의 최종에너지 소비량이 전체 최종에너지 소비량의 50% 이상을 차지한다.
> ㉢ 2022~2024년 동안 석유제품 소비량 대비 전력 소비량의 비율이 매년 증가한다.
> ㉣ 2024년에는 산업부문과 가정 · 상업부문에서 유연탄 소비량 대비 무연탄 소비량의 비율이 각각 25% 이하이다.

① ㉠, ㉡

② ㉠, ㉣

③ ㉡, ㉢

④ ㉡, ㉣

 ㉡ 2024년의 산업부문의 최종에너지 소비량은 $115,155$ 천TOE이므로 전체 최종 에너지 소비량인 $193,832$ 천TOE의 50%인 $96,916$ 천TOE보다 많으므로 50% 이상을 차지한다고 볼 수 있다.

㉢ 2022~2024년 동안 석유제품 소비량 대비 전력 소비량의 비율은 $\dfrac{\text{전력}}{\text{석유제품}}$ 으로 계산하면

2022년 $\dfrac{18.2}{53.3} \times 100 = 34.1\%$,

2023년 $\dfrac{18.6}{54} \times 100 = 34.4\%$,

2024년 $\dfrac{19.1}{51.9} \times 100 = 36.8\%$이므로 매년 증가함을 알 수 있다.

㉠ 2022~2024년 동안의 유형별 최종에너지 소비량 비중이므로 전력 소비량의 수치는 알 수 없다.

㉣ 2024년 산업부문과 가정·상업부문에서 $\dfrac{\text{무연탄}}{\text{유연탄}}$ 을 구하면 산업부문의 경우 $\dfrac{4,750}{15,317} \times 100 = 31\%$, 가정·상업부문의 경우 $\dfrac{901}{4,636} \times 100 = 19.4\%$이므로 모두 25% 이하인 것은 아니다.

44 다음은 영화관 2곳의 매출실적에 관한 표이다. 이에 대한 설명으로 옳은 것은?

구분	평균				품목별 총점
	A지점		B지점		
	남사원 20명	여사원 10명	남사원 15명	여사원 15명	
영화관람권	60	65	㉠	60	3,650
스낵바	㉡	55	50	60	3,200
팝콘팩토리	50	50	60	50	3,150

① ㉠은 ㉡보다 크다.

② A지점 남사원의 스낵바 평균 실적은 B지점 남사원의 스낵바 평균 실적보다 낮다.

③ 영화관람권은 B지점 사원 평균이 A지점 사원의 평균보다 높다.

④ 전체 남사원의 팝콘팩토리 매출 실적 평균은 전체 여사원의 팝콘팩토리 매출 실적 평균보다 낮다.

✔ **해설** ㉠을 구하면 $20 \times 60 + 10 \times 65 + 15 \times ㉠ + 15 \times 60 = 3,650$

∴ ㉠ = 60

㉡을 구하면 $㉡ \times 20 + 10 \times 55 + 15 \times 50 + 15 \times 60 = 3,200$

∴ ㉡ = 50

② A지점 남사원의 스낵바 평균 실적은, B지점 남사원의 스낵바 평균 실적과 동일하다.

③ 영화관람권은 B지점 사원 평균이 60점, A지점 사원의 평균이 62.5점이므로 A지점이 더 높다.

④ 전체 남사원의 팝콘팩토리 매출 실적 평균은 55점, 전체 여사원의 팝콘팩토리 매출 실적 평균은 50점이므로 전체 남사원의 매출 실적 평균이 더 높다.

45 다음은 흡연 여부에 따른 폐암 발생 현황을 나타낸 것이다. 옳지 않은 것을 모두 고른 것은?

〈흡연 여부에 따른 폐암 발생 현황〉

(단위 : 명)

흡연 여부 ＼ 폐암 발생 여부	발생	비발생	계
흡연	300	700	1,000
비흡연	300	9,700	10,000
계	600	10,400	11,000

㉠ 흡연 시 폐암 발생률은 30%이다.
㉡ 비흡연 시 폐암 발생량은 0.3%이다.
㉢ 흡연 여부와 상관없이 폐암 발생률은 10%이다.

① ㉠
② ㉠, ㉡
③ ㉡, ㉢
④ 모두 옳다.

 **해설**

㉡ 비흡연 시 폐암 발생량은 $\dfrac{300}{10,000} \times 100 = 3(\%)$ 이다.

㉢ 흡연 여부와 상관없이 폐암 발생률은 $\dfrac{600}{11,000} \times 100 ≒ 5.45(\%)$ 이다.

46 다음 표는 A, B 두 회사 전체 신입사원의 성별 교육연수 분포에 관한 자료이다. 이에 대해 신입사원 초임결정공식을 적용하였을 때, 교육연수가 14년인 남자 신입사원과 여자 신입사원의 초임 차이는 각각 얼마인가?

〈회사별 성별 전체 신입사원의 교육연수 분포〉

구분		12년 (고졸)	14년 (초대졸)	16년 (대졸)	18년 (대학원졸)
A사	남	30%	20%	40%	10%
	여	40%	20%	30%	10%
B사	남	40%	10%	30%	20%
	여	50%	30%	10%	10%

〈신입사원 초임결정공식〉

- A사
- 남성:초임(만 원)＝1,000만 원＋(180만 원×교육연수)
- 여성:초임(만 원)＝1,840만 원＋(120만 원×교육연수)
- B사
- 남성:초임(만 원)＝750만 원＋(220만 원×교육연수)
- 여성:초임(만 원)＝2,200만 원＋(120만 원×교육연수)

	A사	B사
①	0원	40만 원
②	0원	50만 원
③	40만 원	50만 원
④	50만 원	40만 원

✔ 해설 교육연수가 14년인 경우를 계산해 보면
- A사
- 남성＝1,000＋(180×14)＝3,520만 원
- 여성＝1,840＋(120×14)＝3,520만 원
- B사
- 남성＝750＋(220×14)＝3,830만 원
- 여성＝2,200＋(120×14)＝3,880만 원

47 다음은 갑국에서 실시한 취약 계층의 스마트폰 이용 현황과 주된 비(非)이용 이유에 대한 설문조사 결과이다. 이에 대한 옳은 분석을 〈보기〉에서 고른 것은?

구분	전체 국민 대비 수준[*]	스마트폰을 이용하지 않는 주된 이유				
		스마트폰으로 무엇을 할 수 있는지 모름	구입비 및 이용비 부담	이용 필요성 부재	사용 방법의 어려움	기타
장애인	10.3	33.1	31.5	14.4	13.4	7.6
장노년층	6.4	40.1	26.3	16.5	12.4	4.7
저소득층	12.2	28.7	47.6	11.0	9.3	3.4
농어민	6.4	39.6	26.3	14.7	13.9	5.5

[*] 전체 국민 대비 수준 $= \dfrac{\text{취약계층의 스마트폰 이용률}}{\text{전체 국민의 스마트폰 이용률}} \times 100$

〈보기〉
ⓐ 응답자 중 장노년층과 농어민의 스마트폰 이용자 수는 동일하다.
ⓑ 응답자 중 각 취약 계층별 스마트폰 이용률이 상대적으로 가장 높은 취약 계층은 저소득층이다.
ⓒ 전체 취약 계층의 스마트폰 이용 활성화를 위한 대책으로는 경제적 지원이 가장 효과적일 것이다.
ⓓ 스마트폰을 이용하지 않는다고 응답한 장노년층 중 스마트폰으로 무엇을 할 수 있는지 모르거나 사용 방법이 어려워서 이용하지 않는다고 응답한 사람의 합은 과반수이다.

① ㉠, ㉡
② ㉠, ㉢
③ ㉡, ㉢
④ ㉡, ㉢

✔ **해설** ㉠ 설문 조사에 참여한 장노년층과 농어민의 수가 제시되어 있지 않으므로 이용자 수는 알 수 없다.
㉢ 스마트폰 이용 활성화를 위한 대책으로 경제적 지원이 가장 효과적인 취약 계층은 저소득층이다.

 다음 표는 A 자동차 회사의 고객만족도 조사결과이다. 다음 물음에 답하시오.

구분	1~12개월 (출고 시기별)	13~24개월 (출고 시기별)	고객 평균
안전성	41	48	45
A/S의 신속성	19	17	18
정숙성	2	1	1
연비	15	11	13
색상	11	10	10
주행 편의성	11	9	10
차량 옵션	1	4	3
계	100	100	100

48 출고시기에 관계없이 전체 조사 대상 중에서 1,350명이 안전성을 장점으로 선택했다면 이번 설문에 응한 고객은 모두 몇 명인가?

① 2,000명　　　　　　　　　　② 2,500명

③ 3,000명　　　　　　　　　　④ 3,500명

 해설　$45:1,350=100:x$

$45x=135,000$

$\therefore\ x=3,000$

49 차를 출고 받은 지 12개월 이하 된 고객 중에서 30명이 연비를 선택했다면 정숙성을 선택한 고객은 몇 명인가?

① 2명　　　　　　　　　　② 3명

③ 4명　　　　　　　　　　④ 5명

해설　$30:15=x:2$

$15x=60$

$\therefore\ x=4$

50 다음은 A~D팀의 팀별 총무용품의 구매 금액과 각 팀별 구매한 총무용품의 항목별 구성비를 나타낸 자료이다. 다음 자료를 참고로 복사용품, 팩스용품, 탕비용품, 기타 총무용품의 구매를 위한 지출 금액이 각각 가장 큰 팀을 순서대로 나열한 것은 어느 것인가?

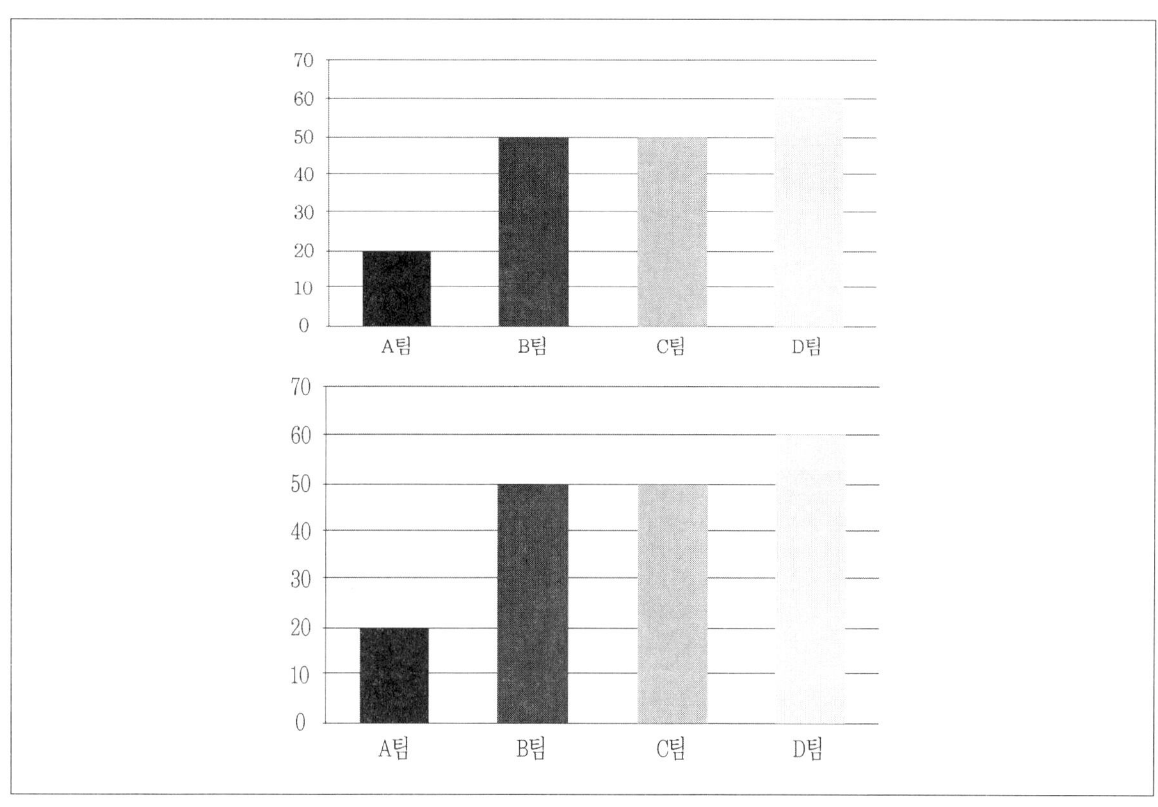

① D팀, C팀, B팀, A팀

② B팀, D팀, C팀, D팀

③ C팀, D팀, B팀, D팀

④ D팀, C팀, B팀, D팀

✔해설 A~D팀은 총무용품 구매 비용으로 각각 20만 원, 50만 원, 50만 원, 60만 원을 지출하였다. 지출 금액의 구성비에 따라 팀별 금액을 계산해 보면 다음과 같다.

	A팀	B팀	C팀	D팀
복사용품	20×10%=2만 원	50×10%=5만 원	50×30%=15만 원	60×15%=9만 원
팩스용품	20×20%=4만 원	50×25%=12.5만 원	50×25%=12.5만 원	60×35%=21만 원
탕비용품	20×30%=6만 원	50×30%=15만 원	50×25%=12.5만 원	60×20%=12만 원
기타	20×40%=8만 원	50×35%=17.5만 원	50×20%=10만 원	60×30%=18만 원

따라서 복사용품은 C팀, 팩스용품은 D팀, 탕비용품은 B팀, 기타 총무용품은 D팀임을 알 수 있다.

[조직이해능력] 출제유형

① **경영이해능력** : SWOT 등 경영 활동, 경영 전략에 관한 문제이다.
② **체제이해능력** : 조직의 목표, 문화, 구조 등을 자료와 함께 제시되는 문제다.
③ **업무이해능력** : 업무의 특성, 업무수행 계획, 업무 종류 등이 체크리스트 등과 함께 제시되는 문제다.
④ **국제감각** : 이문화 커뮤니케이션, 국제매너 등에 관한 문제이다.

[조직이해능력] 출제경향

조직이해의 필요성을 인식하고 업무 성과를 높이기 위한 계획 수립이 가능한지를 평가한다. 조직의 환경 변화 및 구성, 조직의 특징 및 의사결정과정, 경영자의 역할과 경영전략, 조직의 목표 구조, 다른 나라의 문화 이해 등이 출제된다. 조직도와 SWOT, 결재 방식 등의 자료가 출제되는데, 연습 시 업무 수행 시 조직의 특성을 이해하고 이를 적용하는 데 중점을 주는 것이 좋다.

[조직이해능력] 빈출유형

경영이해능력									
체제이해능력									
업무이해능력									
국제감각									

예제 01 **경영이해능력**

주어진 글의 빈칸에 들어갈 말로 가장 적절한 것은?

> 조직이 지속되게 되면 조직구성원들 간 생활양식이나 가치를 공유하게 되는데 이를 조직의 (㉠)라고 한다. 이는 조직구성원들의 사고와 행동에 영향을 미치며 일체감과 정체성을 부여하고 조직이 (㉡)으로 유지되게 한다. 최근 이에 대한 중요성이 부각되면서 긍정적인 방향으로 조성하기 위한 경영층의 노력이 이루어지고 있다.

① ㉠ : 목표, ㉡ : 혁신적
② ㉠ : 구조, ㉡ : 단계적
③ ㉠ : 문화, ㉡ : 안정적
④ ㉠ : 규칙, ㉡ : 체계적

출제의도

본 문항은 조직체계의 구성요소들의 개념을 묻는 문제이다.

해설

조직문화란 조직구성원들 간에 공유하게 되는 생활양식이나 가치를 말한다. 이는 조직구성원들의 사고와 행동에 영향을 미치며 일체감과 정체성을 부여하고 조직이 안정적으로 유지되게 한다.

》 ③

예제 02 **경영이해능력**

다음은 경영전략을 세우는 방법 중 하나인 SWOT에 따른 어느 기업의 분석결과이다. 다음 중 주어진 기업 분석 결과에 대응하는 전략은?

강점(Strength)	• 차별화된 맛과 메뉴 • 폭넓은 네트워크
약점(Weakness)	• 매출의 계절적 변동폭이 큼 • 딱딱한 기업 이미지
기회(Opportunity)	• 소비자의 수요 트랜드 변화 • 가계의 외식 횟수 증가 • 경기회복 가능성
위협(Threat)	• 새로운 경쟁자의 진입 가능성 • 과도한 가계부채

내부환경 / 외부환경	강점(Strength)	약점(Weakness)
기회 (Opportunity)	① 계절 메뉴 개발을 통한 분기 매출 확보	② 고객의 소비패턴을 반영한 광고를 통한 이미지 쇄신
위협 (Threat)	③ 소비 트렌드 변화를 반영한 시장 세분화 정책	④ 고급화 전략을 통한 매출 확대

출제의도

본 문항은 조직이해능력의 하위능력인 경영관리능력을 측정하는 문제이다. 기업에서 경영전략을 세우는데 많이 사용되는 SWOT분석에 대해 이해하고 주어진 분석표를 통해 가장 적절한 경영전략을 도출할 수 있는지를 확인할 수 있다.

해설

② 딱딱한 이미지를 현재 소비자의 수요 트렌드라는 환경 변화에 대응하여 바꿀 수 있다.

》 ②

다음은 H사에서 시행하는 경영참가제도에 대한 기사이다. 밑줄 친 이 제도는 무엇인가?

> H사는 '사람' 중심의 수평적 기업문화가 발달했다. H사는 <u>이 제도</u>의 시행을 통해 직원들이 경영에 간접적으로 참여할 수 있게 하였는데 이에 따라 자연스레 기업에 대한 직원들의 책임 의식도 강화됐다. 참어주주는 8만2471명이다. 모두 H사의 임직원이며, 이 중 창립자인 CEO R은 개인 주주로 총 주식의 1.18%의 지분과 퇴직연금으로 주식총액의 0.21%만을 보유하고 있다.

① 노사협의회제도
② 이윤분배제도
③ 종업원지주제도
④ 노동주제도

출제의도

경영참가제도는 조직원이 자신이 속한 조직에서 주인의식을 갖고 조직의 의사결정과정에 참여할 수 있도록 하는 제도이다. 본 문항은 경영참가제도의 유형을 구분해낼 수 있는가를 묻는 질문이다.

해설

종업원지주제도 … 기업이 자사 종업원에게 특별한 조건과 방법으로 자사 주식을 분양·소유하게 하는 제도이다. 이 제도의 목적은 종업원에 대한 근검저축의 장려, 공로에 대한 보수, 자사에의 귀속의식 고취, 자사에의 일체감 조성 등이 있다.

» ③

다음은 I기업의 조직도와 팀장님의 지시사항이다. H씨가 팀장님의 심부름을 수행하기 위해 연락해야 할 부서로 옳은 것은?

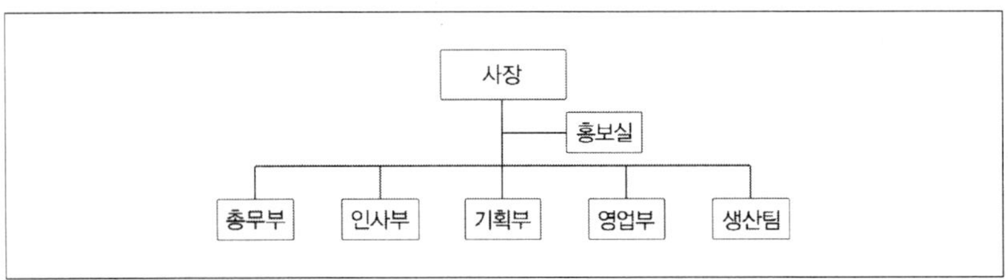

> H씨! 내가 지금 너무 바빠서 그러는데 부탁 좀 들어줄래요? 다음 주 중에 사장님 모시고 클라이언트와 만나야 할 일이 있으니까 사장님 일정을 확인해주시구요. 이번 달에 신입사원 교육·훈련계획이 있었던 것 같은데 정확한 시간이랑 날짜를 확인해주세요.

① 총무부, 인사부
② 총무부, 홍보실
③ 기획부, 총무부
④ 영업부, 기획부

출제의도

조직도와 부서의 명칭을 보고 개략적인 부서의 소관 업무를 분별할 수 있는지를 묻는 문항이다.

해설

사장의 일정에 관한 사항은 비서실에서 관리하나 비서실이 없는 회사의 경우 총무부(또는 팀)에서 비서업무를 담당하기도 한다. 또한 신입사원 관리 및 교육은 인사부에서 관리한다.

» ①

다음 중 업무수행 시 단계별로 업무를 시작해서 끝나는 데까지 걸리는 시간을 바 형식으로 표시하여 전체 일정 및 단계별로 소요되는 시간과 각 업무활동 사이의 관계를 볼 수 있는 업무수행 시트는?

① 간트 차트
② 워크 플로 차트
③ 체크리스트
④ 퍼트 차트

출제의도

업무수행 계획을 수립할 때 간트 차트, 워크 플로 시트, 체크리스트 등의 수단을 이용하면 효과적으로 계획하고 마지막에 급하게 일을 처리하지 않고 주어진 시간 내에 끝마칠 수 있다. 본 문항은 그러한 수단이 되는 차트들의 이해도를 묻는 문항이다.

해설

② 일의 절차 처리의 흐름을 표현하기 위해 기호를 써서 도식화한 것
③ 업무를 세부적으로 나누고 각 활동별로 수행수준을 달성했는지를 확인하는 데 효과적
④ 하나의 사업을 수행하는 데 필요한 다수의 세부사업을 단계와 활동으로 세분하여 관련된 계획 공정으로 묶고, 각 활동의 소요시간을 낙관시간, 최가능시간, 비관시간 등 세 가지로 추정하고 이를 평균하여 기대시간을 추정

》 ①

조직이해능력 대표유형

조직은 공동의 목표를 달성하기 위해 구성된 집합체이다. 조직이해능력은 조직경영, 조직구조, 조직업무 등 조직과 관련된 전 분야에 걸쳐 작용한다. 대표유형으로는 조직구조(조직도)의 이해, 경영전략, 조직문화 등 거시적 관점의 문제와 결재규정, 사내복지제도, 업무처리 등 미시적 관점의 문제가 고루 출제된다.

1 다음과 같은 팀장의 지시 사항을 수행하기 위하여 업무협조를 구해야 할 조직의 명칭이 순서대로 바르게 나열된 것은?

> 다들 사장님 보고 자료 때문에 정신이 없는 모양인데 이건 자네가 좀 처리해줘야겠군. 다음 주에 있을 기자단 간담회 자료가 필요한데 옆 부서 박 부장한테 말해 두었으니 오전 중에 좀 가져다주게나. 그리고 내일 사장님께서 보고 직전에 외부에서 오신다던데 어디서 오시는 건지 일정 좀 확인해서 알려주고, 이틀 전 퇴사한 엄 차장 퇴직금 처리가 언제 마무리 될 지도 알아봐 주게나. 아, 그리고 말이야, 자네는 아직 사원증이 발급되지 않았나? 확인해 보고 얼른 요청해서 걸고 다니게.

① 기획실, 경영관리실, 총무부, 비서실
② 영업2팀, 홍보실, 회계팀, 물류팀
③ 총무부, 구매부, 비서실, 인사부
④ 홍보실, 비서실, 인사부, 총무부

> ✔ **해설** ④ 일반적으로 기자들을 상대하는 업무는 홍보실, 사장의 동선 및 일정 관리는 비서실, 퇴직 및 퇴직금 관련 업무는 인사부, 사원증 제작은 총무부에서 관장하는 업무로 분류된다.

2 다음 조직도 (A), (B)와 같은 형태를 지닌 조직의 특징을 바르게 비교하지 못한 것은?

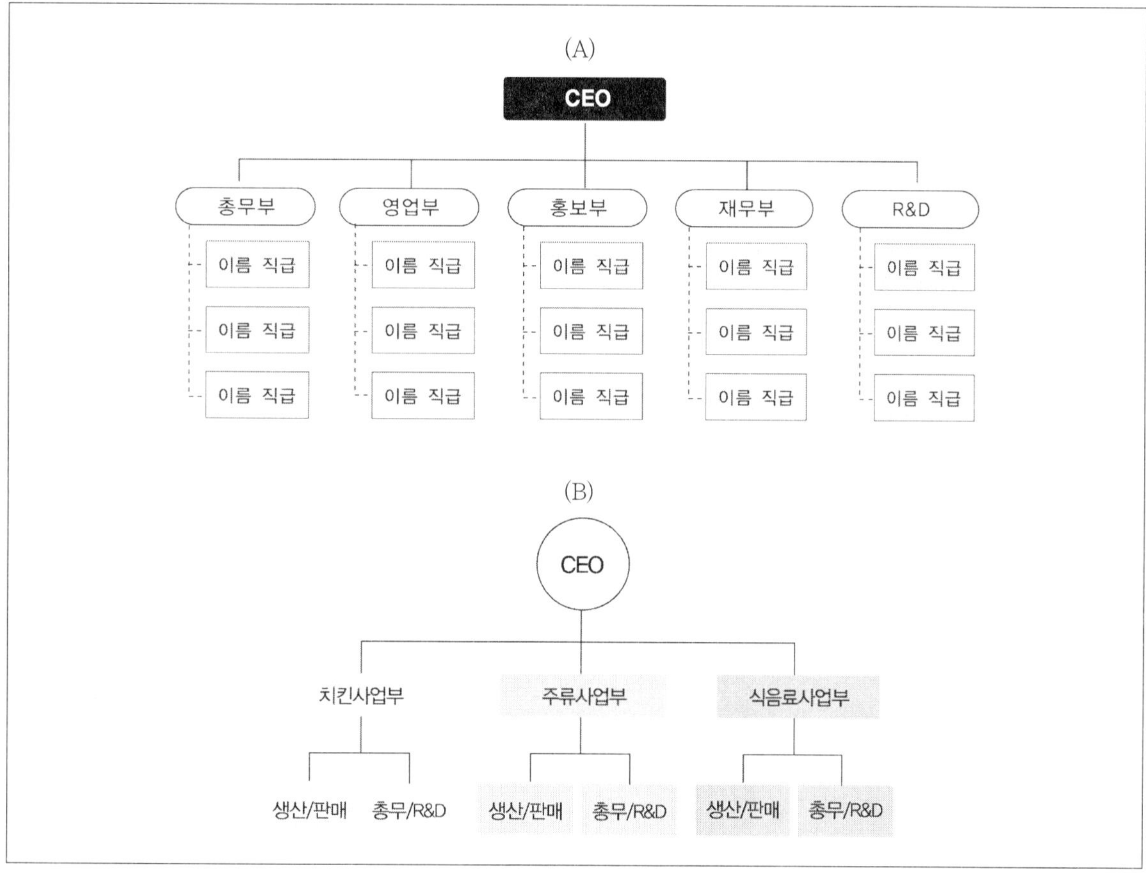

① (A)는 업무 구분이 명확하고, 엄격한 위계질서가 있다.

② (B)와 같은 조직은 대체적으로 의사결정 권한이 집중화되는 경향을 보인다.

③ (A)는 신속한 의사결정을 위해 더 적절한 조직구조이다.

④ (B)는 중간관리자에게 많은 역할이 주어지게 된다.

✔해설 (A) 기능적 조직구조이며, (B)는 사업별 조직구조이다. 환경이 안정적이거나 일상적인 기술, 조직의 내부 효율성을 중요시하며 기업의 규모가 작을 때에는 업무의 내용이 유사하고 관련성이 있는 것들을 결합해서 (A)와 같은 기능적 조직구조 형태를 이룬다. 또한, 급변하는 환경변화에 효과적으로 대응하고 제품, 지역, 고객별 차이에 신속하게 적응하기 위해서는 분권화된 의사결정이 가능한 (B)와 같은 사업별 조직구조 형태를 이룰 필요가 있다. (A)와 같은 조직구조에서는 결재라인이 적어 신속한 의사결정이 이루어질 수 있으며, (B)와 같은 조직구조에서는 본부장, 부문장 등의 이사진이 배치될 수 있어, 중간관리자의 역할이 중요한 경우에 볼 수 있는 조직구조이다.

ANSWER 1.④ 2.②

3 다음 〈보기〉에 제시되고 있는 활동들은 기업 경영에 필요한 전략을 설명하고 있다. 설명된 전략들에 해당하는 것은?

〈보기〉

• 모든 고객을 만족시킬 수는 없다는 것과 회사가 모든 역량을 가질 수는 없다는 것을 전제로 선택할 수 있는 전략이다.
• 기업이 고유의 독특한 내부 역량을 보유하고 있는 경우에 더욱 효과적인 전략이다.
• 사업 목표와 타당한 틈새시장을 찾아야 한다.
• 다양한 분류의 방법을 동원하여 고객을 세분화한다.

① 차별화 전략
② 집중화 전략
③ 비교우위 전략
④ 원가우위 전략

✔해설 차별화 전략과 원가우위 전략이 전체 시장을 상대로 하는 전략인 반면, 집중화 전략은 특정 시장을 대상으로 한다. 따라서 고객층을 세분화하여 타깃 고객층에 맞는 맞춤형 전략을 세울 필요가 있다. 타깃 고객층에 자사가 가진 특정 역량이 발휘되어 판매를 늘릴 수 있는 전략이라고 할 수 있다.

4 'SWOT 분석'에 대한 설명을 읽고 휴대폰 제조업체가 실시한 아래 환경 분석 결과에 대응하는 전략을 적절하게 분석한 것은?

> SWOT이란, 강점(Strength), 약점(Weakness), 기회(Opportunity), 위험(Threat)의 머리말을 모아 만든 단어로 경영전략을 수립하기 위한 분석도구이다. SWOT분석을 통해 도출된 조직의 외부/내부 환경을 분석 결과를 통해 각각에 대응하는 도출하게 된다.
>
> SO 전략이란 기회를 활용하면서 강점을 더욱 강화하는 공격적인 전략이고, WO 전략이란 외부환경의 기회를 활용하면서 자신의 약점을 보완하는 전략으로 이를 통해 기업이 처한 국면의 전환을 가능하게 할 수 있다. ST전략은 외부환경의 위험요소를 회피하면서 강점을 활용하는 전략이며, WT 전략이란 외부환경의 위협요인을 회피하고 자사의 약점을 보완하는 전략으로 방어적 성격을 갖는다.

내/외부환경 구분	강점(Strength)	약점(Weakness)
기회(Opportunity)	① SO 전략(강점/기회전략)	② WO 전략(약점/기회전략)
위협(Threat)	③ ST 전략(강점/위협전략)	④ WT 전략(약점/위협전략)

〈휴대폰 제조업체의 환경 분석 결과〉

강점 (Strength)	• 다양한 부가기능 탑재를 통한 성능 우위 • 기타 디지털기기 기능의 흡수를 통한 영역확대	기회 (Opportunity)	• 신흥시장의 잠재적 수요 • 개인 휴대용기기의 대중화
약점 (Weakness)	• 제품의 수익성 악화 • 제품 간 성능, 디자인의 평준화 • 국산 제품의 가격경쟁력 약화	위협 (Threat)	• 전자제품의 사용기간 단축 • MP3폰 등 기타 디지털기기와의 경쟁 심화

내/외부환경 구분	강점(Strength)	약점(Weakness)
기회(Opportunity)	① 기능의 다양화로 잠재 시장의 수요 창출	② 휴대기기의 대중화에 힘입어 MP3폰의 성능 강화
위협(Threat)	③ 다양한 기능을 추가한 판매 신장으로 이익 확대	④ 휴대용 기기 보급 확대에 따라 디지털기기와 차별화된 제품 개발

해설 ① 기능의 다양화는 자사의 강점에 해당되며, 신흥시장의 잠재 수요를 기대할 수 있어 이를 연결한 전략으로 적절한 ST 전략이라고 할 수 있다.
② 휴대기기의 대중화(O)에 힘입어 MP3폰의 성능 강화(T)
③ 다양한 기능을 추가(S)한 판매 신장으로 이익 확대(W)
④ 개도국 수요를 창출(O)하여 저가 제품 판매 확대(W)

ANSWER 3.② 4.①

5 다음의 위임전결규정을 보고 잘못 이해한 것은?

[위임전결규정]

- 결재를 받으려는 업무에 대해서는 최고결재권자(대표이사)를 포함한 이하 직책자의 결재를 받아야 한다.
- '전결'이라 함은 회사의 경영활동이나 관리활동을 수행함에 있어 의사 결정이나 판단을 요하는 일에 대하여 최고결재권자의 결재를 생략하고, 자신의 책임 하에 최종적으로 의사 결정이나 판단을 하는 행위를 말한다.
- 전결사항에 대해서도 위임 받은 자를 포함한 이하 직책자의 결재를 받아야 한다.
- 표시내용 : 결재를 올리는 자는 최고결재권자로부터 전결 사항을 위임 받은 자가 있는 경우 결재란에 전결이라고 표시하고 최종 결재권자란에 위임 받은 자를 표시한다. 다만, 결재가 불필요한 직책자의 결재란은 상향대각선으로 표시한다.
- 최고결재권자의 결재사항 및 최고결재권자로부터 위임된 전결사항은 아래의 표에 따른다.
- 본 규정에서 정한 전결권자가 유고 또는 공석 시 그 직급의 직무 권한은 직상급직책자가 수행함을 원칙으로 하며, 각 직급은 긴급을 요하는 업무처리에 있어서 상위 전결권자의 결재를 득할 수 없을 경우 차상위자의 전결로 처리하며, 사후 결재권자의 결재를 득해야 한다.

업무내용		결재권자			
		사장	부사장	본부장	팀장
주간업무보고					○
팀장급 인수인계			○		
일반 예산 집행	잔업수당	○			
	회식비			○	
	업무활동비			○	
	교육비		○		
	해외연수비	○			
	시내교통비			○	
	출장비	○			
	도서인쇄비				○
	법인카드사용		○		
	소모품비				○
	접대비(식대)			○	
	접대비(기타)				○
이사회 위원 위촉		○			
임직원 해외 출장		○(임원)		○(직원)	
임직원 휴가		○(임원)		○(직원)	
노조관련 협의사항			○		

※ 100만 원 이상의 일반예산 집행과 관련한 내역은 사전 사장 품의를 득해야 하며, 품의서에 경비 집행 내역을 포함하여 준비한다.
  출장계획서는 품의서를 대체한다.

※ 위의 업무내용에 필요한 결재서류는 다음과 같다.
 – 품의서, 주간업무보고서, 인수인계서, 예산집행내역서, 위촉장, 출장보고서(계획서), 휴가신청서, 노조협의사항 보고서

① 전결권자 공석 시의 최종결재자는 차상위자가 된다.

② 전결권자 업무 복귀 시, 부재 중 결재 사항에 대하여 반드시 사후 결재를 받아두어야 한다.

③ 팀장이 새로 부임하면 부사장 전결의 인수인계서를 작성하게 된다.

④ 전결권자가 해외 출장으로 자리를 비웠을 경우에는 차상위자가 직무 권한을 위임받는다.

> **✔ 해설** ④ 전결권자가 자리를 비웠을 경우, '직무 권한'은 차상위자가 아닌 직상급직책자가 수행하게 되며, 차상위자가 전결
> 권자가 되는 경우에도 '직무 권한' 자체의 위임이 되는 것은 아니다.
> ① 차상위자가 필요한 경우, 최종결재자(전결권자)가 될 수 있다.
> ② 부재 중 결재사항은 전결권자 업무 복귀 시 사후 결재를 받는 것으로 규정하고 있다.
> ③ 팀장의 업무 인수인계는 부사장의 전결 사항이다.

1 다음 제시된 조직도에 대한 설명으로 옳지 않은 것은?

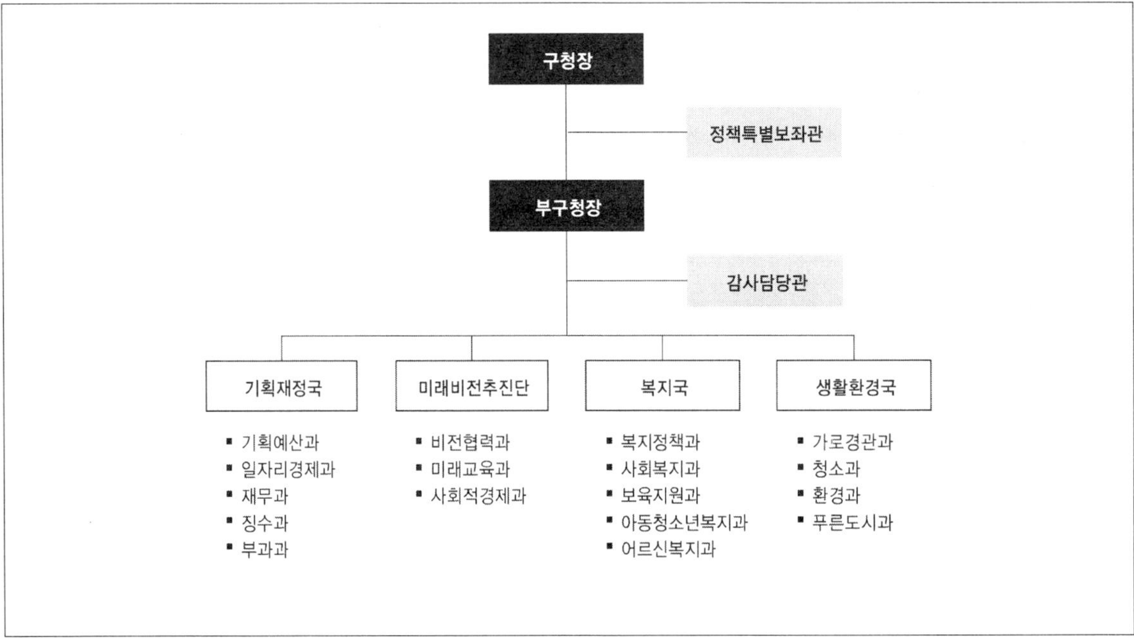

① 구청장 산하에 정책특별보좌관과 감사담당관이 있다.

② 조직도에 따르면 3명의 국장과 1명의 단장이 있다.

③ 비전협력과와 일자리경제과는 다른 부문에 속해있다.

④ 복지정책과 보육지원에 관한 사항은 복지국에 문의할 수 있다.

> ✔**해설** ① 감사담당관은 부구청장 산하에 있다.
>
> ② 조직도에 따르면 기획재정국장, 복지국장, 생활환경국장, 미래비전추진단장이 있는 것을 알 수 있다.
>
> ③ 비전협력과는 미래비전추진단, 일자리경제과는 기획재정국에 속해있다.
>
> ④ 복지정책과와 보육지원과는 복지국에 속해있다.

2 다음 설명의 빈칸에 들어갈 말이 순서대로 바르게 짝지어진 것은?

> (   )은(는) 상대 기업의 경영권을 획득하는 것이고, (   )은(는) 두 개 이상의 기업이 결합하여 법률적으로 하나의 기업이 되는 것이다. 최근에는 금융적 관련을 맺거나 또는 전략적인 관계까지 포함시켜 보다 넓은 개념으로 사용되고 있다. 기업은 이를 통해서 시장 지배력을 확대하고 경영을 다각화시킬 수 있으며 사업 간 시너지 효과 등을 거둘 수 있다. 이러한 개념이 발전하게 된 배경은 기업가 정신에 입각한 사회 공헌 실현 등 경영 전략적 측면에서 찾을 수 있다. 그러나 대상 기업의 대주주와 협상·협의를 통해 지분을 넘겨받는 형태를 취하는 우호적인 방식이 있는 반면 기존 대주주와의 협의 없이 기업 지배권을 탈취하는 적대적인 방식도 있다.

① 인수, 제휴   ② 인수, 합작

③ 인수, 합병   ④ 합병, 인수

✔**해설** 제시문은 기업 인수와 합병 즉, M&A의 의미와 기업에게 주는 의미를 간략하게 설명하는 글이다. 기업 입장에서 M&A는 기업의 외적 성장을 위한 발전전략으로 이해된다. 따라서 M&A는 외부적인 경영자원을 활용하여 기업의 성장을 도모하는 가장 적절한 방안으로 볼 수 있는 것이다. '인수'는 상대 기업을 인수받아 인수하는 기업의 일부로 예속하게 되는 것이며, '합병'은 두 기업을 하나로 합친다는 의미를 갖는다. 두 가지 모두 기업 경영권의 변화가 있는 것으로, 제휴나 합작 등과는 다른 개념이다.

3 경영전략의 유형으로 흔히 차별화, 원가 우위, 집중화 전략을 꼽을 수 있다. 다음 제시된 내용들 중, 차별화 전략의 특징으로 볼 수 없는 설명을 모두 고른 것은 어느 것인가?

> 가. 브랜드 강화를 위한 광고비용이 증가할 수 있다.
> 나. 견고한 유통망은 제품 차별화와 관계가 없다.
> 다. 차별화로 인한 규모의 경제 활용에 제약이 있을 수 있다.
> 라. 신규기업 진입에 대한 효과적인 억제가 어렵다.
> 마. 제품에 대한 소비자의 선호체계가 확연히 구분될 경우 효과적인 차별화가 가능하다.

① 가, 나   ② 나, 라

③ 나, 다   ④ 라, 나

✔**해설** 나→강력하고 견고한 유통망이 있을 경우, 고객을 세분화하여 제품 차별화 전략을 활용할 수 있다.

라→차별화를 이루게 되면 경험과 노하우에 따른 더욱 특화된 제품이나 서비스가 제공되므로 신규기업 진입에 대한 효과적인 억제가 가능하게 된다.

가, 다→차별화에는 많은 비용이 소요되므로 반드시 비용측면을 고려해야 하며 일정 부분의 경영상 제약이 생길 수 있다.

마→지역별, 연령별, 성별 특성 등의 선호체계 구분이 뚜렷할 경우 맞춤형 전략 수립이 용이하다.

ANSWER 1.① 2.③ 3.②

4 △△기업은 다음의 조직 개편안에 따라 조직 구성을 개편하고자 한다. 개편된 내용으로 옳지 않은 것은?

〈△△기업 조직도〉

기회조정실	정책기획관 예산담당관 세정담당관 법무혁신담당관 빅데이터담당관	환경산림자원국	환경정책과 환경안전과 맑은물정책과 산림자원과 산림산업관광과
재난 안전실	안전정책과 사회재난과 자연재난과	복지건강국	사회복지과 어르신복지과 장애인복지과 보건정책과 감염병관리과 식품의약과
일자리경제실	일자리경제노동과 중소벤처기업과 민생경제과 사회적경제과 교통정책과 외교통상과	농축산유통국	농업정책과 농식품유통과 친환경농업과 농촌활력과 축산정책과 동물방역과
과학산업국	과학기술정책과 4차산업기반과 소재부품산업과 바이오생명산업과	건설도시국	도시계획과 도시재생과 도로철도과 건축디자인과 토지정보과 하천과 신도시조성과
아이여성행복국	인구정책과 아이세상지원과 여성가족행복과	소방본부	소방행정과 대응예방과 구조구급과 119종합상황실 119특수구조단
자치행정국	자치행정과 인사과 교육정책과 새마을봉사과 회계과 정보통신과	문화관광체육국	문화예술과 문화산업과 문화유산과 관광정책과 관광마케팅과 체육진흥과 전국체전기획단

<조직 개편안>

- 5개의 본부로 개편한다.
- 기획조정실, 일자리경제실, 자치행정국, 재난안전실은 기획관리본부로 편성한다.
- 여성과 복지에 관한 부처는 복지국 소속으로 둔다.
- 개편 전부터 본부로 편성되어 있던 부서는 이전과 동일하게 단독 본부로 둔다.
- 문화관광체육국, 농축산유통국은 사업본부로 편성한다.
- 위에 언급되지 않은 부처는 모두 기술본부 소속이다.

① 기획관리본부는 3개의 실, 1개의 국으로 구성된다.

② 소방본부는 개편 전과 후의 변동이 없다.

③ 기술본부에는 12개의 과와 4개의 실이 있다.

④ 인구정책과와 사회복지과는 동일한 본부에 속한다.

✔ 해설 개편안에 따라 제시된 조직은 다음과 같이 구성된다.

기획관리본부	사업본부	기술본부	복지본부	소방본부
기획조정실 일자리경제실 자치행정국 재난안전실	문화관광체육국 농축산유통국	과학산업국 환경산림자원국 건설도시국	복지건강국 아이여성행복국	

③ 기술본부에는 과학산업국, 환경산림자원국, 건설도시국이 있으며 총 16개의 과로 구성되어있다.

① 기획관리본부는 기획조정실, 일자리경제실, 재난안전실, 자치행정국으로 구성되어 있다.

② 소방본부는 개편 전부터 본부로 편성되어 있던 부서로 이전과 동일하게 단독 본부로 둔다.

5 다음 위임전결규정을 잘못 설명한 것은 어느 것인가?

위임전결규정
- 결재를 받으려는 업무에 대해서는 최고결재권자(대표이사)를 포함한 이하 직책자의 결재를 받아야 한다.
- '전결'이라 함은 회사의 경영활동이나 관리활동을 수행함에 있어 의사 결정이나 판단을 요하는 일에 대하여 최고결재권자의 결재를 생략하고, 자신의 책임 하에 최종적으로 의사 결정이나 판단을 하는 행위를 말한다.
- 전결사항에 대해서도 위임 받은 자를 포함한 이하 직책자의 결재를 받아야 한다.
- 표시내용 : 결재를 올리는 자는 최고결재권자로부터 전결 사항을 위임 받은 자가 있는 경우 결재란에 전결이라고 표시하고 최종 결재권자란에 위임 받은 자를 표시한다. 다만, 결재가 불필요한 직책자의 결재란은 상향대각선으로 표시한다.
- 최고결재권자의 결재사항 및 최고결재권자로부터 위임된 전결사항은 아래의 표에 따른다.
- 본 규정에서 정한 전결권자가 유고 또는 공석 시 그 직급의 직무 권한은 직상급직책자가 수행함을 원칙으로 하며, 각 직급은 긴급을 요하는 업무처리에 있어서 상위 전결권자의 결재를 득할 수 없을 경우 차상위자의 전결로 처리하며, 사후 결재권자의 결재를 득해야 한다.

업무내용		결재권자			
		사장	부사장	본부장	팀장
주간업무보고					○
팀장급 인수인계			○		
일반예산 집행	잔업수당	○			
	회식비			○	
	업무활동비			○	
	교육비		○		
	해외연수비	○			
	시내교통비			○	
	출장비	○			
	도서인쇄비				○
	법인카드사용		○		
	소모품비				○
	접대비(식대)			○	
	접대비(기타)				○
이사회 위원 위촉		○			
임직원 해외 출장		○(임원)		○(직원)	
임직원 휴가		○(임원)		○(직원)	
노조관련 협의사항			○		

* 100만 원 이상의 일반예산 집행과 관련한 내역은 사전 사장 품의를 득해야 하며, 품의서에 경비 집행 내역을 포함하여 준비한다. 출장계획서는 품의서를 대체한다.

* 위의 업무내용에 필요한 결재서류는 다음과 같다.

  품의서, 주간업무보고서, 인수인계서, 예산집행내역서, 위촉장, 출장보고서(계획서), 휴가신청서, 노조협의사항 보고서

① 전결권자 공석 시의 최종결재자는 차상위자가 되며 사후 결재권자의 결재가 필요하다.

② 전결권자 업무 복귀 시, 부재 중 결재 사항에 대하여 반드시 사후 결재를 받아두어야 한다.

③ 팀장이 새로 부임하면 부사장 전결의 인수인계서를 작성하게 된다.

④ 전결권자가 해외 출장으로 자리를 비웠을 경우에는 차상위자가 직무 권한을 위임 받는다.

> **✔ 해설** 전결권자가 자리를 비웠을 경우, '직무 권한'은 차상위자가 아닌 직상급직책자가 수행하게 되며, 차상위자가 전결권자가 되는 경우에도 '직무 권한' 자체의 위임이 되는 것은 아니다.
> ① 차상위자가 필요한 경우, 최종결재자(전결권자)가 될 수 있다.
> ② 부재 중 결재사항은 전결권자 업무 복귀 시 사루 결재를 받는 것으로 규정하고 있다.
> ③ 팀장의 업무 인수인계는 부사장의 전결 사항이다.

---

6 T공사에서는 다음과 같은 안내문을 인터넷 홈페이지에 게재하였다. T공사의 조직도를 참고할 때, 다음 안내문의 빈 칸 ㉠에 들어갈 조직명으로 가장 적절한 것은 어느 것인가?

「장애인콜택시」 DB서버 교체에 따른 서비스 일시중지 안내

T공사에서는 장애인콜택시 이용자 증가에 따라, 이용자의 보다 편리한 서비스 이용을 위해 다음과 같이 DB서버를 교체할 예정입니다. 다음의 작업시간 동안 장애인콜택시 접수 및 이용이 원활치 않을 수 있으니, 이용에 참고하시기 바랍니다.

– 다 음 –

1. 작업시간: 2018. 12.20(수) 00:00 ~ 12.20(수) 04:00
2. 작업내용: DB서버 교체작업

자세한 사항은 T공사[(㉠)팀(T.02-000-0000)]으로 문의 주시기 바랍니다.

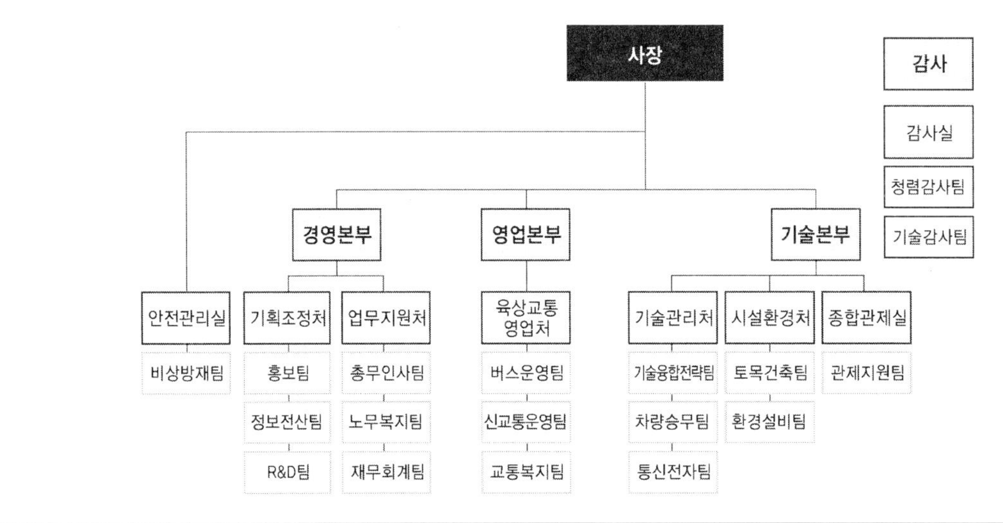

① 비상방재팀
② 노무복지팀
③ 버스운영팀
④ 교통복지팀

✔해설 안내문의 내용은 DB서버 교체작업이다. 실제 DB서버 작업을 수행하는 부서는 전산 기술이 필요한 정보전산팀이 될 수 있으나, 정보전산팀은 보기에 제시되어 있지 않을 뿐 아니라, 교체작업은 장애인콜택시 이용자 증가에 따른 행위이므로 안내문에 따른 대외 연락은 교통복지 관련 업무로 보는 것이 더 타당하다.

7 다음은 전화를 걸 때의 상황을 나타낸 것이다. 이 중 잘못된 표현의 단계를 고르면?

> ㉠ 전화를 걸기 전에 필요한 자료는 미리 손앞에 정리
> • 상대의 소속, 직책, 성명, 전화번호 숙지
> • 용건의 내용을 간단히 메모
> • 필요한 서류자료, 메모지, 필기구 준비
> ㉡ 상대가 나오면 본인의 소속 및 이름을 먼저 밝힌다.
> ㉢ 상대를 확인한다.
> • 상대방이 이름을 말하지 않을 경우 내 쪽에서 확인
> • 본인이 받을 경우 인사를 하면서 안부를 묻고
> • 부재 시일 경우 – 부재이유를 간단히 묻고 메모를 부탁하거나 전화를 다시 하겠다는 등의 약속을 한다.
> ㉣ 용건을 전달한다.

① ㉠ 전화를 건 목적에 맞게 용건을 말한다.
② ㉡ 인사 및 자신을 밝힌다.
③ ㉢ 상대를 확인한 후 통화가능 여부를 확인한다.
④ ㉣ 전화를 하게 된 용건을 상대가 이해할 수 있도록 시간에 구애받지 않고 자세하게 설명한다.

✔ **해설** 전화는 상대의 목소리만으로 전달되는 것이므로 상대가 현재 어떠한 상태인지를 알 수 없으며, 업무상의 전화통화가 많을 수 있으므로 용건은 간결하면서도 정확하게 전달해야 한다.

8 다음의 기사 내용은 맥그리거의 X이론에 관한 것이다. 밑줄 친 부분에 대한 내용으로 가장 옳지 않은 것을 고르면?

미국 신용등급 강등, 중국의 급격한 긴축정책, 유럽 재정파탄 등 각 국에서 시작된 위기가 도미노처럼 전 세계로 퍼지고 있다. 리먼 브러더스 파산이 일으킨 글로벌 금융위기는 지구촌 전체를 뒤흔들었다.

기업들은 어떤가. GM, 모토로라 등 세계 최고의 왕좌에서 군림했지만 나락의 길을 걷고 있다. 전문가들은 문제의 원인을 오래된 경영과 낡은 리더십에서 찾고 있다. 하루에도 몇 번씩 끊임없이 변하는 '가속'의 시대에서 구태의연한 경영 방식으로는 살아남을 수 없다는 지적이다. 이미 기존 경제이론으로 설명할 수 없는 예측 불가능한 시대가 됐다.

어떤 변화에도 대응할 수 있는 체력을 갖추려면 무엇이 필요할까. 기업 내 다양성을 극대화하고 지속 가능성을 갖춰야한다는 목소리가 주목받고 있다. 새로운 버전으로 진화한 리더십이 기업의 미래를 결정한다. '블루오션 전략', '블랙 스완' 등으로 파이낸셜타임즈 경제도서상을 수상한 국제적인 리더십 전문가 닐스 플레깅은 이 책을 통해 미래 경영의 대안으로 '언리더십(Un-leadership)'을 주장한다.

'부정'을 뜻하는 'Un'은 이전에 옳다고 믿었던 상식을 파괴하는 새로운 발상을 의미한다. 꿈의 기업이라 불리는 구글은 직원들을 통제하는 인재 관리에서 벗어나 무한한(Un-limited) 창의력을 펼칠 수 있는 분위기를 제공했다. 저가 항공사의 신화인 사우스웨스트항공은 직원들이 현장에서 직접 여러 사안을 결정한다. '직원들의 생각이 곧 전략'이라는 지금까지 볼 수 없었던(Un-seen) 원칙을 고수하고 있는 것. 첨단소재기업인 고어는 직장 내에 직급이 존재하지 않으며(Un-management), 부서와 업무를 규정하지 않는다(Un-structure).

이들은 대표적인 언리더십 기업이다. 언리더십은 리더십 자체를 부정하지 않는다. 현대 경영에서 보편적으로 정의된 수직적이고 영웅적인 리더십에 반기를 든다. 유연하고 개방적으로 조직을 이끄는 21세기형 새로운 리더십이다. 이 책은 구글, 사우스웨스트항공, 고어 등 경제 위기 속에서도 성공적인 사업을 이끌고 있는 기업의 독특한 경영 방식과 기업 문화가 모두 언리더십으로 무장하고 있음을 보여준다. 상식과 고정관념을 파괴하는 언리더십은 비즈니스 생태계 진화를 주도하고 있다.

언리더십의 가장 큰 토대가 되는 이론은 세계적인 경영학가 더글러스 맥그리거의 'XY이론'이다. 우리는 그 중에서 <u>맥그리거의 X이론</u>에 대해서 더 알아보기로 한다.

① 인간은 조직의 문제해결에 필요한 창의력이 부족하다.
② 과업은 본질적으로 모든 인간이 싫어하는 것이다.
③ 인간은 엄격하게 통제되고, 성취하도록 강요되어야 한다.
④ 인간은 애정의 욕구와 존경의 욕구에 의해 동기화된다.

✔ **해설** 맥그리거의 X이론에서 인간은 생리적 욕구와 안정욕구에 의해 동기화된다.

9 다음은 관리조직의 일반적인 업무내용을 나타내는 표이다. 다음 표를 참고할 때, C대리가 〈보기〉와 같은 업무를 처리하기 위하여 연관되어 있는 팀만으로 나열된 것은 어느 것인가?

부서명	업무내용
총무팀	집기비품 및 소모품의 구입과 관리, 사무실 임차 및 관리, 차량 및 통신시설의 운영, 국내외 출장 업무 협조, 사내외 홍보 광고업무, 회의실 및 사무 공간 관리, 사내·외 행사 주관
인사팀	조직기구의 개편 및 조정, 업무분장 및 조정, 인력수급계획 및 관리, 노사관리, 평가관리, 상벌관리, 인사발령, 교육체계 수립 및 관리, 임금제도, 복리후생제도 및 지원업무, 복무관리, 퇴직관리
기획팀	경영계획 및 전략 수립, 전사기획업무 종합 및 조정, 경영정보 조사 및 기획보고, 경영진단업무, 종합예산수립 및 실적관리, 단기사업계획 종합 및 조정, 사업계획, 손익추정, 실적관리 및 분석
외환팀	수출입 외화자금 회수, 외환 자산 관리 및 투자, 수출 물량 해상 보험 업무, 직원 외환업무 관련 교육 프로그램 시행, 영업활동에 따른 환차손익 관리 및 손실 최소화 방안 강구
회계팀	회계제도의 유지 및 관리, 재무상태 및 경영실적 보고, 결산 관련 업무, 재무제표 분석 및 보고, 법인세, 부가가치세, 국세 지방세 업무자문 및 지원, 보험가입 및 보상업무, 고정자산 관련 업무

〈보기〉

C대리는 오늘 매우 바쁜 하루를 보내야 한다. 항공사의 파업으로 비행 일정이 아직 정해지지 않아 이틀 후로 예정된 출장이 확정되지 않고 있다. 일정 확정 통보를 받는 즉시 지사와 연락을 취해 현지 거래처와의 미팅 일정을 논의해야 한다. 또한, 지난 주 퇴직한 선배사원의 퇴직금 정산 내역을 확인하여 이메일로 자료를 전해주기로 하였다. 오후에는 3/4분기 사업계획 관련 전산입력 담당자 회의에 참석하여야 하며, 이를 위해 회의 전 전년도 실적 관련 자료를 입수해 확인해 두어야 한다.

① 인사팀, 기획팀, 외환팀
② 총무팀, 기획팀, 회계팀
③ 총무팀, 인사팀, 외환팀, 회계팀
④ 총무팀, 인사팀, 기획팀, 회계팀

✔해설 출장을 위한 항공 일정 확인 및 확정 업무는 총무팀의 협조가 필요하며, 퇴직자의 퇴직금 정산 내역은 인사팀의 협조가 필요하다. 사업계획 관련 회의는 기획팀에서 주관하는 회의가 될 것이며, 전년도 실적 자료를 입수하는 것은 회계팀에 요청하거나 회계팀의 확인 작업을 거쳐야 공식적인 자료로 간주될 수 있을 것이다. 따라서 총무팀, 인사팀, 기획팀, 회계팀과의 업무 협조가 예상되는 상황이며, 외환팀과의 업무 협조는 '오늘' 예정되어 있다고 볼 수 없다.

ANSWER 8.④ 9.④

10 해외 법인에서 근무하는 귀하는 중요한 프로젝트의 계약을 앞두고 현지 거래처 귀빈들을 위한 식사 자리를 준비하게 되었다. 본사와 거래처의 최고 경영진들이 대거 참석하는 자리인 만큼 의전에도 각별히 신경을 써야 하는 매우 중요한 자리이다. 이러한 외국 손님들과의 식사 자리를 준비하는 에티켓에 관한 다음 보기와 같은 설명 중 적절하지 않은 것은 무엇인가?

① 테이블의 모양과 좌석의 배치 등도 매우 중요하므로 반드시 팩스나 이메일로 사전에 참석자에게 정확하게 알려 줄 필요가 있다.

② 종교적 이유로 특정음식을 먹지 않는 고객의 유무 등 특별 주문 사항이 있는지를 미리 확인한다.

③ 상석(上席)을 결정할 경우, 나이는 많은데 직위가 낮으면 나이가 직위를 우선한다.

④ 최상석에 앉은 사람과 가까운 자리일수록 순차적으로 상석이 되며, 멀리 떨어진 자리가 말석이 된다.

> ✔ **해설** 상석을 결정할 경우, 나이와 직위가 상충된다면 직위가 나이를 우선하게 된다. 또한 식사 테이블의 좌석을 정하는 에티켓으로는 여성 우선의 원칙, 기혼자 우선의 원칙 등이 있다.

11 다음은 J발전사의 조직 업무 내용 일부를 나열한 자료이다. 다음에 나열된 업무 내용 중 관리 조직의 일반적인 업무 특성 상 인재개발실(팀) 또는 인사부(팀)의 업무라고 보기 어려운 것을 모두 고른 것은 무엇인가?

> (개) 해외 전력사 교환근무 관련 업무
> (내) 임직원 출장비, 여비관련 업무
> (대) 상벌, 대·내외 포상관리 업무
> (래) 조경 및 조경시설물 유지보수
> (매) 교육원(한전 인재개발원, 발전교육원) 지원 업무

① (내), (래)

② (내), (대)

③ (개), (내)

④ (개), (대)

> ✔ **해설** 임직원 출장비, 여비관련 업무와 조경 및 조경시설물 유지보수 등의 업무는 일반적으로 총무부(팀) 또는 업무지원부(팀)의 고유 업무 영역으로 볼 수 있다. 제시된 것 이외의 대표적인 인사 및 인재개발 업무 영역으로는 채용, 배치, 승진, 교육, 퇴직 등 인사관리와 인사평가, 급여, 복리후생 관련 업무 등이 있다.

12 조직 내에서 다음과 같은 순기능과 역기능을 동시에 가지고 조직의 태도와 행동에 영향을 주는 공유된 가치와 규범을 일컫는 말은 어느 것인가?

〈순기능〉

- 다른 조직과 구별되는 정체성을 제공한다.
- 집단적 몰입을 통해 시너지를 만든다.
- 구성원에게 행동지침을 제공하여 조직체계의 안정성을 높인다.
- 집단구성원을 사회화시키고 학습의 도구가 된다.

〈역기능〉

- 지나칠 경우, 환경변화에 신속한 대응을 저해하고 변화에 대한 저항을 낳을 수 있다.
- 외부 집단에 필요 이상의 배타성을 보일 수 있다.
- 새로 진입한 구성원의 적응에 장애물이 될 수 있다.
- 구성원의 창의적 사고를 막고 다양성의 장애요인이 될 수 있다.

---

① 조직전략
② 조직규범
③ 조직문화
④ 조직행동

✔ **해설** '조직문화'는 조직구성원들의 공유된 생활양식이나 가치이다. 즉, 조직문화는 한 조직체의 구성원들이 모두 공유하고 있는 가치관과 신념, 이데올로기와 관습, 규범과 전통 및 지식과 기술 등을 모두 포함한 종합적인 개념으로 조직전체와 구성원들의 행동에 영향을 미친다. 조직의 구성원들은 조직문화 속에서 활동하고 있지만 이를 의식하지 못하는 경우가 많다. 조직문화에 자연스럽게 융화되어 생활하는 경우도 있지만, 새로운 직장으로 옮겼을 때와 같이 조직문화의 특징을 알지 못하여 조직적응에 문제를 일으키는 경우도 있다.

13 경영참가는 경영자의 권한인 의사결정 과정에 근로자 또는 노동조합이 참여하는 것을 말한다. 다음 중 경영참가 제도의 특징으로 보기 어려운 것은 어느 것인가?

① 근로자들의 참여권한이 점차 확대되면 노사 간 서로 의견을 교환하여 토론하며 협의하는 단계를 거친다. 이 단계에서 이루어진 협의결과에 대한 시행은 경영자들에게 달려있다.

② 근로자와 경영자가 공동으로 결정하고 결과에 대하여 공동의 책임을 지는 결정참가 단계에서는 경영자의 일방적인 경영권은 인정되지 않는다.

③ 경영참가는 본래 경영자와 근로자의 공동 권한인 의사결정과정에 근로자 또는 노동조합이 참여하는 것이다.

④ 제대로 운영되지 못할 경우 경영자의 고유한 권리인 경영권을 약화시키고, 오히려 경영참가제도를 통해 분배문제를 해결함으로써 노동조합의 단체교섭 기능이 약화될 수 있다.

> **✔ 해설** 경영참가는 경영자의 고유 권한(경영자와 근로자의 공동 권한이 아닌)인 의사결정과정에 근로자 또는 노동조합이 참여하는 것이다. 경영참가의 초기단계에서는 경영자 층이 경영 관련 정보를 근로자에게 제공하고 근로자들은 의견만을 제출하는 정보참가 단계를 가진다. 정보참가 단계보다 근로자들의 참여권한이 확대되면 노사 간 서로 의견을 교환하여 토론하며 협의하는 협의참가 단계를 거친다. 다만 이 단계에서 이루어진 협의결과에 대한 시행은 경영자들에게 달려있다. 마지막은 근로자와 경영자가 공동으로 결정하고 결과에 대하여 공동의 책임을 지는 결정참가 단계이다. 이 단계에서는 경영자의 일방적인 경영권은 인정되지 않는다. 경영능력이 부족한 근로자가 경영에 참여할 경우 의사결정이 늦어지고 합리적으로 일어날 수 없으며, 대표로 참여하는 근로자가 조합원들의 권익을 지속적으로 보장할 수 있는가도 문제가 된다. 또한 경영자의 고유한 권리인 경영권을 약화시키고, 오히려 경영참가제도를 통해 분배문제를 해결함으로써 노동조합의 단체교섭 기능이 약화될 수 있다.

14 조직의 경영전략과 관련된 다음의 신문 기사에서 밑줄 친 '이 제도'가 말하는 것은 무엇인가?

> C국 민성증권 보고서에 따르면 이미 올 6월 현재 상장국유기업 39곳이 실시 중인 것으로 나타났다. 이 가운데 종업원의 우리사주 보유 비율이 전체 지분의 2%를 넘는 곳은 14곳이었다. 아직까지는 도입 속도가 느린 편이지만 향후 제도 확대와 기업 참여가 가속화되고 종업원의 지분보유 비율도 높아질 것으로 예상된다. 분야도 일반 경쟁 산업에서 통신·철도교통·비철금속 등 비경쟁산업으로 확대될 것으로 전망된다.
>
> C국 정부는 종업원이 주식을 보유함으로써 경영 효율을 높이고 기업혁신에 기여할 수 있을 것으로 내다보고 있다. 甲교수는 이와 관련된 리포트에서 "C국에서 이 제도의 시행은 국유기업 개혁의 성공과 밀접하게 관련돼 있다"면서 "국유기업의 지배구조 개선에도 유리한 작용을 할 것으로 기대되며 국유기업 개혁 과정에서 발생할 가능성이 높은 경영층과 노동자들의 대립도 완화할 수 있을 것"이라고 분석했다.

① 스톡옵션제
② 노동주제
③ 노사협의회제
④ 종업원지주제

> **✔ 해설** 조직의 구성원들이 경영에 참여하는 것을 경영참가제도라 한다. 경영참가제도는 조직의 경영에 참가하는 공동의사결정제도와 노사협의회제도, 이윤에 참가하는 이윤분배제도, 자본에 참가하는 종업원지주제도 및 노동주제도 등이 있다. 종업원지주제도란 회사의 경영방침과 관계법령을 통해 특별한 편의를 제공, 종업원들이 자기회사 주식을 취득하고 보유하는 제도를 말한다.

15 H사의 생산 제품은 다음과 같은 특징을 가지고 있다. 이 경우 H사가 취할 수 있는 경영전략으로 가장 적절한 것은 어느 것인가?

> – 제품 생산 노하우가 공개되어 있다.
> – 특별한 기술력이 요구되지 않는다.
> – 대중들에게 널리 보급되어 있다.
> – 지속적으로 사용해야 하는 소모품이다.
> – 생산 방식과 공정이 심플하다.
> – 특정 계층의 구분 없이 동일한 제품이 쓰인다.
> – 다수의 소규모 업체들이 경쟁하며 브랜드의 중요성이 거의 없다.

① 집중화 전략
② 원가우위 전략
③ 모방 전략
④ 차별화 전략

> ✔ **해설** 제품의 생산 기술력이 공개되어 있고 특별한 노하우가 필요하지 않다는 점, 브랜드 이미지나 생산업체의 우수성 등이 중요한 마케팅 요소로 작용되지 않는다는 점 등으로 인해 기술적 차별화를 이루기 어려우며, 모든 대중들에게 계층 구분 없이 같은 제품이 보급되어 쓰이고 있는 소모품이라는 점 등으로 인해 일부 특정 시장을 겨냥한 집중화 전략도 적절하다고 볼 수 없다. 이 경우, 원자재 구매력 향상이나 유통 단계 효율화 등을 통한 원가우위 전략이 효과적이라고 볼 수 있다.

16 숙박업소 J사장은 미숙한 경영전략으로 주변 경쟁업소에 점점 뒤쳐지게 되어 매출은 곤두박질 쳤고 이에 따라 직원들은 더 이상 근무할 수 없게 되었다. 경영전략 차원에서 볼 때, J사장이 시도했어야 하는 차별화 전략으로 추천하기에 적절하지 않은 것은 어느 것인가?

① 경쟁업소들보다 가격을 낮춰 고객을 유치한다.
② 새로운 객실 인테리어를 통해 신선감을 갖춘다.
③ 주차장 이용 시 무료세차 및 워셔액 지급 등 추가 서비스를 제공한다.
④ 직원들의 복지를 위해 휴게 시설을 확충한다.

> ✔ **해설** 차별화 전략은 조직이 생산품이나 서비스를 차별화하여 고객에게 가치가 있고 독특하게 인식되도록 하는 전략이다. 차별화 전략을 활용하기 위해서는 연구개발이나 광고를 통하여 기술, 품질, 서비스, 브랜드 이미지를 개선할 필요가 있다. 직원들의 복지를 위해 휴게 시설을 확충하는 것은 넓은 의미에서 고객에 대한 서비스 질의 향상을 도모하는 방안일 수 있으나 차별화된 가치를 서비스하는 일과 직접적인 연관이 있다고 볼 수는 없다.

17 다음 사례에서와 같은 조직 문화의 긍정적인 기능이라고 보기 어려운 것은 어느 것인가?

> 영업3팀은 팀원 모두가 야구광이다. 신 부장은 아들이 고교 야구선수라서 프로 선수를 꿈꾸는 아들을 위해 야구광이 되었다. 남 차장은 큰 딸이 프로야구 D팀의 한 선수를 너무 좋아하여 주말에 딸과 야구장을 가려면 자신부터 야구팬이 되지 않을 수 없다. 이 대리는 고등학교 때까지 야구 선수 생활을 했었고, 요즘 젊은 친구답지 않게 승현 씨는 야구를 게임보다 좋아한다. 영업3팀 직원들의 취향이 이렇다 보니 팀 여기저기엔 야구 관련 장식품들이 쉽게 눈에 띄고, 점심시간과 티타임에 나누는 대화는 온통 야구 이야기이다. 다른 부서에서는 우스갯소리로 야구를 좋아하지 않으면 아예 영업3팀 근처에 얼씬거릴 생각도 말라고 할 정도다.
>
> 부서 회식이나 단합대회를 야구장에서 하는 것은 물론이고 주말에도 식사 내기, 입장권 내기 등으로 직원들은 거의 매일 야구에 묻혀 산다. 영업3팀은 현재 인사처 자료에 의하면 사내에서 부서 이동률이 가장 낮은 조직이다.

① 구성원들에게 일체감과 정체성을 부여한다.
② 조직이 변해야 할 시기에 일치단결된 모습을 보여준다.
③ 조직의 몰입도를 높여준다.
④ 조직의 안정성을 가져온다.

> ✔**해설** 조직문화는 조직의 방향을 결정하고 존속하게 하는데 중요한 요인이지만, 개성 있고 강한 조직 문화는 다양한 조직구성원들의 의견을 받아들일 수 없거나, 조직이 변화해야 할 시기에 장애요인으로 작용하기도 한다.

18 다음 중 '조직의 구분'에 대한 설명으로 옳지 않은 것은?

① 대학이나 병원 등은 비영리조직이다.
② 가족 소유의 상점은 소규모 조직이다.
③ 코카콜라와 같은 기업은 대규모 영리조직이다.
④ 종교단체는 비공식 비영리조직이다.

> ✔**해설** 공식조직은 조직의 구조, 기능, 규정 등이 조직화되어 있는 조직을 의미하며, 비공식조직은 개인들의 협동과 상호작용에 따라 형성된 자발적인 집단 조직이다. 또한 영리성을 기준으로 영리조직과 비영리조직으로 구분되며, 규모에 의해 대규모 조직과 소규모 조직으로 구분할 수 있다. ④ 종교단체는 영리를 추구하지 않으므로 비영리조직을 볼 수 있으나, 구조, 기능, 규정을 갖춘 공식조직으로 분류된다.

팀	주요 업무	필요 자질
영업관리	영업전략 수립, 단위조직 손익관리, 영업인력 관리 및 지원	마케팅/유통/회계지식, 대외 섭외력, 분석력
생산관리	원가/재고/외주 관리, 생산계획 수립	제조공정/회계/통계/제품 지식, 분석력, 계산력
생산기술	공정/시설 관리, 품질 안정화, 생산 검증, 생산력 향상	기계/전기 지식, 창의력, 논리력, 분석력
연구개발	신제품 개발, 제품 개선, 원재료 분석 및 기초 연구	연구 분야 전문지식, 외국어 능력, 기획력, 시장분석력, 창의/집중력
기획	중장기 경영전략 수립, 경영정보 수집 및 분석, 투자사 관리, 손익 분석	재무/회계/경제/경영 지식, 창의력, 분석력, 전략적 사고
영업(국내/해외)	신시장 및 신규고객 발굴, 네트워크 구축, 거래선 관리	제품지식, 협상력, 프리젠테이션 능력, 정보력, 도전정신
마케팅	시장조사, 마케팅 전략수립, 성과 관리, 브랜드 관리	마케팅/제품/통계지식, 분석력, 통찰력, 의사결정력
총무	자산관리, 문서관리, 의전 및 비서, 행사 업무, 환경 등 위생관리	책임감, 협조성, 대외 섭외력, 부동산 및 보험 등 일반지식
인사/교육	채용, 승진, 평가, 보상, 교육, 인재개발	조직구성 및 노사 이해력, 교육학 지식, 객관성, 사회성
홍보/광고	홍보, 광고, 언론/사내 PR, 커뮤니케이션	창의력, 문장력, 기획력, 매체의 이해

19 위의 업무 분장표를 참고할 때, 창의력과 분석력을 겸비한 경영학도인 신입사원이 배치되기에 가장 적합한 팀은 다음 중 어느 것인가?

① 연구개발팀
② 홍보/광고팀
③ 마케팅팀
④ 기획팀

> ✔ **해설** 경영전략을 수립하고 각종 경영정보를 수집/분석하는 업무를 하는 기획팀에서 요구되는 자질은 재무/회계/경제/경영 지식, 창의력, 분석력, 전략적 사고 등이다.

20 다음 중 해당 팀 자체의 업무보다 타 팀 및 전사적인 업무 활동에 도움을 주는 업무가 주된 역할인 팀으로 묶인 것은 어느 것인가?

① 총무팀, 마케팅팀
② 생산기술팀, 영업팀
③ 홍보/광고팀, 연구개발팀
④ 홍보/광고팀, 총무팀

> ✔ **해설** 지원본부의 역할은 생산이나 영업 등 자체의 활동보다 출장이나 교육 등 타 팀이나 전사 공통의 업무 활동에 있어 해당 조직 자체적인 역량으로 해결하기 어렵거나 곤란한 업무를 원활히 지원해 주는 일이 주된 업무 내용이 된다. 제시된 팀은 지원본부(기획, 총무, 인사/교육, 홍보/광고), 사업본부(마케팅, 영업, 영업관리), 생산본부(생산관리, 생산기술, 연구개발) 등으로 구분하여 볼 수 있다.

21 다음과 같은 업무 태도와 행위들 중, 효과적으로 업무를 수행하는 데 방해하는 요인이 내포되어 있다고 볼 수 있는 것은 어느 것인가?

① 메신저나 사적인 전화는 시간을 정하여 그것을 넘기지 않도록 한다.

② 다른 사람들과 무조건적인 대화 단절보다는 선별적으로 시간을 할애하는 것이 바람직하다.

③ 출근 전부터 이미 도착해 수십 통씩 쌓여 있는 이메일에 빠짐없이 답하는 일을 우선 처리한다.

④ 외부 방문이나 거래처 내방 등은 사전에 약속해 두어 계획에 의해 진행될 수 있게 한다.

> **✔해설** 어느 조직이라도 조직의 업무를 방해하는 요인이 자연스럽게 생겨나게 된다. 전화, 방문, 인터넷, 메신저, 갈등관리, 스트레스 등이 대표적인 형태의 업무 방해요인이다. 업무를 효과적으로 수행하기 위해서는 방해요인에는 어떤 것이 있는지 알아야 한다. 특히, 방해요인들을 잘 활용하면 오히려 도움이 되는 경우도 있으므로 이를 효과적으로 통제하고 관리할 필요가 있다. 반드시 모든 이메일에 즉각적으로 대답할 필요는 없으며, 선별을 하고 시간을 정해 계획대로 처리한다면 보다 효과적이고 생산적인 시간 내에 많은 이메일을 관리할 수 있다.

22 다음 글의 빈칸에 들어갈 적절한 말은 어느 것인가?

> 하나의 조직이 조직의 목적을 달성하기 위해서는 이를 관리, 운영하는 활동이 요구된다. 이러한 활동은 조직이 수립한 목적을 달성하기 위하여 계획을 세우고 실행하고 그 결과를 평가하는 과정이다. 직업인은 조직의 한 구성원으로서 자신이 속한 조직이 어떻게 운영되고 있으며, 어떤 방향으로 흘러가고 있는지, 현재 운영체제의 문제는 무엇이고 생산성을 높이기 위해 어떻게 개선되어야 하는지 등을 이해하고 자신의 업무 영역에 맞게 적용하는 (   )이 요구된다.

① 체제이해능력
② 경영이해능력
③ 업무이해능력
④ 자기개발능력

> **✔해설** 경영은 한마디로 조직의 목적을 달성하기 위한 전략, 관리, 운영활동이다. 즉, 경영은 경영의 대상인 조직과 조직의 목적, 경영의 내용인 전략, 관리, 운영으로 이루어진다. 과거에는 경영(administration)을 단순히 관리(management)라고 생각하였다. 관리는 투입되는 자원을 최소화하거나 주어진 자원을 이용하여 추구하는 목표를 최대한 달성하기 위한 활동이다.

23 다음 중 밑줄 친 (가)와 (나)에 대한 설명으로 적절하지 않은 것은?

> 조직 내에서는 (가)개인이 단독으로 의사결정을 내리는 경우도 있지만 집단이 의사결정을 하기도 한다. 조직에서 여러 문제가 발생하면 직업인은 의사결정과정에 참여하게 된다. 이때 조직의 의사결정은 (나)집단적으로 이루어지는 경우가 많으며, 여러 가지 제약요건이 존재하기 때문에 조직의 의사결정에 적합한 과정을 거쳐야 한다. 조직의 의사결정은 개인의 의사결정에 비해 복잡하고 불확실하다. 따라서 대부분 기존의 결정을 조금씩 수정해 나가는 방향으로 이루어진다.

① (가)는 의사결정을 신속히 내릴 수 있다.

② (가)는 결정된 사항에 대하여 조직 구성원이 수월하게 수용하지 않을 수도 있다.

③ (나)는 (가)보다 효과적인 결정을 내릴 확률이 높다.

④ (나)는 의사소통 기회가 저해될 수 있다.

> ✔해설 집단의사결정은 한 사람이 가진 지식보다 집단이 가지고 있는 지식과 정보가 더 많아 효과적인 결정을 할 수 있다. 또한 다양한 집단구성원이 갖고 있는 능력은 각기 다르므로 각자 다른 시각으로 문제를 바라봄에 따라 다양한 견해를 가지고 접근할 수 있다. 집단의사결정을 할 경우 결정된 사항에 대하여 의사결정에 참여한 사람들이 해결책을 수월하게 수용하고, 의사소통의 기회도 향상되는 장점이 있다. 반면에 의견이 불일치하는 경우 의사결정을 내리는 데 시간이 많이 소요되며, 특정 구성원들에 의해 의사결정이 독점될 가능성이 있다.

24 다음 조직의 경영자에 대한 정의를 참고할 때, 경영자의 역할로 적절하지 않은 것은?

> 조직의 경영자는 조직의 전략, 관리 및 운영활동을 주관하며, 조직구성원들과 의사결정을 통해 조직이 나아갈 방향을 제시하고 조직의 유지와 발전에 대해 책임을 지는 사람이며, 조직의 변화방향을 설정하는 리더이며, 조직구성원들이 조직의 목표에 부합된 활동을 할 수 있도록 이를 결합시키고 관리하는 관리자이다.

① 대외 협상을 주도하기 위한 자문위원을 선발한다.

② 외부환경 변화를 주시하며 조직의 변화 방향을 설정한다.

③ 우수한 인재를 뽑기 위한 구체적이고 개선된 채용 기준을 마련한다.

④ 미래전략을 연구하기 위해 기획조정실과의 회의를 주도한다.

> ✔해설 우수한 인재를 채용하고자 하는 등의 기본 방침을 설정하는 일은 조직 경영자로서의 역할이라 할 수 있으나, 그에 따른 구체적인 채용 기준을 마련하는 일은 해당 산하 조직의 역할이라고 보아야 한다.

25 다음과 같은 전결사항에 관한 사내 규정을 보고 내린 판단으로 적절하지 않은 것은?

<전결규정>

업무내용	결재권자			
	사장	부사장	본부장	팀장
주간업무보고				○
팀장급 인수인계		○		
백만 불 이상 예산집행	○			
백만 불 이하 예산집행		○		
이사회 위원 위촉	○			
임직원 해외 출장	○(임원)		○(직원)	
임직원 휴가	○(임원)		○(직원)	
노조관련 협의사항		○		

☞ 결재권자가 출장, 휴가 등 사유로 부재중일 경우에는 결재권자의 차상급 직위자의 전결사항으로 하되, 반드시 결재권자의 업무 복귀 후 후결로 보완한다.

① 팀장의 휴가는 본부장의 결재를 얻어야 한다.

② 강 대리는 계약 관련 해외 출장을 위하여 본부장의 결재를 얻어야 한다.

③ 최 이사와 노 과장의 동반 해외 출장 보고서는 본부장이 최종 결재권자이다.

④ 예산집행 결재는 금액에 따라 결재권자가 달라진다.

> **해설** ③ 최 이사와 노 과장의 동반 해외 출장 보고서는 최 이사가 임원이므로 사장이 최종 결재권자가 되어야 하는 보고서가 된다.
> ① 직원의 휴가는 본부장이 최종 결재권자이다.
> ② 직원의 해외 출장은 본부장이 최종 결재권자이다.
> ④ 백만 불을 기준으로 결재권자가 달라진다.

26 다음 '갑' 기업과 '을' 기업에 대한 설명 중 적절하지 않은 것은?

> '갑' 기업은 다양한 사외 기관, 단체들과의 상호 교류 등 업무가 잦아 관련 업무를 전담하는 조직이 갖춰져 있다. 전담 조직의 인원이 바뀌는 일은 가끔 있지만, 상설 조직이 있어 매번 발생하는 유사 업무를 효율적으로 수행한다.
>
> '을' 기업은 사내 당구 동호회가 구성되어 있어 동호회에 가입한 직원들은 정기적으로 당구장을 찾아 쌓인 스트레스를 풀곤 한다. 가입과 탈퇴가 자유로우며 당구를 좋아하는 직원은 누구든 참여가 가능하다. 당구 동호회에 가입한 직원은 직급이 아닌 당구 실력으로만 평가 받으며, 언제 어디서 당구를 즐기든 상사의 지시를 받지 않아도 된다.

① '갑' 기업의 상설 조직은 의도적으로 만들어진 집단이다.
② '갑' 기업 상설 조직의 임무는 보통 명확하지 않고 즉흥적인 성격을 띤다.
③ '을' 기업 당구 동호회는 공식적인 임무 이외에 다양한 요구들에 의해 구성되는 경우가 많다.
④ '갑' 기업 상설 조직의 구성원은 인위적으로 참여한다.

✔ **해설** '갑' 기업의 상설 조직은 공식적, '을' 기업의 당구 동호회는 비공식적 집단이다. 공식적인 집단은 조직의 공식적인 목표를 추구하기 위해 조직에서 의도적으로 만든 집단이다. 따라서 공식적인 집단의 목표나 임무는 비교적 명확하게 규정되어 있으며, 여기에 참여하는 구성원들도 인위적으로 결정되는 경우가 많다.

27 다음 〈보기〉와 같은 조직문화의 형태와 그 특징에 대한 설명 중 적절한 것만을 모두 고른 것은?

> 〈보기〉
> ㈎ 위계를 지향하는 조직문화는 조직원 개개인의 능력과 개성을 존중한다.
> ㈏ 과업을 지향하는 조직문화는 업무 수행의 효율성을 강조한다.
> ㈐ 혁신을 지향하는 조직문화는 조직의 유연성과 외부 환경에의 적응에 초점을 둔다.
> ㈑ 관계를 지향하는 조직문화는 구성원들의 상호 신뢰와 인화 단결을 중요시한다.

① ㈏, ㈐, ㈑　　　　　　　　　② ㈎, ㈐, ㈑
③ ㈎, ㈏, ㈑　　　　　　　　　④ ㈎, ㈏, ㈐

✔ **해설** ㈎ 위계를 강조하는 조직문화 하에서는 조직 내부의 안정적이고 지속적인 통합, 조정을 바탕으로 일사불란한 조직 운영의 효율성을 추구하게 되는 특징이 있다. 조직원 개개인의 능력과 개성을 존중하는 모습은 혁신과 관계를 지향하는 조직문화에서 찾아볼 수 있는 특징이다.

28 '조직몰입'에 대한 다음 설명을 참고할 때, 조직몰입의 유형에 대한 설명으로 적절하지 않은 것은 어느 것인가?

> 몰입이라는 용어는 사회학에서 주로 다루어져 왔는데 사전적 의미에서 몰입이란 "감성적 또는 지성적으로 특정의 행위과정에서 빠지는 것"이므로 몰입은 타인, 집단, 조직과의 관계를 포함하며, 조직몰입은 종업원이 자신이 속한 조직에 대해 얼마만큼의 열정을 가지고 몰두하느냐 하는 정도를 가리키는 개념이다. 즉, 조직에 대한 충성 동일화 및 참여의 견지에서 조직구성원이 가지는 조직에 대한 성향을 의미한다. 또한 조직몰입은 조직의 목표와 가치에 대한 강한 신념과 조직을 위해 상당한 노력을 하고자 하는 의지 및 조직의 구성원으로 남기를 바라는 강한 욕구를 의미하기도 한다. 최근에는 직무만족보다 성과나 이직 등의 조직현상에 대한 설명력이 높다는 관점에서 조직에 대한 조직구성원의 태도를 나타내는 조직몰입은 많은 연구의 관심사가 되고 있다.

① '도덕적 몰입'은 비영리적 조직에서 찾아볼 수 있는 조직몰입 형태이다.

② 조직과 구성원 간의 관계가 타산적이고 합리적일 때의 유형은 '계산적 몰입'에 해당된다.

③ 조직과 구성원 간의 관계가 부정적, 착취적 상태인 몰입의 유형은 '소외적 몰입'에 해당된다.

④ '도덕적 몰입'은 몰입의 정도가 가장 낮다고 할 수 있다.

> **✔ 해설** • 도덕적 몰입 : 비영리적 조직에서 찾아볼 수 있는 조직몰입 형태로 도덕적이며 규범적 동기에서 조직에 참가하는 것으로 조직몰입의 강도가 제일 높으며 가장 긍정적 조직으로의 지향을 나타낸다.
> • 계산적 몰입 : 조직과 구성원 간의 관계가 타산적이고 합리적일 때의 유형으로 몰입의 정도는 중간 정도를 보이게 되며, 몰입 방향은 긍정적 혹은 부정적 방향으로 나타날 수 있다. 이러한 몰입은 공인적 조직에서 찾아볼 수 있으며 단순한 참여와 근속만을 의미한다.
> • 소외적 몰입 : 주로 교도소, 포로수용소 등 착취적인 관계에서 볼 수 있는 것으로 조직과 구성원 간의 관계가 부정적 상태인 몰입이다.

 다음의 내용을 보고 밑줄 친 부분에 대한 특성으로 옳지 않은 것은?

> 롯데홈쇼핑은 14일 서울 양평동 본사에서 한국투명성기구와 '윤리경영 세미나'를 개최했다고 15일 밝혔다. 롯데홈쇼핑은 지난 8월 국내 민간기업 최초로 한국투명성기구와 '청렴경영 협약'을 맺고 롯데홈쇼핑의 반부패 청렴 시스템 구축, 청렴도 향상·윤리경영 문화 정착을 위한 교육, 경영 투명성과 윤리성 확보를 위한 활동 등을 함께 추진하기도 했다.
>
> 이번 '윤리강령 세미나'에서는 문형구 고려대학교 경영학과 교수가 '윤리경영의 원칙과 필요성'을, 강성구 한국투명성기구 상임정책위원이 '사례를 통해 본 윤리경영의 방향'을 주제로 강의를 진행했다. 문형구 교수는 윤리경영을 통해 혁신이 이뤄지고 기업의 재무성과가 높아진 실제 연구 사례를 들며 윤리경영의 필요성에 대해 강조했으며, "롯데홈쇼핑이 잘못된 관행을 타파하고 올바르게 사업을 진행해 나가 윤리적으로 모범이 되는 기업으로 거듭나길 바란다"고 말했다. 또 강성구 상임정책위원은 윤리적인 기업으로 꼽히는 '존슨 앤 존슨'과 '유한킴벌리'의 경영 사례를 자세히 설명하고 "<u>윤리경영</u>을 위해 기업의 운영과정을 투명하게 공개하는 것이 중요하다"고 강조했다. 강연을 마친 후에는 개인 비리를 막을 수 있는 조직의 대응방안 등 윤리적인 기업으로 거듭나는 방법에 대한 질의응답이 이어졌다. 임삼진 롯데홈쇼핑 CSR동반성장위원장은 "투명하고 공정한 기업으로 거듭나기 위한 방법에 대해 늘 고민하고 있다"며, "강연을 통해 얻은 내용들을 내부적으로 잘 반영해 진정성 있는 변화의 모습을 보여 드리겠다"고 말했다.

① 윤리경영은 경영상의 관리지침이다.
② 윤리경영은 경영활동의 규범을 제시해준다.
③ 윤리경영은 응용윤리이다.
④ 윤리경영은 경영의사결정의 도덕적 가치기준이다.

✔해설 윤리경영의 특징
　㉠ 윤리경영은 경영활동의 옳고 그름에 대한 판단 기준이다.
　㉡ 윤리경영은 경영활동의 규범을 제시해준다.
　㉢ 윤리경영은 경영의사결정의 도덕적 가치기준이다.
　㉣ 윤리경영은 응용윤리이다.

업무지시문(업무협조전 사용에 대한 지시)

수신 : 전 부서장님들께

참조 :

제목 : 업무협조전 사용에 대한 지시문

　업무 수행에 노고가 많으십니다.

　부서 간의 원활한 업무진행을 위하여 다음과 같이 업무협조전을 사용하도록 결정하였습니다. 업무효율화를 도모하고자 업무협조전을 사용하도록 권장하는 것이니 본사의 지시에 따라주시기 바랍니다. 궁금하신 점은 ___㉠___ 담당자(내선: 012)에게 문의해주시기 바랍니다.

-다음-

1. 목적
　　(1) 업무협조전 이용의 미비로 인한 부서 간 업무 차질 해소
　　(2) 발신부서와 수신부서 간의 명확한 책임소재 규명
　　(3) 부서 간의 원활한 의견교환을 통한 업무 효율화 추구
　　(4) 부서 간의 업무 절차와 내용에 대한 근거확보
2. 부서 내의 적극적인 사용권장을 통해 업무협조전이 사내에 정착될 수 있도록 부탁드립니다.
3. 첨부된 업무협조전 양식을 사용하시기 바랍니다.
4. 기타 : 문서관리규정을 회사사규에 등재할 예정이오니 업무에 참고하시기 바랍니다.

2015년 12월 10일

S통상

㉠ 장 ○○○ 배상

30 다음 중 빈칸 ㉠에 들어갈 부서로 가장 적절한 것은?

① 총무부

② 기획부

③ 인사부

④ 영업부

> ✔해설 조직기구의 업무분장 및 조절 등에 관한 사항은 인사부에서 관리한다.

31 업무협조전에 대한 설명으로 옳지 않은 것은?

① 부서 간의 책임소재가 분명해진다.

② 업무 협업 시 높아진 효율성을 기대할 수 있다.

③ 업무 절차와 내용에 대한 근거를 확보할 수 있다.

④ 부서별로 자유로운 양식의 업무협조전을 사용할 수 있다.

> ✔해설 업무지시문에 첨부된 업무협조전 양식을 사용하여야 한다.

32 경영전략 추진과정을 순서대로 바르게 나열한 것은?

① 환경분석 → 경영전략 도출 → 전략목표 설정 → 경영전략 실행 → 평가 및 피드백
② 환경분석 → 전략목표 설정 → 경영전략 도출 → 경영전략 실행 → 평가 및 피드백
③ 전략목표 설정 → 환경분석 → 경영전략 도출 → 경영전략 실행 → 평가 및 피드백
④ 전략목표 설정 → 경영전략 도출 → 환경분석 → 경영전략 실행 → 평가 및 피드백

✔ 해설 경영전략 추진과정은 전략목표 설정 → 환경분석 → 경영전략 도출 → 경영전략 실행 → 평가 및 피드백 순이다.

33 다음의 업무를 담당하고 있는 부서는?

- 경영계획 및 전략 수립
- 중장기 사업계획의 종합 및 조정
- 경영진단업무
- 종합예산수립 및 실적관리
- 실적관리 및 분석

① 총무부
② 인사부
③ 기획부
④ 회계부

✔ 해설 기획부는 회사에서 어떤 일을 꾀하여 계획하는 일을 맡아보는 부서로, 제시된 업무는 기획부에서 담당하고 있는 업무이다.

34 21세기의 많은 기업 조직들은 불투명한 경영환경을 이겨내기 위해 많은 방법들을 활용하곤 한다. 이 중 브레인스토밍은 일정한 테마에 관하여 회의형식을 채택하고, 구성원의 자유발언을 통한 아이디어의 제시를 요구해 발상의 전환을 이루고 해법을 찾아내려는 방법인데 아래의 글을 참고하여 브레인스토밍에 관련한 것으로 보기 가장 어려운 것을 고르면?

> 전라남도는 지역 중소·벤처기업, 소상공인들이 튼튼한 지역경제의 버팀목으로 성장하도록 지원하는 정책 아이디어를 발굴하기 위해 27일 전문가 브레인스토밍 회의를 개최했다. 이날 회의는 정부의 경제성장 패러다임이 대기업 중심에서 중소·벤처기업 중심으로 전환됨에 따라 지역 차원에서 기업 지원 관련 기관, 교수, 상공인연합회, 중소기업 대표 등 관련 전문가들을 초청해 이뤄졌다. 회의에서는 중소·벤처기업, 소상공인 육성·지원과 청년창업 활성화를 위한 70여 건의 다양한 제안이 쏟아졌으며, 제안된 내용에 대해 구체적 실행 방안도 토론했다. 회의에 참석한 전문가들은 "중소·벤처기업이 변화를 주도하고, 혁신적 아이디어로 창업해 튼튼한 기업으로 성장하도록 정부와 지자체가 충분한 환경을 구축해주는 시스템의 변화가 필요하다."라고 입을 모았다.

① 쉽게 실행할 수 있고, 다양한 주제를 가지고 실행할 수 있다.

② 이러한 기법의 경우 아이디어의 양보다 질에 초점을 맞춘 것으로 볼 수 있다.

③ 집단의 작은 의사결정부터 큰 의사결정까지 복잡하지 않은 절차를 통해 팀의 구성원들과 아이디어를 공유가 가능하다.

④ 비판 및 비난을 자제하는 것을 원칙으로 한다.

> **✔해설** 브레인스토밍 기법은 아이디어의 질보다 양에 초점을 맞춘 것으로서 집단 구성원들은 즉각적으로 생각나는 아이디어를 제시할 수 있으며, 그로 인해 브레인스토밍은 다량의 아이디어를 도출해낼 수 있다. 또한, 구성원들은 자신이 가지고 있던 기존 아이디어를 개선해 더욱 더 발전된 형태의 아이디어를 창출할 수 있는데, 이는 다른 사람의 의견을 참고해서 창의적으로 조합할 수 있기 때문이다.

35 다음의 사례로 미루어 보아 CJ 오쇼핑이 제공하는 서비스와 가장 관련성이 높은 사항을 고르면?

> 스마트폰으로 팔고 싶은 물품의 사진이나 동영상을 인터넷에 올려 당사자끼리 직접 거래할 수 있는 모바일 오픈 마켓 서비스가 등장했다.
>
> CJ 오쇼핑은 수수료를 받지 않고 개인 간 물품거래를 제공하는 스마트폰 애플리케이션 '오늘 마켓'을 서비스한다고 14일 밝혔다.
>
> 기존 오픈 마켓은 개인이 물건을 팔려면 사진을 찍어 PC로 옮기고, 인터넷 카페나 쇼핑몰에 판매자 등록을 한 뒤 사진을 올리는 복잡한 과정을 거쳐야 했다. 오늘마켓은 판매자가 휴대전화로 사진이나 동영상을 찍어 앱으로 바로 등록할 수 있고 전화나 문자메시지, e메일, 트위터 등 연락 방법을 다양하게 설정할 수 있다. 구매자는 상품 등록시간이나 인기 순으로 상품을 검색할 수 있고 위치 기반 서비스(LBS)를 바탕으로 자신의 위치와 가까운 곳에 있는 판매자의 상품만 선택해 볼 수도 있다. 애플 스마트폰인 아이폰용으로 우선 제공되며 안드로이드 스마트폰용은 상반기 안으로 서비스될 예정이다.

① 홈뱅킹, 방송, 여행 및 각종 예약 등에 활용되는 형태이다.
② 원재료 및 부품 등의 구매 및 판매, 전자문서교환을 통한 문서발주 등에 많이 활용되는 형태이다.
③ 정보의 제공, 정부문서의 발급, 홍보 등에 주로 활용되는 형태이다.
④ 소비자와 소비자 간 물건 등을 매매할 수 있는 형태이다.

✔ **해설** C2C(Customer to Customer)는 인터넷을 통한 직거래 또는 물물교환, 경매 등에서 특히 많이 활용되는 전자상거래 방식이다. CJ 오쇼핑이 제공하는 서비스는 "수수료를 받지 않고 개인 간 물품거래를 제공하는 스마트폰 애플리케이션 '오늘 마켓'을 서비스 한다"는 구절을 보면 알 수 있다.

36 다음 글의 '직무순환제'와 연관성이 높은 설명에 해당하는 것은?

> 경북 포항시에 본사를 둔 대기환경관리 전문업체 (주)에어릭스는 직원들의 업무능력을 배양하고 유기적인 조직운영을 위해 '직무순환제'를 실시하고 있다. 에어릭스의 직무순환제는 대기환경 설비의 생산, 정비, 설계, 영업 파트에 속한 직원들이 일정 기간 해당 업무를 익힌 후 다른 부서로 이동해 또 다른 업무를 직접 경험해볼 수 있도록 하는 제도이다. 직무순환제를 통해 젊은 직원들은 다양한 업무를 거치면서 개개인의 역량을 쌓을 수 있을 뿐 아니라 풍부한 현장 경험을 축적한다. 특히 대기환경설비 등 플랜트 사업은 설계, 구매·조달, 시공 등 모든 파트의 유기적인 운영이 중요하다. 에어릭스의 경우에도 현장에서 실시하는 환경진단과 설비 운영 및 정비 등의 경험을 쌓은 직원이 효율적으로 집진기를 설계하며 생생한 현장 노하우가 영업에서의 성과로 이어진다. 또한 직무순환제를 통해 다른 부서의 업무를 실질적으로 이해함으로써 각 부서 간 활발한 소통과 협업을 이루고 있다.

① 직무순환을 실시함으로써 구성원들의 노동에 대한 싫증 및 소외감을 더 많이 느끼게 될 것이다.

② 직무순환을 실시할 경우 구성원 자신이 조직의 구성원으로써 가치 있는 존재로 인식을 하게끔 하는 역할을 수행한다.

③ 구성원들을 승진시키기 전 단계에서 실시하는 하나의 단계적인 교육훈련방법으로 파악하기 어렵다.

④ 직무순환은 조직변동에 따른 부서 간의 과부족 인원의 조정 또는 사원 개개인의 사정에 의한 구제를 하지 않기 위함이다.

✔ **해설** 직무순환은 종업원들의 여러 업무에 대한 능력개발 및 단일직무로 인한 나태함을 줄이기 위한 것에 그 의미가 있으며, 여러 가지 다양한 업무를 경험함으로써 종업원에게도 어떠한 성장할 수 있는 기회를 제공한다. 따라서 인사와 교육의 측면에서 장기적 관점으로 검토해야 한다.

37 다음 빈칸에 들어갈 말을 순서대로 나열한 것은?

조직의 (㉠)은/는 조직 내의 부문 사이에 형성된 관계로 조직목표를 달성하기 위한 조직구성원들의 상호작용을 보여준다. 이는 결정권의 집중정도, 명령계통, 최고경영자의 통제, 규칙과 규제의 정도에 따라 달라지며 구성원들의 업무나 권한이 분명하게 정의된 기계적 조직과 의사결정권이 하부구성원들에게 많이 위임되고 업무가 고정적이지 않은 유기적 조직으로 구분될 수 있다. (㉡)은/는 이를 쉽게 파악할 수 있고 구성원들의 임무, 수행하는 과업, 일하는 장소 등을 파악하는데 용이하다.

한편 조직이 지속되게 되면 조직구성원들 간 생활양식이나 가치를 공유하게 되는데 이를 조직 (㉢)라고 한다. 이는 조직구성원들의 사고와 행동에 영향을 미치며 일체감과 정체성을 부여하고 조직이 (㉣)으로 유지되게 한다. 최근 이에 대한 중요성이 부각되면서 긍정적인 방향으로 조성하기 위한 경영층의 노력이 이루어지고 있다.

	㉠	㉡	㉢	㉣
①	구조	조직도	문화	안정적
②	목표	비전	규정	체계적
③	미션	핵심가치	구조	혁신적
④	직급	규정	비전	단계적

✔ **해설** 조직체제 구성요소

㉠ **조직목표** : 조직이 달성하려는 장래의 상태로 조직이 존재하는 정당성과 합법성을 제공한다. 전체 조직의 성과, 자원, 시장, 인력개발, 혁신과 변화, 생산성에 대한 목표가 포함된다.

㉡ **조직구조** : 조직 내의 부문 사이에 형성된 관계로 조직목표를 달성하기 위한 조직구성원들의 상호작용을 보여준다. 조직구조는 결정권의 집중정도, 명령계통, 최고경영자의 통제, 규칙과 규제의 정도에 따라 달라지며 구성원들의 업무나 권한이 분명하게 정의된 기계적 조직과 의사결정권이 하부구성원들에게 많이 위임되고 업무가 고정적이지 않은 유기적 조직으로 구분될 수 있다. 조직의 구성은 조직도를 통해 쉽게 파악할 수 있는데, 이는 구성원들의 임무, 수행하는 과업, 일하는 장소 등을 파악하는데 용이하다.

㉢ **조직문화** : 조직이 지속되게 되면서 조직구성원들 간에 공유되는 생활양식이나 가치로 조직구성원들의 사고와 행동에 영향을 미치며 일체감과 정체성을 부여하고 조직이 안정적으로 유지되게 한다. 최근 조직문화에 대한 중요성이 부각되면서 긍정적인 방향으로 조성하기 위한 경영층의 노력이 이루어지고 있다.

㉣ **조직의 규칙과 규정** : 조직의 목표나 전략에 따라 수립되어 조직구성원들의 활동범위를 제약하고 일관성을 부여하는 기능을 하는 것으로 인사규정, 총무규정, 회계규정 등이 있다. 특히 조직이 구성원들의 행동을 관리하기 위하여 규칙이나 절차에 의존하고 있는 공식화 정도에 따라 조직의 구조가 결정되기도 한다.

38 다음 지문의 빈칸에 들어갈 알맞은 것을 〈보기〉에서 고른 것은?

> 기업은 합법적인 이윤 추구 활동 이외에 자선·교육·문화·체육 활동 등 사회에 긍정적 영향을 미치는 책임 있는 활동을 수행하기도 한다. 이처럼 기업이 사회적 책임을 수행하는 이유는 __________________

〈보기〉
㉠ 기업은 국민의 대리인으로서 공익 추구를 주된 목적으로 하기 때문이다.
㉡ 기업의 장기적인 이익 창출에 기여할 수 있기 때문이다.
㉢ 법률에 의하여 강제된 것이기 때문이다.
㉣ 환경 경영 및 윤리 경영의 가치를 실현할 수 있기 때문이다.

① ㉠㉡

② ㉠㉢

③ ㉡㉢

④ ㉡㉣

✔ **해설** 기업은 환경 경영, 윤리 경영과 노동자를 비롯한 사회 전체의 이익을 동시에 추구하며 그에 따라 의사 결정 및 활동을 하는 사회적 책임을 가져야 한다.
㉠ 기업은 이윤 추구를 주된 목적으로 하는 사적 집단이다.

39 민츠버그는 경영자의 역할을 대인적, 정보적, 의사결정적 역할으로 구분하였다. 다음에 주어진 경영자의 역할을 올바르게 묶은 것은?

ⓐ 조직의 대표자   ⓒ 변화전달
ⓑ 정보전달자   ⓓ 조직의 리더
ⓔ 문제 조정   ⓕ 외부환경 모니터
ⓖ 대외적 협상 주도   ⓗ 상징자, 지도자
ⓘ 분쟁조정자, 자원배분자   ⓙ 협상가

	대인적 역할	정보적 역할	의사결정적 역할
①	㉠㉢㉰	㉡㉣㉂㉧	㉤㉦㉨
②	㉡㉤㉧	㉠㉢㉦	㉣㉰㉂㉨
③	㉠㉢㉣㉧	㉡㉰㉂	㉤㉦㉨
④	㉠㉣㉧	㉡㉢㉰	㉤㉂㉦㉨

✔ **해설** 민츠버그의 경영자 역할

㉠ 대인적 역할 : 상징자 혹은 지도자로서 대외적으로 조직을 대표하고 대내적으로 조직을 이끄는 리더로서의 역할
㉡ 정보적 역할 : 조직을 둘러싼 외부 환경의 변화를 모니터링하고, 이를 조직에 전달하는 정보전달자로서의 역할
㉢ 의사결정적 역할 : 조직 내 문제를 해결하고 대외적 협상을 주도하는 협상가, 분쟁조정자, 자원배분자로서의 역할

40 조직문화는 흔히 관계지향 문화, 혁신지향 문화, 위계지향 문화, 과업지향 문화의 네 가지로 분류된다. 다음 글에서 제시된 (가)~(라)와 같은 특징 중 과업지향 문화에 해당하는 것은 어느 것인가?

> (가) A팀은 무엇보다 엄격한 통제를 통한 결속과 안정성을 추구하는 분위기이다. 분명한 명령계통으로 조직의 통합을 이루는 일을 제일의 가치로 삼는다.
>
> (나) B팀은 업무 수행의 효율성을 강조하며 목표 달성과 생산성 향상을 위해 전 조직원이 산출물 극대화를 위해 노력하는 문화가 조성되어 있다.
>
> (다) C팀은 자율성과 개인의 책임을 강조한다. 고유 업무 뿐 아니라 근태, 잔업, 퇴근 후 시간활용 등에 있어서도 정해진 흐름을 배제하고 개인의 자율과 그에 따른 책임을 강조한다.
>
> (라) D팀은 직원들 간의 응집력과 사기 진작을 위한 방안을 모색 중이다. 인적자원의 가치를 개발하기 위해 직원들 간의 관계에 초점을 둔 조직문화가 D팀의 특징이다.

① (가) ② (나)

③ (다) ④ (라)

✔ **해설** 조직 문화의 분류와 그 특징은 다음과 같은 표로 정리될 수 있다. (다)와 같이 개인의 자율성을 추구하는 경우는 조직문화의 고유 기능과 거리가 멀다고 보아야 한다.

관계지향 문화	• 조직 내 가족적인 분위기의 창출과 유지에 가장 큰 역점을 둠. • 조직 구성원들의 소속감, 상호 신뢰, 인화/단결 및 팀워크, 참여 등이 이문화유형의 핵심가치로 자리 잡음.
혁신지향 문화	• 조직의 유연성을 강조하는 동시에 외부 환경에의 적응성에 초점을 둠. • 따라서 이러한 적응과 조직성장을 뒷받침할 수 있는 적절한 자원획득이 중요하고, 구성원들의 창의성 및 기업가정신이 핵심 가치로 강조됨.
위계지향 문화	• 조직 내부의 안정적이고 지속적인 통합/조정을 바탕으로 조직효율성을 추구함. • 이를 위해 분명한 위계질서와 명령계통, 그리고 공식적인 절차와 규칙을 중시하는 문화임.
과업지향 문화	• 조직의 성과 달성과 과업 수행에 있어서의 효율성을 강조함. • 따라서 명확한 조직목표의 설정을 강조하며, 합리적 목표 달성을 위한 수단으로서 구성원들의 전문능력을 중시하며, 구성원들 간의 경쟁을 주요 자극제로 활용함.

〈결재규정〉

- 결재를 받으려는 업무에 대해서는 최고결재권자(대표이사)를 포함한 이하 직책자의 결재를 받아야 한다.
- '전결'이라 함은 회사의 경영활동이나 관리활동을 수행함에 있어 의사 결정이나 판단을 요하는 일에 대하여 최고결재권자의 결재를 생략하고, 자신의 책임 하에 최종적으로 의사 결정이나 판단을 하는 행위를 말한다.
- 전결사항에 대해서도 위임 받은 자를 포함한 이하 직책자의 결재를 받아야 한다.
- 표시내용 : 결재를 올리는 자는 최고결재권자로부터 전결 사항을 위임 받은 자가 있는 경우 결재란에 전결이라고 표시하고 최종 결재권자란에 위임 받은 자를 표시한다. 다만, 결재가 불필요한 직책자의 결재란은 상향대각선으로 표시한다.
- 최고결재권자의 결재사항 및 최고결재권자로부터 위임된 전결사항은 아래의 표에 따른다.

구분	내용	금액기준	결재서류	팀장	본부장	대표이사
접대비	거래처 식대, 경조사비 등	20만 원 이하	접대비지출품의서 지출결의서	● ■		
		30만 원 이하			● ■	
		30만 원 초과				● ■
교통비	국내 출장비	30만 원 이하	출장계획서 출장비신청서	● ■		
		50만 원 이하		●	■	
		50만 원 초과		●		■
	해외 출장비			●		■
소모품비	사무용품		지출결의서	■		
	문서, 전산소모품					■
	기타 소모품	20만 원 이하		■		
		30만 원 이하			■	
		30만 원 초과				■
교육훈련비	사내외 교육		기안서 지출결의서	●		■
법인카드	법인카드 사용	50만 원 이하	법인카드신청서	■		
		100만 원 이하			■	
		100만 원 초과				■

※ ● : 기안서, 출장계획서, 접대비지출품의서

■ : 지출결의서, 세금계산서, 발행요청서, 각종신청서

41 홍 대리는 바이어 일행 내방에 따른 저녁 식사비로 약 120만 원의 지출 비용을 책정하였다. 법인카드를 사용하여 이를 결제할 예정인 홍 대리가 작성해야 할 문서의 결재 양식으로 옳은 것은 어느 것인가?

①

법인카드신청서			
담당	팀장	본부장	대표이사
홍 대리			

(결재)

②

접대비지출품의서			
담당	팀장	본부장	대표이사
홍 대리			

(결재)

③

법인카드신청서			
담당	팀장	본부장	최종 결재
홍 대리			

(결재)

④

접대비지출품의서			
담당	팀장	본부장	대표이사
홍 대리		전결	

(결재)

✔ 해설 100만 원을 초과하는 금액을 법인카드로 결제할 경우, 대표이사를 최종결재권자로 하는 법인카드신청서를 작성해야 한다. 따라서 문서의 제목은 법인카드신청서가 되며, 대표이사가 최종결재권자이므로 결재란에 '전결' 또는 상향 대각선 등 별다른 표기 없이 작성하면 된다.

42 권 대리는 광주로 출장을 가기 위하여 출장비 45만 원에 대한 신청서를 작성하려 한다. 권 대리가 작성해야 할 문서의 결재 양식으로 옳은 것은 어느 것인가?

①

출장비신청서			
담당	팀장	본부장	최종 결재
권 대리			본부장

(결재)

②

출장계획서			
담당	팀장	본부장	최종 결재
권 대리			

(결재)

③

출장계획서			
담당	팀장	본부장	최종 결재
권 대리		전결	

(결재)

④

출장비신청서			
담당	팀장	본부장	최종 결재
권 대리		전결	본부장

(결재)

✔ 해설 50만 원 이하의 출장비신청서가 필요한 란에는 '전결'이라고 표시하고 최종 결재권자란에 본부장이 결재를 하게 된다.

43 다음 중 수요예측에 활용하는 시계열 분석에 대한 내용으로 가장 바르지 않은 것을 고르면?

① 시계열은 어떤 경제 현상이나 또는 자연 현상 등에 대한 시간적인 변화를 나타내는 자료이므로 어느 한 시점에서 관측된 시계열 자료는 그 이전까지의 자료들에 의존하게 되는 특성이 있다.

② 시계열 자료는 주가 지수와는 다르게 매 단위 시간에 따라 측정되어 생성되어지지 않으며 횡단면 자료에 비하여 상대적으로 많은 수의 변수로 구성되어진다.

③ 시간이 경과함에 따라 기술 진보에 의해 경제 현상들은 성장하게 되고, 농·수산 부문과의 연관된 경제 현상 등은 자연의 영향 특히 계절적 변동으로부터 많은 영향을 받게 된다.

④ 통계적인 숫자를 시간 흐름에 의해 일정한 간격으로 기록한 통계계열을 시계열 데이터라고 하며, 이러한 계열의 시간적인 변화에는 갖가지 원인에 기인한 변동이 포함되어 있다.

> ✔해설 시계열 자료는 주가 지수의 경우처럼 매 단위 시간에 따라 측정되어 생성되는데 횡단면 자료에 비하여 상대적으로 적은 수의 변수로 구성된다.

44 다음 중 지식기반 조직에 관한 설명들 중 옳지 않은 것은?

① 이러한 조직의 경우 지식 및 정보의 활용을 강조하는 조직을 말한다.

② 지식기반 조직의 경우 구성원들로 하여금 조직의 목표를 성취하는 데 있어 필요한 지식 및 기술을 찾아내 활용 가능하도록 보장한 조직이다.

③ 지식기반 조직에서 조직의 리더는 구성원 개개인의 역할이 발휘될 수 있도록 유도해야 한다.

④ 지식기반 조직은 하부 조직단위의 업무목표와 실적이 전체 조직의 목표로 환류될 수 있어야 한다.

> ✔해설 지식기반 조직의 경우 구성원들로 하여금 개인의 목표 및 조직의 목표를 성취하는 데 있어 필요한 지식 및 기술을 찾아내 활용 가능하도록 보장한 조직이다.

45 기업 조직의 상하 구성원들이 서로의 참여 과정을 통해 기업 조직 단위와 구성원의 목표를 명확하게 설정하고, 그로 인한 생산 활동을 수행하도록 한 뒤, 업적을 측정 및 평가함으로써 조직 관리에 있어서의 효율화를 기하려는 일종의 포괄적인 조직관리 체제를 의미한다. 또한 이 방식은 종합적인 조직운영 기법으로 활용될 뿐만 아니라, 근무성적평정 수단으로, 더 나아가 예산 운영 및 재정관리의 수단으로 다양하게 활용되고 있는 방식인데, 이를 무엇이라고 하는가?

① X이론
② 목표에 의한 관리
③ Y이론
④ 자기통제

> **✔해설** 목표에 의한 관리는 개인과 조직의 목표를 명확히 규정함으로써 구성원의 목표를 상급자 및 조직전체의 목표와 일치하도록 하기 때문에 조직목표 달성에 효과적으로 기여한다는 것이다.

46 다음 중 관찰법에 관한 설명으로 가장 바르지 않은 항목은?

① 조사대상의 행동 및 상황 등을 직접적 또는 기계장치 등을 통해 관찰해서 자료를 수집하는 방법이다.
② 제공할 수 없거나 제공하기를 꺼려하는 정보 등을 취득하는 데 적합한 방식이다.
③ 자료를 수집함에 있어서 피 관찰자의 협조의도 및 응답능력 등은 문제가 되지 않는다.
④ 피 관찰자의 느낌이나 동기, 장기적인 행동 등에 대해서도 관찰이 가능하다.

> **✔해설** 관찰법은 행동이나 상황 등의 겉으로 드러나는 것에 대해서는 관찰이 가능하지만, 피관찰자의 생각, 느낌, 동기 등에 대해서는 관찰이 불가능하다.

47 다음 중 EDI(Electronic Data Interchange)에 관한 내용으로 보기 어려운 것은?

① 거래업체 간에 상호 합의된 전자문서표준을 이용하여 인간의 조정을 최소화한 컴퓨터와 컴퓨터간의 구조화된 데이터를 전송하는 방식이다.

② 기업의 업무효율을 높인다.

③ 소요시간이 단축되는 특징이 있다.

④ 정확하지만 많은 노동력이 필요하다.

✔ **해설** EDI는 소요시간이 단축되고 정확하며 노동력을 절감할 수 있어 기업의 업무효율을 높이는데 기여할 수 있다.

48 다음 중 관료제 조직관에 대한 내용으로 바르지 않은 것은?

① 사적인 요구 및 관심이 조직 활동과는 완전하게 분리된다.

② 선발 및 승진결정에 있어서 기술적인 자질, 능력, 업적 등에 근거한다.

③ 조직 내 경력경로를 제공하여 직장 안정을 확보한다.

④ 관료제 조직관은 작업상의 유동성을 보장한다.

✔ **해설** 관료제 조직관은 각 사람들의 직무를 명백한 과업으로 세분화한다.

49 다음 중 의사결정지원 시스템의 특징으로 가장 옳지 않은 것은?

① 의사결정지원 시스템은 의사결정이 이루어지는 동안에 발생 가능한 환경의 변화를 반영 할 수 있도록 유연하게 설계되어야 한다.

② 의사결정지원 시스템에서 처리되어 나타난 결과 및 대안은 문제해결의 답으로 활용된다.

③ 의사결정지원 시스템의 분석기법에는 What-if 분석법, 민감도 분석법, 목표추구 분석법, 최적화 분석법 등이 있다.

④ 의사결정지원 시스템은 다양한 원천으로부터 데이터를 획득해서 의사결정에 필요한 정보처리를 할 수 있도록 해야 한다.

> ✔해설 의사결정지원 시스템에서 제시하는 대안이 문제해결의 답이 아니라 보조적인 지식일 수도 있고, 또 답안을 제시하더라도 문제의 해답이 아닐 수 있다.

50 다음은 막스 베버의 관료제에 대한 설명이다. 이 중 가장 옳지 않은 것은?

① 과업에 기반한 체계적인 노동의 분화

② 불안정적이고 불명확한 권한계층

③ 문서로 이루어진 규칙 및 의사결정

④ 기술적 능력에 따른 승진을 기반으로 하는 구성원 개개인 평생의 경력관리

> ✔해설 막스 베버의 관료제는 안정적이면서도 명확한 권한계층이 이루어진다.

ANSWER 47.④ 48.④ 49.② 50.②

[대인관계능력] 출제유형

① 팀워크능력 : 조직 목표 달성을 위해 구성원 간 협력·역할 분담·의사소통 방식의 적절성을 판단하는 문제이다. 팀 내 갈등 상황에서 바람직한 행동이나 협업 태도를 고르는 유형이 출제된다.
② 리더십능력 : 상황에 적합한 리더의 의사결정 방식, 동기부여 방법, 구성원 관리 방식 등을 판단하는 문제로 출제된다. 상황적 리더십 개념이 자주 활용된다.
③ 갈등관리능력 : 구성원 간 이해관계 충돌 상황에서 합리적 해결 방안을 찾는 문제이다.
④ 협상능력 : 상대방과의 이해관계 조정 과정에서 상호 이익을 극대화할 수 있는 방안을 선택하는 문제이다.
⑤ 고객서비스능력 : 내·외부 고객 응대 상황에서 적절한 태도와 해결 방안을 고르는 문제이다.

[대인관계능력] 출제경향

조직 내·외부 이해관계자와의 상호작용 상황에서 협력적 태도와 합리적 문제 해결 능력을 평가하는 영역으로, 사례 제시형 문제가 주로 출제된다. 팀 프로젝트 상황, 상사·동료와의 갈등 상황, 고객 민원 응대 등 실제 직무와 유사한 맥락이 제시되며, 감정적 대응보다는 조직 목표와 공동의 이익을 고려한 선택지를 요구한다. 리더십과 갈등관리 요소가 복합적으로 제시되는 통합형 문제가 증가되는 추세이며, 난이도는 높지 않으나 보기 간 차이가 미묘하여 조직의 가치와 협력 원칙을 이해하지 못하면 오답을 선택하기 쉽다.

[대인관계능력] 빈출유형

팀 내 갈등 상황									
고객 민원 대응									
상황적 리더십									
협상 전략									

예제 01 직장생활에서의 대인관계

인간관계를 형성하는데 있어 가장 중요한 것은?

① 외적 성격 위주의 사고
② 이해득실 위주의 만남
③ 자신의 내면
④ 피상적인 인간관계 기법

출제의도
인간관계형성에 있어서 가장 중요한 요소가 무엇인지 묻는 문제다.

해설
③ 필요한 기술이나 기법 등은 자신의 내면에서 자연스럽게 우러나와야 한다.

》 ③

예제 02 팀워크능력

A회사에서는 격주로 사원 소식지 '우리가족'을 발행하고 있다. 이번 호의 특집 테마는 팀워크에 대한 것으로, 좋은 사례를 모으고 있다. 다음 중 팀워크의 사례로 가장 적절하지 않은 것은 무엇인가?

① 팀원들의 개성과 장점을 살려 사내 직원 연극대회에서 대상을 받을 수 있었던 사례
② 팀장의 갑작스러운 부재 상황에서 팀원들이 서로 역할을 분담하고 소통을 긴밀하게 하면서 팀의 당초 목표를 원만하게 달성할 수 있었던 사례
③ 자재 조달의 차질로 인해 납기 준수가 어려웠던 상황을 팀원들이 똘똘 뭉쳐 헌신적으로 일한 결과 주문 받은 물품을 성공적으로 납품할 수 있었던 사례
④ 팀의 분위기가 편안하고 인간적이어서 주기적인 직무순환 시기가 도래해도 다른 부서로 가고 싶어 하지 않는 사례

출제의도
팀워크와 응집력에 대한 문제로 각 용어에 대한 정의를 알고 이를 실제 사례를 통해 구분할 수 있어야 한다.

해설
④ 응집력에 대한 사례에 해당한다.

》 ④

예제 03 리더십능력

리더에 대한 설명으로 옳지 않은 것은?

① 사람을 중시한다.
② 오늘에 초점을 둔다.
③ 혁신지향적이다.
④ 새로운 상황 창조자이다.

출제의도
리더와 관리자를 구분할 수 있어야 한다.

해설
② 리더는 내일에 초점을 둔다.

》 ②

예제 04 갈등관리능력

갈등의 두 가지 쟁점 중 감정적 문제에 대한 설명으로 적절하지 않은 것은?

① 공존할 수 없는 개인적 스타일
② 역할 모호성
③ 통제나 권력 확보를 위한 싸움
④ 자존심에 대한 위협

출제의도
갈등의 핵심문제와 감정적 문제를 구분할 수 있는 능력이 필요하다.

해설
② 갈등의 핵심 문제에 대한 설명이다.

》 ②

예제 05 협상능력

고객중심 기업의 특징으로 옳지 않은 것은?

① 고객이 정보, 제품, 서비스 등에 쉽게 접근할 수 있도록 한다.
② 보다 나은 서비스를 제공할 수 있도록 기업정책을 수립한다.
③ 고객 만족에 중점을 둔다.
④ 기업이 행한 서비스에 대한 평가는 한번으로 끝낸다.

출제의도
실제 고객중심 기업의 입장에서 생각한다.

해설
④ 서비스 평가는 수시로 한다.

》 ④

대인관계능력 대표유형

대인관계란 집단생활 속 구성원 상호 간의 관계로, 직장생활에서 대인관계는 조직구성원 간의 관계뿐만 아니라 조직 외부의 관계자, 고객 등과의 관계를 전제로 한다. 리더십능력, 갈등관리능력, 협상능력, 고객서비스능력 등이 대인관계능력을 측정하기 위한 문제로 출제된다.

1 다음 사례에서 나오는 마 부장의 리더십은 어떤 유형인가?

> ○○그룹의 마 부장은 이번에 새로 보직 이동을 하면서 판매부서로 자리를 옮겼다. 그런데 판매부서는 ○○그룹에서도 알아주는 문제가 많은 부서 중에 한 곳으로 모두들 이곳으로 옮기기를 꺼려한다. 그런데 막상 이곳으로 온 마 부장은 이곳 판매부서가 비록 직원이 세 명밖에 없는 소규모의 부서이지만 세 명 모두가 각자 나름대로의 재능과 경험을 가지고 있고 단지 서로 화합과 협력이 부족하여 성과가 저조하게 나타났음을 깨달았다. 또한 이전 판매부장은 이를 간과한 채 오직 성과내기에 급급하여 직원들을 다그치기만 하자 팀 내 사기마저 떨어지게 된 것이다. 이에 마 부장은 부원들의 단합을 위해 매주 등산모임을 만들고 수시로 함께 식사를 하면서 많은 대화를 나눴다. 또한 각자의 능력을 살릴 수 있도록 업무를 분담해 주고 작은 성과라도 그에 맞는 보상을 해 주었다. 이렇게 한 달, 두 달이 지나자 판매부서의 성과는 눈에 띄게 높아졌으며 직원들의 사기 역시 높게 나타났다.

① 카리스마 리더십
② 독재자형 리더십
③ 변혁적 리더십
④ 거래적 리더십

> ✔ **해설** 변혁적 리더십은 조직구성원들이 신뢰를 가질 수 있는 카리스마와 함께 조직변화의 필요성을 인지하고 그러한 변화를 나타내기 위해 새로운 비전을 제시하는 능력을 갖춘 리더십을 말한다.

2 다음 사례에서 민수의 행동 중 잘못된 행동은 무엇인가?

민수는 Y기업 판매부서의 부장이다. 그의 부서는 크게 세 개의 팀으로 구성되어 있는데 이번에 그의 부서에서 본사의 중요한 프로젝트를 맡게 되었고 그는 세 팀의 팀장들에게 이번 프로젝트를 성공시키면 전원 진급을 시켜주겠다고 약속하였다. 각 팀의 팀장들은 민수의 말을 듣고 한 달 동안 야근을 하면서 마침내 거액의 계약을 따내게 되었다. 이로 인해 각 팀의 팀장들은 회사로부터 약간의 성과급을 받게 되었지만 정작 진급은 애초에 세 팀 중에 한 팀만 가능하다는 사실을 뒤늦게 통보받았다. 각 팀장들은 민수에게 불만을 표시했고 민수는 미안하게 됐다며 성과급 받은 것으로 만족하라는 말만 되풀이하였다.

① 상대방에 대한 이해
② 기대의 명확화
③ 사소한 일에 대한 관심
④ 약속의 불이행

> ✔**해설** 민수는 각 팀장들에게 프로젝트 성공 시 전원 진급을 약속하였지만 결국 그 약속을 이행하지 못했으므로 정답은 ④
> 이다.

3 다음 사례에서 이 고객의 불만유형으로 적절한 것은?

훈재가 근무하고 있는 △△핸드폰 대리점에 한 고객이 방문하여 깨진 핸드폰 케이스를 보여주며 무상으로 바꿔달라고 요구하고 있다. 이 핸드폰 케이스는 이번에 새로 출시된 핸드폰에 맞춰서 이벤트 차원에서 한 달간 무상으로 지급한 것이며 현재는 이벤트 기간이 끝나 돈을 주고 구입을 해야 한다. 훈재는 깨진 핸드폰 케이스는 고객의 실수에 의한 것으로 무상으로 바꿔줄 수 없으며 새로 다시 구입을 해야 한다고 설명하였다. 하지만 이 고객은 본인은 핸드폰을 구입할 때 이미 따로 보험에 가입을 했으며 핸드폰 케이스는 핸드폰의 부속품이므로 마땅히 무상 교체를 해줘야 한다고 트집을 잡고 있다.

① 의심형   ② 빨리빨리형
③ 거만형   ④ 트집형

> ✔**해설** 위의 사례에서 고객은 자신의 잘못으로 핸드폰 케이스가 깨졌는데도 불구하고 무상 교체를 해줘야 한다고 트집을 잡
> 고 있으므로 트집형 고객임을 알 수 있다.

ANSWER 1.③ 2.④ 3.④

4　다음 사례에서 박 부장이 취할 수 있는 행동으로 적절하지 않은 것은?

> ◆◆기업에 다니는 박 부장은 최근 경기침체에 따른 회사의 매출부진과 관련하여 근무환경을 크게 변화시키기로 결정하였다. 하지만 그의 부하들은 물론 상사와 동료들조차도 박 부장의 결정에 회의적이었고 부정적인 시각을 내보였다. 그들은 변화에 소극적이었으며 갑작스런 변화는 오히려 회사의 존립자체를 무너뜨릴 수 있다고 판단하였다. 하지만 박 부장은 갑작스런 변화가 처음에는 회사를 좀 더 어렵게 할 수는 있으나 장기적으로 본다면 틀림없이 회사에 큰 장점으로 작용할 것이라고 확신하고 있었고 여기에는 전 직원의 협력과 노력이 필요하였다.

① 직원들의 감정을 세심하게 살핀다.

② 변화의 긍정적인 면을 강조한다.

③ 주관적인 자세를 유지한다.

④ 변화에 적용할 시간을 준다.

✔ **해설**　변화에 소극적인 직원들을 성공적으로 이끌기 위한 방법
　　㉠ 개방적인 분위기를 조성한다.
　　㉡ 객관적인 자세를 유지한다.
　　㉢ 직원들의 감정을 세심하게 살핀다.
　　㉣ 변화의 긍정적인 면을 강조한다.
　　㉤ 변화에 적용할 시간을 준다.

5 다음 사례에서 유 팀장이 부하직원들의 동기부여를 위해 행한 방법으로 옳지 않은 것은?

전자제품을 생산하고 있는 △△기업은 매년 신제품을 출시하는 것으로 유명하다. 그것도 시리즈 별로 하나씩 출시하기 때문에 실제로 출시되는 신제품은 1년에 2~3개가 된다. 이렇다 보니 자연히 직원들은 새로운 제품을 출시하고도 곧바로 또 다른 제품에 대한 아이디어를 내야하고 결국 이것이 스트레스로 이어져 업무에 대한 효율성이 떨어지게 되었다. 유 팀장의 부하직원들 또한 이러한 이유로 고민을 하고 있다. 따라서 유 팀장은 자신의 팀원들에게 아이디어를 하나씩 낼 때마다 게시판에 적힌 팀원들 이름 아래 스티커를 하나씩 붙이고 스티커가 다 차게 되면 휴가를 보내주기로 하였다. 또한 최근 들어 출시되는 제품들이 모두 비슷하기만 할 뿐 새로운 면을 찾아볼 수 없어 뭔가 혁신적인 기술을 제품에 넣기로 하였다. 특히 △△기업은 전자제품을 주로 취급하다 보니 자연히 보안에 신경을 쓸 수밖에 없었고 유 팀장은 이 기회에 새로운 보안시스템을 선보이기로 하였다. 그리하여 부하직원들에게 지금까지 아무도 시도하지 못한 새로운 보안시스템을 개발해 보자고 제안하였고 팀원들도 그 의견에 찬성하였다. 나아가 유 팀장은 직원들의 스트레스를 좀 더 줄이고 업무효율성을 극대화시키기 위해 기존에 유지되고 있던 딱딱한 업무환경을 개선할 필요가 있음을 깨닫고 직원들에게 자율적으로 출퇴근을 할 수 있도록 하는 한편 사내에 휴식공간을 만들어 수시로 직원들이 이용할 수 있도록 변화를 주었다. 그 결과 이번에 새로 출시된 제품은 △△기업 사상 최고의 매출을 올리며 큰 성과를 거두었고 팀원들의 사기 또한 하늘을 찌르게 되었다.

① 긍정적 강화법을 활용한다.
② 새로운 도전의 기회를 부여한다.
③ 지속적으로 교육한다.
④ 변화를 두려워하지 않는다.

✔ 해설　① 유 팀장은 스티커를 이용한 긍정적 강화법을 활용하였다.
　　　　② 유 팀장은 지금까지 아무도 시도하지 못한 새로운 보안시스템을 개발해 보자고 제안하며 부하직원들에게 새로운 도전의 기회를 부여하였다.
　　　　④ 유 팀장은 부하직원들에게 자율적으로 출퇴근할 수 있도록 하였고 사내에도 휴식공간을 만들어 자유롭게 이용토록 하는 등 업무환경의 변화를 두려워하지 않았다.

1 다음에서 설명하고 있는 개념은 무엇인가?

> 조직 현장의 구성원에게 업무 재량을 위임하고 자주적이고 주체적인 체제 속에서 사람이나 조직의 의욕과 성과를 이끌어 내기 위한 '권한부여', '권한이양'의 의미이다. 최근 고객 니즈에 대한 신속한 대응과 함께 구성원이 직접 의사결정에 참여하여 현장에서 개선/변혁이 신속 정확하게 이루어지기 위해서 활용도가 높아지고 있다.

① 리니어먼트
② 컴파트먼트
③ 임파워먼트
④ 리더블먼트

> ✔ **해설** 임파워먼트는 조직성원들을 신뢰하고 그들의 잠재력을 믿으며 그 잠재력의 개발을 통해 High Performance 조직이 되도록 하는 일련의 행위이다.

2 다음은 전문가 효과에 대한 내용이다. 이와 관련된 설득 전략으로 옳은 것은?

> 수용자가 커뮤니케이터에 대해 특정 분야에 대한 전문성을 갖고 있는 전문가라는 인식을 갖게 되면 전문가 효과가 발생한다. 전문가 효과는 수용자들이 전문가가 제시하는 정보를 내면화해 자신의 생각을 변화시키는 효과다. 수용자들이 원래 자신이 갖고 있던 생각인지, 아니면 타인의 생각을 전달받은 것인지를 구분하지 못하고 타인의 생각마저도 자신의 생각처럼 표현한다면 타인이 전달한 생각을 수용자가 내면화했다고 볼 수 있다.

① 연결전략
② 권위전략
③ 상대방 이해 전략
④ 사회적 입증 전략

> ✔ **해설** ② 직위나 전문성, 외모 등을 활용하여 협상을 용이하게 하는 전략
> ① 갈등을 야기한 사람과 관리자를 연결시킴으로서 협상을 용이하게 하는 전략
> ③ 상대방에 대한 이해를 바탕으로 갈등해결을 용이하게 하는 전략
> ④ 과학적인 논리보다 동료나 사람들의 행동에 의해서 상대방을 설득하는 전략

3 M 대리는 S 팀장에게 "K 대리가 주어진 업무를 제대로 하지 못하고 있어서 저는 지금도 계속 기다리고 있습니다. 그래서 아직 완성되지 못했습니다."라고 하였다. S 팀장이 K 대리에게 물어보니 "M 대리의 말은 거짓말입니다. M 대리의 일이 완성이 되지 않아서 저야말로 제 업무를 하지 못하고 있습니다."라고 한다. S 팀장이 할 수 있는 가장 효율적인 대처 방법은?

① 사원들 간의 피드백이 원활하게 이루어지는지 확인을 한다.
② 팀원들이 업무를 하면서 서로 협력을 하는지 확인을 한다.
③ 의사결정 과정에 잘못된 부분이 있는지 확인한다.
④ 중재를 하고 문제가 무엇인지 확인을 한다.

> ✔ **해설** M 대리와 K 대리사이의 갈등이 있음을 발견하게 되었으므로 즉각적으로 개입을 하여 중재를 하고 문제점을 파악하며 해결하는 것이 리더의 대처방법이다.

4 귀하는 ㅇㅇ대학 대졸 공채 입학사정관의 조직구성원들 간의 원만한 관계 유지를 위한 갈등관리 역량에 관해 입학사정관 인증교육을 수료하게 되었다. 인증교육은 다양한 갈등사례를 통해 갈등과정을 시뮬레이션 함으로써 바람직한 갈등해결방법을 모색하는 데 중점을 두고 있다. 입학사정관이 교육을 통해 습득한 갈등과정을 바르게 나열한 것을 고르시오.

① 대결 국면 – 의견불일치 – 진정 국면 – 격화 국면 – 갈등의 해소
② 의견 불일치 – 격화 국면 – 대결 국면 – 갈등의 해소 – 진정 국면
③ 의견 불일치 – 대결 국면 – 격화 국면 – 진정 국면 – 갈등의 해소
④ 대결 국면 – 의견불일치 – 격화 국면 – 진정 국면 – 갈등의 해소

> ✔ **해설** 갈등의 진행과정은 '의견 불일치 – 대결국면 – 격화 국면 – 진정 국면 – 갈등의 해소'의 단계를 거친다.

ANSWER 1.③ 2.② 3.④ 4.③

5 흔히 협상의 실패는 협상의 과정에서 일어나게 된다. 따라서 협상 시에 발생할 수 있는 실수를 방지하기 위하여 사전에 철저한 준비가 필요하게 된다. 다음 대화에 나타난 내용 중, 협상 시 주로 나타나는 실수를 보여주는 것이 아닌 것은 어느 것인가?

① "이봐, 우리가 주도권을 잃어선 안 되네. 저쪽의 입장을 주장할 기회를 주게 되면 결국 끌려가게 되어 있어."

② "상대측 박 본부장이 평소 골프광이라고 했지? 우리 신입사원 중에 티칭 프로 출신이 있다고 들었는데, 그 친구도 이번 상담에 참석 시키게나."

③ "이게 얼마나 좋은 기회데요. 미비한 자료는 추후 보완하면 될 테니 당장 협상에 참석해서 성과를 이루어내야 한다고 봅니다."

④ "일단 누가 됐든 협상파트너에게 다짐을 받아두면 되지 않겠나. 담당자가 약속을 했으니 거의 다 성사된 거나 다름없겠지."

> **✔ 해설** ② 협상 시 상대방 관심 분야의 전문가를 투입함으로써 설득력을 높일 수 있는 매우 효과적인 전략으로 볼 수 있다. 나머지 보기의 경우는 협상 시 주로 나타나는 다음과 같은 실수의 유형이 된다.
> ① 협상의 통제권을 잃을까 두려워하는 것
> ③ 준비되기도 전에 협상을 시작하는 것
> ④ 잘못된 사람과의 협상

6 다음에서 나타난 신교수의 동기부여 방법으로 가장 적절한 것은?

> 신교수는 매 학기마다 새로운 수업을 들어가면 첫 번째로 내주는 과제가 있다. 한국사에 대한 본인의 생각을 A4용지 한 장에 적어오라는 것이다. 이 과제는 정답이 없고 옳고 그름이 기준이 아니라는 것을 명시해준다. 그리고 다음시간에 학생 각자가 적어온 글들을 읽어보도록 하는데, 개개인에게 꼼꼼히 인상깊었던 점을 알려주고 구체적인 부분을 언급하며 칭찬한다.

① 변화를 두려워하지 않는다.

② 지속적으로 교육한다.

③ 책임감으로 철저히 무장한다.

④ 긍정적 강화법을 활용한다.

> **✔ 해설** 동기부여 방법
> ㉠ 긍정적 강화법을 활용한다.
> ㉡ 새로운 도전의 기회를 부여한다.
> ㉢ 창의적인 문제해결법을 찾는다.
> ㉣ 책임감으로 철저히 무장한다.
> ㉤ 몇 가지 코칭을 한다.
> ㉥ 변화를 두려워하지 않는다.
> ㉦ 지속적으로 교육한다.

7 다음과 같은 팀 내 갈등을 원만하게 해결하기 위하여 팀원들이 함께 모색해 보아야 할 사항으로 가장 적절하지 않은 것은?

> 평소 꼼꼼하고 치밀하며 안정주의를 지향하는 성격인 정 대리는 위험을 감수하거나 모험에 도전하는 일만큼 우둔한 것은 없다고 생각한다. 그런 성격 덕분에 정 대리는 팀 내 경비 집행 및 예산 관리를 맡고 있다. 한편, 정 대리와 입사동기인 남 대리는 디테일에는 다소 약하지만 진취적, 창조적이며 어려운 일에 도전하여 뛰어난 성과를 달성하는 모습을 자신의 장점으로 가지고 있다. 두 사람은 팀의 크고 작은 업무 추진에 있어 주축을 이뤄가며 조화로운 팀을 꾸려가는 일에 늘 앞장을 서 왔지만 왠지 최근 들어 자주 부딪히는 모습이다. 이에 다른 직원들까지 업무 성향별로 나뉘는 상황이 발생하여 팀장은 큰 고민에 빠져있다. 다음 달에 있을 중요한 프로젝트 추진을 앞두고, 두 사람의 단결된 힘과 각자의 리더십이 필요한 상황이다.

① 각각의 주장을 검토하여 잘못된 부분을 지적하고 고쳐주는 일
② 어느 한쪽으로도 치우치지 않고 중립을 지키는 일
③ 차이점보다 유사점을 파악하도록 돕는 일
④ 다른 사람들을 참여시켜서 개방적으로 토의하게 하는 일

✔ **해설** 갈등을 성공적으로 해결하기 위한 방안의 하나로, 내성적이거나 자신을 표현하는 데 서투른 팀원을 격려해주는 것이 중요하며, 이해된 부분을 검토하고 누가 옳고 그른지에 대해 논쟁하는 일은 피하는 것이 좋다.

8 갈등은 다음과 같이 몇 가지 과정을 거치면서 진행되는 것이 일반적인 흐름이라고 볼 때, 빈칸의 ㈎, ㈏, ㈐에 들어가야 할 말을 순서대로 올바르게 나열한 것은?

1. 의견 불일치

   인간은 다른 사람들과 함께 부딪치면서 살아가게 되는데, 서로 생각이나 신념, 가치관이 다르고 성격도 다르기 때문에 다른 사람들과 의견의 불일치를 가져온다. 많은 의견 불일치는 상대방의 생각과 동기를 설명하는 기회를 주고 대화를 나누다보면 오해가 사라지고 더 좋은 관계로 발전할 수 있지만, 사소한 오해로 인한 작은 갈등이라도 그냥 내버려두면 심각한 갈등으로 발전하게 된다.

2. 대결 국면

   의견 불일치가 해소되지 않으면 대결 국면으로 빠져들게 된다. 이 국면에서는 이제 단순한 해결방안은 없고 제기된 문제들에 대하여 새로운 다른 해결점을 찾아야 한다. 일단 대결국면에 이르게 되면 감정이 개입되어 상대방의 주장에 대한 문제점을 찾기 시작하고, 자신의 입장에 대해서는 그럴듯한 변명으로 옹호하면서 양보를 완강히 거부하는 상태에까지 이르게 된다. 즉, (가)은(는) 부정하면서 자기주장만 하려고 한다. 서로의 입장을 고수하려는 강도가 높아지면서 서로 간의 긴장은 더욱 높아지고 감정적인 대응이 더욱 격화되어 간다.

3. 격화 국면

   격화 국면에 이르게 되면 상대방에 대하여 더욱 적대적인 현상으로 발전해 나간다. 이제 의견일치는 물 건너가고 (나)을(를) 통해 문제를 해결하려고 하기 보다는 강압적, 위협적인 방법을 쓰려고 하며, 극단적인 경우에는 언어폭력이나 신체적인 폭행으로까지 번지기도 한다. 상대방에 대한 불신과 좌절, 부정적인 인식이 확산되면서 다른 요인들에까지 불을 붙이는 상황에 빠지기도 한다. 이 단계에서는 상대방의 생각이나 의견, 제안을 부정하고, 상대방은 그에 대한 반격으로 대응함으로써 자신들의 반격을 정당하게 생각한다.

4. 진정 국면

   시간이 지나면서 정점으로 치닫던 갈등은 점차 감소하는 진정 국면에 들어선다. 계속되는 논쟁과 긴장이 귀중한 시간과 에너지만 낭비하고 이러한 상태가 무한정 유지될 수 없다는 것을 느끼고 점차 흥분과 불안이 가라앉고 이성과 이해의 원상태로 돌아가려 한다. 그러면서 (다)이(가) 시작된다. 이 과정을 통해 쟁점이 되는 주제를 논의하고 새로운 제안을 하고 대안을 모색하게 된다. 이 단계에서는 중개자, 조정자 등의 제3자가 개입함으로써 갈등 당사자 간에 신뢰를 쌓고 문제를 해결하는데 도움이 되기도 한다.

5. 갈등의 해소

   진정 국면에 들어서면 갈등 당사자들은 문제를 해결하지 않고는 자신들의 목표를 달성하기 어렵다는 것을 알게 된다. 물론 경우에 따라서는 결과에 다 만족할 수 없는 경우도 있지만 어떻게 해서든지 서로 일치하려고 한다.

① 상대방의 자존심 – 업무 – 침묵

② 제3자의 존재 – 리더 – 반성

③ 조직 전체의 분위기 – 이성 – 의견의 일치

④ 상대방의 입장 – 설득 – 협상

✔ 해설 대결 국면에서의 핵심 사항은 상대방의 입장에 대한 무비판적인 부정이며, 격화 국면에서는 설득이 전혀 효과를 발휘할 수 없게 된다. 진정 국면으로 접어들어 비로소 협상이라는 대화가 시작되며 험난한 단계를 거쳐 온 갈등은 이때부터 서서히 해결의 실마리가 찾아지게 된다.

9 다음은 고객 불만 처리 프로세스를 도식화한 그림이다. 이 중 '정보파악'의 단계에서 이루어지는 행위를 〈보기〉에서 모두 고른 것은?

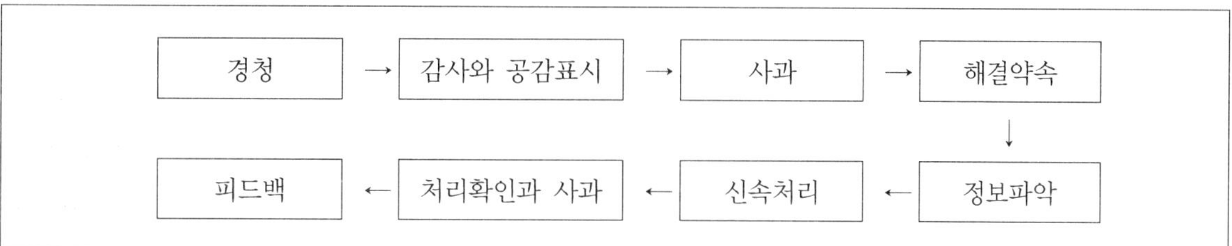

〈보기〉

(가) 고객의 항의에 선입관을 버리고 경청하며 문제를 파악한다.

(나) 문제해결을 위해 고객에게 필수적인 질문만 한다.

(다) 고객에게 어떻게 해주면 만족스러운 지를 묻는다.

(라) 고객 불만의 효과적인 근본 해결책은 무엇인지 곰곰 생각해 본다.

① (가), (나), (다)

② (가), (나), (라)

③ (나), (다), (라)

④ (가), (나), (다), (라)

✔ 해설 (가)는 첫 번째 경청의 단계에 해당하는 말이다. 정보파악 단계에서는 문제해결을 위해 꼭 필요한 질문만 하여 정보를 얻고, 최선의 해결방법을 찾기 어려우면 고객에게 어떻게 해주면 만족스러운지를 묻는 일이 이루어지게 된다.

10 ○○기업 인사팀에 근무하고 있는 김 대리는 팀워크와 관련된 신입사원 교육을 진행하였다. 교육이 끝나고 수강한 신입사원들에게 하나의 상황을 제시한 후, 교육 내용을 토재로 주어진 상황에 대해 이해한 바를 발표하도록 하였다. 김 대리가 제시한 상황과 이를 이해한 신입사원들의 발표 내용 중 일부가 다음과 같을 때, 교육 내용을 잘못 이해한 사람은 누구인가?

〈지시된 상황〉

입사한 지 2개월이 된 강 사원은 요즘 고민이 많다. 같은 팀 사람들과 업무를 진행함에 있어 어려움을 겪고 있기 때문이다. 각각의 팀원들이 가지고 있는 능력이나 개인의 역량은 우수한 편이다. 그러나 팀원들 모두 자신의 업무를 수행하는 데는 열정적이지만, 공동의 목적을 달성하기 위해 업무를 수행하다 보면 팀원들의 강점은 드러나지 않으며, 팀원들은 다른 사람의 업무에 관심이 없다. 팀원들이 자기 자신의 업무를 훌륭히 해낼 줄 안다면 팀워크 또한 좋을 것이라고 생각했던 강 사원은 혼란을 겪고 있다.

최주봉 : 강 사원의 팀은 팀원들의 강점을 잘 인식하고 이를 활용하는 방법을 찾는 것이 중요할 것 같습니다. 팀원들의 강점을 잘 활용한다면 강 사원뿐만 아니라 팀원들 모두가 공동의 목적을 달성하는 데 대한 자신감을 갖게 될 것입니다.

오세리 : 팀원들이 개인의 업무에만 관심을 갖는 것은 문제가 있습니다. 개인의 업무 외에도 업무지원, 피드백, 동기부여를 위해 서로의 업무에 관심을 갖고 서로에게 의존하는 것이 중요합니다.

이아야 : 강 사원의 팀은 팀워크가 많이 부족한 것 같습니다. 팀원들로 하여금 집단에 머물도록 만들고, 팀의 구성원으로서 계속 남아 있기를 원하게 만드는 팀워크를 키우는 것이 중요합니다.

장유신 : 강 사원이 속해 있는 팀의 구성원들은 팀의 에너지를 최대로 활용하지 못하는 것 같습니다. 각자의 역할과 책임을 다함과 동시에 서로 협력할 줄 알아야 합니다.

---

① 최주봉　　　　　　　　　　② 오세리

③ 이아야　　　　　　　　　　④ 장유신

해설 구성원이 서로에 끌려서 집단에 계속해서 남아 있기를 원하는 정도는 팀응집력에 대한 내용이다.

팀워크는 팀 구성원 간의 협동 동작·작업, 또는 그들의 연대, 팀의 구성원이 공동의 목표를 달성하기 위하여 각 역할에 따라 책임을 다하고 협력적으로 행동하는 것을 이르는 말이다.

11 다음 사례에서 오 부장이 취할 행동으로 가장 적절한 것은?

> 오 부장이 다니는 J의류회사는 전국 각지에 매장을 두고 있는 큰 기업 중 하나이다. 따라서 매장별로 하루에도 수많은 손님들이 방문하며 그 중에는 옷에 대해 불만을 품고 찾아오는 손님들도 간혹 있다. 하지만 고지식하며 상부의 지시를 중시 여기는 오 부장은 이러한 사소한 일들도 하나하나 보고하여 상사의 지시를 받으라고 부하직원들에게 강조하고 있다. 그러다 보니 매장 직원들은 사소한 문제 하나라도 스스로 처리하지 못하고 일일이 상부에 보고를 하고 상부의 지시가 떨어지면 그때서야 문제를 해결한다. 이로 인해 자연히 불만고객에 대한 대처가 늦어지고 항의도 잇따르게 되었다. 오늘도 한 매장에서 소매에 단추 하나가 없어 이를 수선해 줄 것을 요청하는 고객의 불만을 상부에 보고해 지시를 기다리다가 결국 고객이 기다리지 못하고 환불요청을 한 사례가 있었다.

① 오 부장이 직접 그 고객에게 가서 불만사항을 처리한다.

② 사소한 업무처리는 매장 직원들이 스스로 해결할 수 있도록 어느 정도 권한을 부여한다.

③ 매장 직원들에게 고객의 환불요청에 대한 책임을 물어 징계를 내린다.

④ 앞으로 이러한 실수가 일어나지 않도록 옷을 수선하는 직원들의 교육을 다시 시킨다.

> ✔**해설** 위의 사례에서 불만고객에 대한 대처가 늦어지고 그로 인해 항의가 잇따르고 있는 이유는 사소한 일조차 상부에 보고해 그 지시를 기다렸다가 해결하는 업무체계에 있다. 따라서 오 부장은 어느 정도의 권한과 책임을 매장 직원들에게 위임하여 그들이 현장에서 바로 문제를 해결할 수 있도록 도와주어야 한다.

12 리더는 조직원들에게 지속적으로 자신의 잠재력을 발휘하도록 만들기 위한 외적인 동기 유발제 그 이상을 제공해야 한다. 이러한 리더의 역량이라고 볼 수 없는 것은?

① 조직을 위험에 빠지지 않도록 리스크 관리를 철저히 하여 안심하고 근무할 수 있도록 해준다.

② 높은 성과를 달성한 조직원에게는 따뜻한 말과 칭찬으로 보상해 준다.

③ 직원 자신이 상사로부터 인정받고 있으며 일부 권한을 위임받았다고 느낄 수 있도록 동기를 부여한다.

④ 직원들이 자신의 업무에 책임을 지도록 하는 환경 속에서 일할 수 있게 해 준다.

> ✔**해설** 리더는 변화를 두려워하지 않아야 하며, 리스크를 극복할 자질을 키워야한다. 위험을 감수해야 할 이유가 합리적이고 목표가 실현가능한 것이라면 직원들은 기꺼이 변화를 향해 나아갈 것이며, 위험을 선택한 자신에게 자긍심을 가지며 좋은 결과를 이끌어내고자 지속적으로 노력할 것이다.

ANSWER 10.③ 11.② 12.①

13 G사 홍보팀 직원들은 팀워크를 향상시킬 수 있는 방법에 대한 토의를 진행하며 다음과 같은 의견들을 제시하였다. 다음 중 팀워크의 기본요소를 제대로 파악하고 있지 못한 사람은 누구인가?

> A : "팀워크를 향상시키기 위해서는 무엇보다 팀원 간의 상호 신뢰와 존중이 중요하다고 봅니다."
> B : "또 하나 빼놓을 수 없는 것은 스스로에 대한 넘치는 자아의식이 수반되어야 팀워크에 기여할 수 있어요."
> C : "팀워크는 상호 협력과 각자의 역할에서 책임을 다하는 자세가 기본이 되어야 함을 우리 모두 명심해야 합니다."
> D : "저는 팀원들끼리 솔직한 대화를 통해 서로를 이해하는 일이 무엇보다 중요하다고 생각해요."

① A   ② B
③ C   ④ D

> ✔ **해설** '내가'라는 자아의식의 과잉은 팀워크를 저해하는 대표적인 요인이 될 수 있다. 팀워크는 팀 구성원이 공동의 목적을 달성하기 위해 상호 관계성을 가지고 서로 협력하여 일을 해나가는 것인 만큼 자아의식이 강하거나 자기중심적인 이기주의는 반드시 지양해야 할 요소가 된다.

14 직장생활을 하다보면 조직원들 사이에 갈등이 존재할 수 있다. 이러한 갈등은 서로 불일치하는 규범, 이해, 목표 등이 충돌하는 상태를 의미한다. 다음 중 갈등을 확인할 수 있는 단서로 볼 수 없는 것은?

① 지나치게 논리적으로 논평과 제안을 하는 태도
② 타인의 의견발표가 끝나기도 전에 타인의 의견에 대해 공격하는 태도
③ 핵심을 이해하지 않고 무조건 상대를 비난하는 태도
④ 무조건 편을 가르고 타협하기를 거부하는 태도

> ✔ **해설** 갈등을 확인할 수 있는 단서
> ㉠ 지나치게 감정적으로 논평과 제안을 하는 것
> ㉡ 타인의 의견발표가 끝나기도 전에 타인의 의견에 대해 공격하는 것
> ㉢ 핵심을 이해하지 못한 채 서로 비난하는 것
> ㉣ 편을 가르고 타협하기를 거부하는 것
> ㉤ 개인적인 수준에서 미묘한 방식으로 서로를 공격하는 것

15 다음의 대화를 통해 알 수 있는 내용으로 가장 알맞은 것은?

> K 팀장 : 좋은 아침입니다. 어제 말씀드린 보고서는 다 완성이 되었나요?
> L 사원 : 예, 아직 완성을 하지 못했습니다. 시간이 많이 부족한 것 같습니다.
> K 팀장 : 보고서를 작성하는 데 어려움이 있나요?
> L 사원 : 팀장님의 지시대로 하는 데 어려움은 없습니다. 그러나 저에게 주신 자료 중 잘못된 부분이 있는 것 같습니다.
> K 팀장 : 아. 저도 몰랐던 부분이네요. 잘못된 점이 무엇인가요?
> L 사원 : 직접 보시면 아실 것 아닙니까? 일부러 그러신 겁니까?
> K 팀장 : 아 그렇습니까?

① K 팀장은 아침부터 L 사원을 나무라고 있다.
② K 팀장은 좋은 협상 능력을 가지고 있다.
③ K 팀장은 리더로서의 역할이 부족하다.
④ L 사원은 팀원으로서의 팔로워십이 부족하다.

> ✔해설　대화를 보면 L 사원이 팔로워십이 부족함을 알 수 있다. 팔로워십은 팀의 구성원으로서의 역할을 충실하게 잘 수행하는 능력을 말한다. L 사원은 헌신, 전문성, 용기, 정직, 현명함을 갖추어야 하고 리더의 결점이 있으면 올바르게 지적하되 덮어주는 아량을 갖추어야 한다.

16 팀장 甲이 팀워크를 촉진하기 위해 취할 수 있는 행동으로 옳은 것은?

> 팀장 甲은 사원 乙, 丙에게 두 사람이 함께 시장조사를 하라고 지시했다. 2주 뒤 팀장 甲이 乙, 丙에게 시장조사에 대해 묻자 乙은 "제 몫은 끝냈습니다. 하지만 丙은….." 라고 했다. 丙은 발끈하여 "애초부터 乙보다 분량이 월등히 많았습니다."라고 반박했다. 乙은 "분량은 처음 업무 분배를 할 때 결정한 사항이므로 문제가 되지 않습니다."라고 덧붙였다.

① 乙, 丙이 독자적인 아이디어를 낼 수 있도록 격려한다.
② 창의력 조성을 위한 협력적인 환경을 조성하도록 한다.
③ 乙, 丙 사이에 개입하여 갈등을 중재하고 의견을 교환한다.
④ 자발적으로 참여할 수 있는 분위기를 형성한다.

> ✔해설　乙과 丙의 갈등 상황이므로 팀장인 甲이 갈등을 해결하는 행동을 취해야 한다.

17 경영상의 위기를 겪고 있는 S사의 사장은 직원들을 모아 놓고 위기 탈출을 위한 방침을 설명하며, 절대 사기를 잃지 말 것을 주문하고자 한다. 다음 중 S사 사장이 바람직한 리더로서 직원들에게 해야 할 연설의 내용으로 적절하지 않은 것은 어느 것인가?

① "지금의 어려움뿐 아니라 항상 미래의 지향점을 잊지 않고 반드시 이 위기를 극복하겠습니다."

② "저는 이 난관을 극복하기 위해 당면한 과제를 어떻게 해결할까 하는 문제보다 무엇을 해야 하는지에 집중하며 여러분을 이끌어 나가겠습니다."

③ "여러분들이 해 주어야 할 일들을 하나하나 제가 지시하기보다 모두가 자발적으로 우러나오는 마음을 가질 수 있는 길이 무엇인지 고민할 것입니다."

④ "저는 어떠한 일이 있어도 위험이 따르는 도전을 거부할 것이니 모두들 안심하고 업무에 만전을 기해주시길 바랍니다."

> ✔ **해설** ④ 바람직한 리더에게는 위험을 회피하기보다 계산된 위험을 취하는 진취적인 자세가 필요하다. 위험을 회피하는 것은 리더가 아닌 관리자의 모습으로, 조직을 이끌어 갈 수 있는 바람직한 방법이 되지 못한다.
> ① 새로운 상황을 창조하며 오늘보다는 내일에 초점을 맞춘다.
> ② 어떻게 할까보다는 무엇을 할까를 생각한다.
> ③ 사람을 관리하기보다 사람의 마음에 불을 지핀다.

18 다음 중 효과적인 팀의 특성으로 옳지 않은 것은?

① 팀의 사명과 목표를 명확하게 기술한다.

② 역할과 책임을 명료화시킨다.

③ 리더십 역량을 공유하며 구성원 상호간에 지원을 아끼지 않는다.

④ 주관적인 결정을 내린다.

> ✔ **해설** 효과적인 팀의 특성
> ㉠ 팀의 사명과 목표를 명확하게 기술한다.
> ㉡ 창조적으로 운영된다.
> ㉢ 결과에 초점을 맞춘다.
> ㉣ 역할과 책임을 명료화시킨다.
> ㉤ 조직화가 잘 되어 있다.
> ㉥ 개인의 강점을 활용한다.
> ㉦ 리더십 역량을 공유하며 구성원 상호간에 지원을 아끼지 않는다.
> ㉧ 팀 풍토를 발전시킨다.
> ㉨ 의견의 불일치를 건설적으로 해결한다.
> ㉩ 개방적으로 의사소통을 한다.
> ㉪ 객관적인 결정을 내린다.
> ㉫ 팀 자체의 효과성을 평가한다.

19 윈-윈(WIN-WIN) 갈등 관리법에 대한 설명으로 적절하지 않은 것은?

① 문제의 근본적인 해결책을 얻는 방법이다.
② 갈등을 피하거나 타협으로 예방하기 위한 방법이다.
③ 갈등 당사자 서로가 원하는 바를 얻을 수 있는 방법이다.
④ 긍정적인 접근방식에 의거한 갈등해결 방법이다.

> ✔해설 갈등을 피하거나 타협으로 예방하려는 것은 문제를 근본적으로 해결하기에 한계가 있으므로 갈등에 관련된 모든 사람들의 의견을 받아 본질적인 해결책을 얻는 방법이 윈-윈 갈등 관리법이다.

20 다음 세 조직의 특징에 대한 설명으로 적절하지 않은 것은?

> A팀 : 쉽지 않은 해외 영업의 특성 때문인지, 직원들은 대체적으로 질투심이 좀 강한 편이고 서로의 사고방식의 차이를 이해하지 못하는 분위기다. 일부 직원은 조직에 대한 이해도가 다소 떨어지는 것으로 보인다.
> B팀 : 직원들의 목표의식과 책임감이 강하고 직원들 상호 간 협동심이 뛰어나다. 지난 달 최우수 조직으로 선정된 만큼 자신이 팀의 일원이라는 점에 자부심이 강하며 매사에 자발적인 업무 수행을 한다.
> C팀 : 팀의 분위기가 아주 좋으며 모두들 C팀에서 근무하기를 희망한다. 사내 체육대회에서 1등을 하는 등 직원들 간의 끈끈한 유대관계가 장점이나, 지난 2년간 조직 평가 성적이 만족스럽지 못하여 팀장은 내심 걱정거리가 많다.

① B팀은 우수한 팀워크를 가진 조직이다.
② A팀은 자아의식이 강하고 자기중심적인 조직으로 평가할 수 있다.
③ C팀은 응집력이 좋은 팀으로 평가할 수 있다.
④ 팀의 분위기가 좋으나 성과를 내지 못하고 있다면, 팀워크는 좋으나 응집력이 부족한 집단이다.

> ✔해설 B팀은 팀워크가 좋은 팀, C팀은 응집력이 좋은 팀, A팀은 팀워크와 응집력 모두가 좋지 않은 팀이다. C팀과 같이 성과를 내지 못하고 있지만 팀의 분위기가 좋다면 이것은 팀워크가 아니라 응집력이 좋다고 표현할 수 있다. 응집력은 사람들로 하여금 계속 그 집단에 머물게 하고, 집단의 멤버로서 남아있기를 희망하게 만드는 힘이다.

ANSWER 17.④ 18.④ 19.② 20.④

21 다음의 밑줄 친 부분에 대한 설명으로 옳지 않은 것은?

A사는 지난해부터 지금까지 조직개편을 진행하고 있다. 내부 사업 부서를 별도 법인으로 설립하거나 조직을 세분화하는 등 조직의 체질을 완전히 바꿔놓겠다는 의지를 보이고 있다. 우선 지난 해 4월 ㉠<u>팀제를 폐지</u>한 데 이어 올해 초 본부제를 폐지하고 의사결정단계를 기존 3단계에서 '센터 · 그룹－실 · 랩'의 2단계로 축소하였다. 본부에 속해 있는 18개 센터와 8개의 셀을 상하구조 없이 전면배치하였다. 조직의 규모는 14명인 조직부터 최대 173명인 곳까지 다양하다. 조직 리더들의 직급도 제한을 두지 않았다. 또 독립기업 제도인 CIC를 도입했다. 회사 측은 CIC에 대해 셀 조직의 진화된 형태로, 가능성 있는 서비스가 독립적으로 성장할 수 있도록 적극 지원하는 구조라고 설명하였다. 셀이 서비스 자체에서만 독립성을 지녔다면, CIC는 인사나 재무 등 경영전반의 주도권도 갖는다. A사 관계자는 메일과 캘린더, 클라우드 사업을 분사하는 계획도 검토 중이라며 벤처 정신을 살리고 빠른 의사결정을 할 수 있는 조직을 갖추는 것이 핵심이라고 말했다.

① 다양한 팀 간의 수평적인 연결 관계를 창출해 전체 구성원들이 정보를 공유하기가 용이하다.
② 경영환경에 유연하게 대처하여 기업의 경쟁력을 제고할 수 있다.
③ 구성원 간 이질성 및 다양성의 결합과 활용을 통한 시너지의 효과를 촉진시킨다.
④ 팀장이 되지 못한 기존 조직의 간부사원의 사기가 저하되지 않는다.

✔ **해설** 팀제에서는 팀장이 되지 못한 기존 조직의 간부사원들의 사기가 저하될 수 있는 문제점이 있다.

22 다음에 해당하는 협상전략은 무엇인가?

양보전략으로 상대방이 제시하는 것을 일방적으로 수용하여 협상의 가능성을 높이려는 전략이다. 순응전략, 화해전략, 수용전략이라고도 한다.

① 협력전략 　　　　　　　　　② 회피전략
③ 강압전략 　　　　　　　　　④ 유화전략

✔ **해설** ① 협력전략 : 협상 참여자들이 협동과 통합으로 문제를 해결하고자 하는 협력적 문제해결전략이다.
② 회피전략 : 무행동전략으로 협상으로부터 철수하는 철수전략이다. 협상을 피하거나 잠정적으로 중단한다.
③ 강압전략 : 경쟁전략으로 자신이 상대방보다 힘에 있어서 우위를 점유하고 있을 때 자신의 이익을 극대화하기 위한 공격적 전략이다.

23 조직 사회에서 일어나는 갈등을 해결하는 방법 중 문제를 회피하지 않으면서 상대방과의 대화를 통해 동등한 만큼의 목표를 서로 누리는 두 가지 방법이 있다. 이 두 가지 갈등해결방법에 대한 다음의 설명 중 빈칸에 들어갈 알맞은 말은?

> 첫 번째 유형은 자신에 대한 관심과 상대방에 대한 관심이 중간정도인 경우로서, 서로가 받아들일 수 있는 결정을 하기 위하여 타협적으로 주고받는 방식을 말한다. 즉, 갈등 당사자들이 반대의 끝에서 시작하여 중간 정도 지점에서 타협하여 해결점을 찾는 것이다.
>
> 두 번째 유형은 협력형이라고도 하는데, 자신은 물론 상대방에 대한 관심이 모두 높은 경우로서 '나도 이기고 너도 이기는 방법(win-win)'을 말한다. 이 방법은 문제해결을 위하여 서로 간에 정보를 교환하면서 모두의 목표를 달성할 수 있는 '윈윈' 해법을 찾는다. 아울러 서로의 차이를 인정하고 배려하는 신뢰감과 공개적인 대화를 필요로 한다. 이 유형이 가장 바람직한 갈등해결 유형이라 할 수 있다. 이러한 '윈윈'의 방법이 첫 번째 유형과 다른 점은 (   )는 것이며, 이것을 '윈윈 관리법'이라고 한다.

① 시너지 효과를 극대화할 수 있다.

② 상호 친밀감이 더욱 돈독해진다.

③ 보다 많은 이득을 얻을 수 있다.

④ 문제의 근본적인 해결책을 얻을 수 있다.

> ✔ **해설** 첫 번째 유형은 타협형, 두 번째 유형은 통합형을 말한다. 갈등의 해결에 있어서 문제를 근본적·본질적으로 해결하는 것이 가장 좋다. 통합형 갈등해결 방법에서의 '윈윈(Win-Win) 관리법'은 서로가 원하는 바를 얻을 수 있기 때문에 성공적인 업무관계를 유지하는 데 매우 효과적이다.

24 다음 중 동기부여 방법으로 옳지 않은 것은?

① 긍정적 강화법을 활용한다.　　　　　② 새로운 도전의 기회를 부여한다.

③ 적절한 코칭을 한다.　　　　　　　　④ 일정기간 교육을 실시한다.

> ✔ **해설** 동기부여 방법
> ㉠ 긍정적 강화법을 활용한다.
> ㉡ 새로운 도전의 기회를 부여한다.
> ㉢ 창의적인 문제해결법을 찾는다.
> ㉣ 책임감으로 철저히 무장한다.
> ㉤ 적절한 코칭을 한다.
> ㉥ 변화를 두려워하지 않는다.
> ㉦ 지속적으로 교육한다.

ANSWER 21.④　22.④　23.④　24.④

25 다음 중 거만형 불만고객에 대한 대응방안으로 옳지 않은 것은?

① 정중하게 대하는 것이 좋다.

② 분명한 증거나 근거를 제시하여 스스로 확신을 갖도록 유도한다.

③ 자신의 과시욕이 채워지도록 뽐내게 내버려 둔다.

④ 의외로 단순한 면이 있으므로 일단 호감을 얻게 되면 득이 될 경우도 있다.

> **✔ 해설** 의심형 불만고객에 대한 대응방안이다.

26 '협상'을 위해 취하여하 할 ㈎ ~ ㈐의 행동을 바람직한 순서대로 알맞게 나열한 것은?

> ㈎ 자신의 의견을 적극적으로 개진하여 상대방이 수용할 수 있는 근거를 제시한다.
> ㈏ 상대방의 의견을 경청하고 자신의 주장을 제시한다.
> ㈐ 합의를 통한 결과물을 도출하여 최종 서명을 이끌어낸다.
> ㈑ 상대방 의견을 분석하여 무엇이 그러한 의견의 근거가 되었는지 찾아낸다.

① ㈑ - ㈐ - ㈏ - ㈎

② ㈑ - ㈎ - ㈏ - ㈐

③ ㈏ - ㈎ - ㈐ - ㈑

④ ㈏ - ㈑ - ㈎ - ㈐

> **✔ 해설** 협상은 보통 '협상 시작→상호 이해→실질 이해→해결 대안→합의 문서'의 다섯 단계로 구분한다. 제시된 보기는 ㈎
> -해결 대안, ㈏-상호 이해, ㈐-합의 문서, ㈑-실질 이해이므로 올바른 순서는 ㈏ - ㈑ - ㈎ - ㈐이다.

27 직장인 K 씨는 야구에 전혀 관심이 없다. 그러나 하나 밖에 없는 아들은 야구를 엄청 좋아한다. 매일 바쁜 업무로 인하여 아들과 서먹해진 느낌을 받은 K 씨는 휴가를 내어 아들과 함께 전국으로 프로야구 경기를 관람하러 다녔다. 그 덕분에 K 씨와 아들의 사이는 급속도로 좋아졌다. K 씨의 행동에 대한 설명으로 옳은 것은?

① K 씨는 회사에 흥미를 잃었다.

② K 씨는 새롭게 야구경기에 눈을 뜨게 되었다.

③ K 씨는 아들에 대한 이해와 배려가 깊다.

④ K 씨는 아들이 자기를 욕할까봐 무섭다.

> **✔ 해설** K 씨의 행동은 대인관계 향상 방법의 하나인 상대방을 이해하는 마음에 해당한다.

28 고객만족을 측정하는 데 있어 오류를 범하는 경우가 발생한다. 다음 중 오류를 범할 수 있는 유형에 해당하지 않는 것은?

① 고객이 원하는 것을 알고 있다고 착각한다.

② 포괄적인 가치만을 질문한다.

③ 모든 고객들이 동일 수준의 서비스를 원한다고 생각한다.

④ 전문가로부터 도움을 얻는다.

> **✔ 해설** 고객만족을 측정하는 데 있어 오류를 범할 수 있는 유형
> ㉠ 고객이 원하는 것을 알고 있다고 생각한다.
> ㉡ 적절한 측정 프로세스 없이 조사를 시작한다.
> ㉢ 비전문가로부터 도움을 얻는다.
> ㉣ 포괄적인 가치만을 질문한다.
> ㉤ 중요도척도를 오용한다.
> ㉥ 모든 고객이 동일 수준의 서비스를 원하고 필요하다고 생각한다.

29 다음 사례에서 팀워크에 도움이 안 되는 사람은 누구인가?

> ◎◎기업의 입사동기인 영재와 영초, 문식, 윤영은 이번에 처음으로 함께 프로젝트를 수행하게 되었다. 이는 이번에 나온 신제품에 대한 소비자들의 선호도를 조사하는 것으로 ◎◎기업에서 이들의 팀워크 능력을 알아보기 위한 일종의 시험이었다. 이 프로젝트에서 네 사람은 각자 자신이 잘 할 수 있는 능력을 살려 업무를 분담했는데 평소 말주변이 있고 사람들과 만나는 것을 좋아하는 영재는 직접 길거리로 나가 시민들을 대상으로 신제품에 대한 설문조사를 실시하였다. 그리고 어릴 때부터 일명 '천재소년'이라고 자타가 공인한 영초는 자신의 능력을 믿고 다른 사람들과는 따로 설문조사를 실시하였고 보고서를 작성하였다. 한편 대학에서 수학과를 나와 통계에 자신 있는 문식은 영재가 조사해 온 자료를 바탕으로 통계를 내기 시작하였고 마지막으로 꼼꼼한 윤영이가 깔끔하게 보고서를 작성하여 상사에게 제출하였다.

① 영재

② 영초

③ 문식

④ 윤영

> **✔ 해설** 팀워크는 팀이 협동하여 행하는 동작이나 그들 상호 간의 연대를 일컫는다. 따라서 아무리 개인적으로 능력이 뛰어나다 하여도 혼자서 일을 처리하는 사람은 팀워크가 좋은 사람이라고 볼 수 없다. 따라서 정답은 ②번이다.

ANSWER 25.② 26.④ 27.③ 28.④ 29.②

30 다음 사례에 나타난 리더십 유형의 특징으로 옳은 것은?

> 이번에 새로 팀장이 된 대근은 입사 5년차인 비교적 젊은 팀장이다. 그는 자신의 팀에 있는 팀원들은 모두 나름대로의 능력과 경험을 가지고 있으며 자신은 그들 중 하나에 불과하다고 생각한다. 따라서 다른 팀의 팀장들과 같이 일방적으로 팀원들에게 지시를 내리거나 팀원들의 의견을 듣고 그 중에서 마음에 드는 의견을 선택적으로 추리는 등의 행동을 하지 않고 평등한 입장에서 팀원들을 대한다. 또한 그는 그의 팀원들에게 의사결정 및 팀의 방향을 설정하는데 참여할 수 있는 기회를 줌으로써 팀 내 행동에 따른 결과 및 성과에 대해 책임을 공유해 나가고 있다. 이는 모두 팀원들의 능력에 대한 믿음에서 비롯된 것이다.

① 질문을 금지한다.

② 모든 정보는 리더의 것이다.

③ 실수를 용납하지 않는다.

④ 책임을 공유한다.

 ①②③ 전형적인 독재자 유형의 특징이다.
　　※ 파트너십 유형의 특징
　　　㉠ 평등
　　　㉡ 집단의 비전
　　　㉢ 책임 공유

31 갈등관리 상황에서 자기와 상대이익을 만족시키려는 의도가 다 같이 높을 때 제시될 수 있는 갈등해소 방안으로 가장 적합한 것은?

① 협동　　　　　　　　　　　② 경쟁

③ 타협　　　　　　　　　　　④ 회피

구분		상대방의 이익을 만족시키려는 정도		
		낮음	중간	높음
자신의 이익을 만족시키려는 정도	낮음	회피		순응
	중간		타협	
	높음	경쟁		협동

32 다음 열거된 항목들 중, 팀원에게 제시할 수 있는 '팀원의 강점을 잘 활용하여 팀 목표를 달성하는 효과적인 팀'의 핵심적인 특징으로 선택하기에 적절하지 않은 것은?

> (가) 객관적인 결정을 내린다.
>
> (나) 팀의 사명과 목표를 명확하게 기술한다.
>
> (다) 역할과 책임을 명료화시킨다.
>
> (라) 개인의 강점을 활용하기보다 짜인 시스템을 활용한다.
>
> (마) 의견의 불일치를 건설적으로 해결한다.
>
> (바) 결과보다 과정과 방법에 초점을 맞춘다.

① (가), (다), (라)　　　　　　　　② (나), (마), (라), (바)

③ (라), (바)　　　　　　　　　　　④ (마), (바)

✔ **해설** (라)-개인의 강점을 활용한다.

　　　　(바)-과정과 방법이 아닌 결과에 초점을 맞추어야 한다.

　　※ 효과적인 팀의 핵심적인 특징으로는 다음과 같은 것들이 있다.

　　　⊙ 팀의 사명과 목표를 명확하게 기술한다.

　　　ⓒ 창조적으로 운영된다.

　　　ⓒ 결과에 초점을 맞춘다.

　　　ⓔ 역할과 책임을 명료화시킨다.

　　　ⓜ 조직화가 잘되어 있다.

　　　ⓗ 개인의 강점을 활용한다.

　　　ⓢ 리더십 역량을 공유하며 구성원 상호간에 지원을 아끼지 않는다.

　　　ⓞ 의견의 불일치를 건설적으로 해결한다.

　　　ⓩ 개방적인 의사소통을 하고 객관적인 결정을 내린다.

33 다음은 팀장과 팀원의 대화이다. 다음 상황에서 팀장이 주의해야 할 점으로 옳지 않은 것은?

> 팀장 : 구체적으로 어떤 업무를 하길 원하는지, 그리고 새로운 업무 목표는 어떻게 이룰 것인지 의견을 듣고 싶습니다.
>
> 팀원 : 솔직히 저는 현재 제가 맡고 있는 업무도 벅찬데 새로운 업무를 받은 것에 대해 달갑지 않습니다. 그저 난감할 뿐이죠.
>
> 팀장 : 그렇군요. 그 마음 충분히 이해합니다. 하지만 현재 회사 여건상 인력감축은 불가피합니다. 현재의 인원으로 업무를 어떻게 수행할 수 있을지에 대해 우리는 계획을 세워야 합니다. 이에 대해 새로 맡게 될 업무를 검토하고 그것을 어떻게 달성할 수 있을지 집중적으로 얘기해 봅시다.
>
> 팀원 : 일단 주어진 업무를 모두 처리하기에는 시간이 너무 부족합니다. 좀 더 다른 방법을 세워야 할 것 같아요.
>
> 팀장 : 그렇다면 혹시 그에 대한 다른 대안이 있나요?
>
> 팀원 : 기존에 제가 가지고 있던 업무들을 보면 없어도 될 중복된 업무들이 있습니다. 이러한 업무들을 하나로 통합한다면 새로운 업무를 볼 여유가 생길 것 같습니다.
>
> 팀장 : 좋습니다. 좀 더 구체적으로 말씀해 주시겠습니까?
>
> 팀원 : 우리는 지금까지 너무 고객의 요구를 만족시키기 위해 필요 없는 절차들을 많이 따르고 있었습니다. 이를 간소화할 필요가 있다고 생각합니다.
>
> 팀장 : 그렇군요. 어려운 문제에 대해 좋은 해결책을 제시해 줘서 정말 기쁩니다. 그렇다면 지금부터는 새로운 업무를 어떻게 진행시킬지, 그리고 그 업무가 어떤 이점으로 작용할지에 대해 말씀해 주시겠습니까? 지금까지 맡은 업무를 잘 처리하였지만 너무 같은 업무만을 하다보면 도전정신도 없어지고 자극도 받지 못하죠. 이번에 새로 맡게 될 업무를 완벽하게 처리하기 위해 어떤 방법을 활용할 생각입니까?
>
> 팀원 : 네. 사실 말씀하신 바와 같이 지금까지 겪어보지 못한 전혀 새로운 업무라 기분이 좋지는 않습니다. 하지만 반면 저는 지금까지 제 업무를 수행하면서 창의적인 능력을 사용해 보지 못했습니다. 이번 업무는 제게 이러한 창의적인 능력을 발휘할 수 있는 기회입니다. 따라서 저는 이번 업무를 통해 좀 더 창의적인 능력을 발휘해 볼 수 있는 경험과 그에 대한 자신감을 얻게 됐다는 점이 가장 큰 이점으로 작용할 것이라 생각됩니다.
>
> 팀장 : 정말 훌륭한 생각을 가지고 있군요. 이미 당신은 새로운 기술과 재능을 가지고 있다는 것을 우리에게 보여주고 있습니다.

① 지나치게 많은 정보와 지시를 내려 직원들을 압도한다.

② 어떤 활동을 다루고, 시간은 얼마나 걸리는지 등에 대해 구체적이고 명확하게 밝힌다.

③ 질문과 피드백에 충분한 시간을 할애한다.

④ 직원들의 반응을 이해하고 인정한다.

> ✔ 해설   ① 위의 상황은 팀장이 팀원에게 코칭을 하고 있는 상황이다. 코칭을 할 때에 지나치게 많은 정보와 지시로 직원들을 압도해서는 안 된다.

34 다음 중 팀워크의 사례가 아닌 것은?

① 부하직원의 작은 실수로 실패할 뻔 했던 거래를 같은 팀원들이 조금씩 힘을 보태어 거래를 성사시킨 일

② 도저히 기한 안에 처리될 것 같지 않던 프로젝트를 팀원들이 모두 힘을 합하여 성공적으로 마무리한 일

③ 사무실 내의 분위기가 좋고 서로를 배려해서 즐겁게 일하여 부서이동 때 많이 아쉬웠던 일

④ 상을 당한 팀장님의 갑작스런 부재에도 당황하지 않고 각자 업무를 분담하여 운영에 차질이 없었던 일

> **✔해설** ③ 응집력이 좋은 사례이다.
>
> ※ 팀워크와 응집력
> ⊙ 팀워크 : 팀 구성원이 공동의 목적을 달성하기 위해 상호 관계성을 가지고 협력하여 일을 해나가는 것
> ⓛ 응집력 : 사람들로 하여금 집단에 머물고 싶도록 하고, 그 집단의 멤버로 계속 남아있기를 원하게 만드는 것

35 직장인 Y 씨는 태어나서 지금까지 단 한 번도 지키지 못할 약속은 한 적이 없다. 그리고 모든 상황에서 이를 지키기 위하여 노력을 한다. 그러나 사람의 일이 모두 뜻대로 되지 않듯이 예기치 않은 사건의 발생으로 약속을 지키지 못하는 경우는 생기기 마련이다. 이럴 때 Y 씨는 상대방에게 충분히 자신의 상황을 설명하여 약속을 연기한다. Y 씨의 행동은 대인관계 향상 방법 중 어디에 해당하는가?

① 상대방에 대한 이해
② 사소한 일에 대한 관심
③ 약속의 이행
④ 언행일치

> **✔해설** 책임을 지고 약속을 지키는 것은 중요한 일이다. 약속을 어기게 되면 다음에 약속을 해도 상대방은 믿지 않게 마련이다. 약속은 대개 사람들의 기대를 크게 만들기 때문에 항상 약속을 지키는 습관을 가져야 신뢰감을 형성할 수 있게 된다.

36 제약회사 영업부에 근무하는 U 씨는 영업부 최고의 성과를 올리는 영업사원으로 명성이 자자하다. 그러나 그런 그에게도 단점이 있었으니 그것은 바로 서류 작업을 정시에 마친 적이 없다는 것이다. U 씨가 회사로 복귀하여 서류 작업을 지체하기 때문에 팀 전체의 생산성에 차질이 빚어지고 있다면 영업부 팀장인 K 씨의 행동으로 올바른 것은?

① U 씨의 영업실적은 뛰어나므로 다른 직원에게 서류 작업을 지시한다.

② U 씨에게 퇴근 후 서류 작업을 위한 능력을 개발하라고 지시한다.

③ U 씨에게 서류작업만 할 수 있는 아르바이트 직원을 붙여준다.

④ U 씨로 인한 팀의 분위기를 설명하고 해결책을 찾아보라고 격려한다.

> **✔ 해설** 팀장인 K 씨는 U 씨에게 팀의 생산성에 영향을 미치는 내용을 상세히 설명하고 이 문제와 관련하여 해결책을 스스로 강구하도록 격려하여야 한다.

37 협상의 의미를 바르게 연결한 것은?

① 의사소통 차원의 협상 – 자신이 얻고자 하는 것을 가진 사람의 호의를 쟁취하기 위한 것에 관한 지식이며 노력의 분야이다.

② 갈등해결 차원의 협상 – 갈등관계에 있는 이해당사자들이 대화를 통해서 갈등을 해결하고자 하는 상호작용과정이다.

③ 지식과 노력 차원의 협상 – 이해당사자들이 자신들의 욕구를 충족시키기 위해 상대로부터 최선의 것을 얻어내기 위해 상대를 설득하는 커뮤니케이션 과정이다.

④ 의사결정 차원의 협상 – 둘 이상의 이해당사자들이 여러 대안들 가운데 이해당사자들의 찬반을 통해 다수의 의견이 모아지는 대안을 선택하는 의사결정과정이다.

> **✔ 해설** ① 의사소통 차원의 협상 : 이해당사자들이 자신들의 욕구를 충족시키기 위해 상대로부터 최선의 것을 얻어내기 위해 상대를 설득하는 커뮤니케이션 과정이다.
> ③ 지식과 노력 차원의 협상 : 자신이 얻고자 하는 것을 가진 사람의 호의를 쟁취하기 위한 것에 관한 지식이며 노력의 분야이다.
> ④ 의사결정 차원의 협상 : 둘 이상의 이해당사자들이 여러 대안들 가운데 이해당사자들 모두가 수용가능한 대안을 찾기 위한 의사결정과정이다.

38 다음 중 임파워먼트에 해당하는 가장 적절한 사례는 무엇인가?

① 영업부 팀장 L 씨는 사원 U 씨에게 지난 상반기의 판매 수치를 정리해 오라고 요청하였다. 또한 데이터베이스를 업데이트하고, 회계부서에서 받은 수치를 반영하여 새로운 보고서를 제출하라고 지시하였다.

② 편집부 팀장 K 씨는 사원 S씨에게 지난 3달간의 도서 판매 실적을 정리해 달라고 요청하였다. 또한 신간등록이 되어 있는지 확인 후 업데이트하고, 하반기에 내놓을 새로운 도서의 신간 기획안을 제출하라고 지시하였다.

③ 마케팅팀 팀장 I 씨는 사원 Y 씨에게 상반기 판매 수치를 정리하고 이 수치를 분석하여 하반기 판매 향상에 도움이 될 만한 마케팅 계획을 직접 개발하도록 지시했다.

④ 홍보부 팀장 H 씨는 사원 R 씨에게 지난 2년간의 회사 홍보물 내용을 검토하고 업데이트 할 내용을 정리한 후 보고서로 작성하여 10부를 복사해 놓으라고 지시하였다.

> ✔ **해설** 임파워먼트는 권한 위임을 의미한다. 직원들에게 일정 권한을 위임함으로서 훨씬 수월하게 성공의 목표를 이룰 수 있을 뿐 아니라 존경받는 리더로 거듭날 수 있다. 권한 위임을 받은 직원은 자신의 능력을 인정받아 권한을 위임받았다고 인식하는 순간부터 업무효율성이 증가하게 된다.

39 리더십에 대한 일반적인 의미로 볼 수 없는 것은?

① 조직 구성원들로 하여금 조직목표를 위해 자발적으로 노력하도록 영향을 주는 행위를 말한다.
② 목표달성을 위하여 개인이 조직원들에게 영향을 미치는 과정을 말한다.
③ 주어진 상황 내에서 목표달성을 위해 개인 또는 집단에 영향력을 행사하는 과정을 의미한다.
④ 조직의 관리자가 하급자에게 발휘하는 일종의 권력을 의미한다.

> ✔ **해설** 리더십은 하급자뿐만 아니라 동료나 상사에게까지도 발휘하는 사회적 영향력이다.

40 다음의 사례를 보고 뉴욕의 리츠칼튼 호텔의 고객서비스의 특징으로 옳은 것은?

> Robert는 미국 출장길에 샌프란시스코의 리츠칼튼 호텔에서 하루를 묵은 적이 있었다. 그는 서양식의 푹신한 베개가 싫어서 프런트에 전화를 걸어 좀 딱딱한 베개를 가져다 달라고 요청하였다. 호텔 측은 곧이어 딱딱한 베개를 구해왔고 덕분에 잘 잘 수 있었다. 다음날 현지 업무를 마치고 다음 목적지인 뉴욕으로 가서 우연히 다시 리츠칼튼 호텔에서 묵게 되었는데 아무 생각 없이 방 안에 들어간 그는 깜짝 놀랐다. 침대 위에 전날 밤 사용하였던 것과 같은 딱딱한 베개가 놓여 있는 게 아닌가. 어떻게 뉴욕의 호텔이 그것을 알았는지 그저 놀라울 뿐이었다. 그는 호텔 측의 이 감동적인 서비스를 잊지 않고 출장에서 돌아와 주위 사람들에게 침이 마르도록 칭찬했다. 어떻게 이런 일이 가능했을까? 리츠칼튼 호텔은 모든 체인점이 항시 공유할 수 있는 고객 데이터베이스를 구축하고 있었고, 데이터베이스에 저장된 정보를 활용해서 그 호텔을 다시 찾는 고객에게 완벽한 서비스를 제공하고 있었던 것이다.

① 불만 고객에 대한 사후 서비스가 철저하다.

② 신규 고객 유치를 위해 이벤트가 다양하다.

③ 고객이 물어보기 전에 고객이 원하는 것을 실행한다.

④ 고객이 원하는 것이 이루어질 때까지 노력한다.

> ✅ **해설** 리츠칼튼 호텔은 고객이 무언가를 물어보기 전에 고객이 원하는 것에 먼저 다가가는 것을 서비스 정신으로 삼고 있다. 기존 고객의 데이터베이스를 공유하여 고객이 원하는 서비스를 미리 제공할 수 있는 것이다.

41 다음 설명에 해당하는 협상 과정은?

> • 협상 당사자들 사이에 상호 친근감을 쌓음
> • 간접적인 방법으로 협상의사를 전달함
> • 상대방의 협상의지를 확인함
> • 협상진행을 위한 체제를 짬

① 협상 시작

② 상호 이해

③ 실질 이해

④ 해결 대안

> ✅ **해설** 협상과정 : 협상 시작→상호 이해→실질 이해→해결 대안→합의 문서

42 다음 글에서 나타난 갈등을 해결한 방법은?

> 갑과 을은 일 처리 방법으로 자주 얼굴을 붉힌다. 갑은 처음부터 끝까지 계획을 따라 일을 진행하려고 하고, 을은 일이 생기면 즉흥적으로 해결하는 성격이다. 같은 회사 동료인 병은 이 둘에게 서로의 성향 차이를 인정할 줄 알아야 한다고 중재를 했고, 이 둘은 어쩔 수 없이 포기하는 것이 아닌 서로 간에 차이가 있다는 점을 비로소 인정하게 되었다.

① 사람들이 당황하는 모습을 자세하게 살핀다.

② 마음을 열어놓고 적극적으로 경청한다.

③ 어느 한쪽으로 치우치지 않는다.

④ 다른 사람들의 입장을 이해한다.

> **✔해설** 갈등해결 방법
> ㉠ 다른 사람들의 입장을 이해한다.
> ㉡ 사람들이 당황하는 모습을 자세하게 살핀다.
> ㉢ 어려운 문제는 피하지 말고 맞선다.
> ㉣ 자신의 의견을 명확하게 밝히고 지속적으로 강화한다.
> ㉤ 사람들과 눈을 자주 마주친다.
> ㉥ 마음을 열어놓고 적극적으로 경청한다.
> ㉦ 타협하려 애쓴다.
> ㉧ 어느 한쪽으로 치우치지 않는다.
> ㉨ 논쟁하고 싶은 유혹을 떨쳐낸다.
> ㉩ 존중하는 자세로 사람들을 대한다.

43 다음에서 설명하고 있는 개념의 특징으로 옳지 않은 것은?

> 조직성원들을 신뢰하고 그들의 잠재력을 믿으며 그 잠재력의 개발을 통해 High Performance 조직
> 이 되도록 하는 일련의 행위이다.

① 도전적이고 흥미 있는 일

② 학습과 성장의 기회

③ 성과에 대한 지식

④ 부정적인 인간관계

> ✔ 해설 높은 성과를 내는 임파워먼트 환경의 특징
> ㉠ 도전적이고 흥미 있는 일
> ㉡ 학습과 성장의 기회
> ㉢ 높은 성과와 지속적인 개선을 가져오는 요인들에 대한 통제
> ㉣ 성과에 대한 지식
> ㉤ 긍정적인 인간관계
> ㉥ 개인들이 공헌하며 만족한다는 느낌
> ㉦ 상부로부터의 지원

44 모바일 중견회사 감사 부서에서 생산 팀에서 생산성 10% 하락, 팀원들 간의 적대감이나 잦은 갈등, 비효율적인 회의 등의 문제점을 발견하였다. 이를 해결하기 위한 방안으로 가장 적절한 것을 고르시오.

① 아이디어가 넘치는 환경 조성을 위해 많은 양의 아이디어를 요구한다.

② 어느 정도 시간이 필요하므로 갈등을 방치한다.

③ 동료의 행동과 수행에 대한 피드백을 감소시킨다.

④ 의견 불일치가 발생할 경우 생산팀장은 제3자로 개입하여 중재한다.

> ✔ 해설 성공적으로 운영되는 팀은 의견의 불일치를 바로바로 해소하고 방해요소를 미리 없애 혼란의 내분을 방지한다.

45 다음 중 고객만족을 측정하는 데 있어 많은 사람들이 범하는 오류의 유형으로 옳지 않은 것은?

① 적절한 측정 프로세스 없이 조사를 시작한다.

② 고객이 원하는 것을 알고 있다고 생각한다.

③ 모든 고객들이 동일한 수준의 서비스를 원하고 필요로 한다고 가정한다.

④ 전문가로부터 도움을 얻는다.

> ✔ 해설 ④ 비전문가로부터 도움을 얻는다.
>
> ※ 고객만족을 측정하는 데 있어 많은 사람들이 범하는 오류의 유형
> ㉠ 고객이 원하는 것을 알고 있다고 생각한다.
> ㉡ 적절한 측정 프로세스 없이 조사를 시작한다.
> ㉢ 비전문가로부터 도움을 얻는다.
> ㉣ 포괄적인 가치만을 질문한다.
> ㉤ 중요도 척도를 오용한다.
> ㉥ 모든 고객들이 동일한 수준의 서비스를 원하고 필요로 한다고 가정한다.

46 다음 중 실무형 멤버십의 설명으로 옳지 않은 것은?

① 조직의 운영방침에 민감하다.

② 획일적인 태도나 행동에 익숙함을 느낀다.

③ 개인의 이익을 극대화하기 위해 흥정에 능하다.

④ 리더와 부하 간의 비인간적인 풍토를 느낀다.

> ✔ 해설 ② 순응형 멤버십에 대한 설명이다.

47 기업 인사팀에서 근무하면서 신입사원 워크숍 교육 자료를 만들게 되었다. 워크숍 교육 자료에서 팀워크 활성 방안으로 적절하지 않은 것을 고르시오.

① 아이디어의 질을 따지기보다 아이디어를 제안하도록 장려한다.

② 양질 의사결정을 내리기 위해 단편적 질문을 고려한다.

③ 의사결정을 내릴 때는 팀원들의 의견을 듣는다.

④ 각종 정보와 정보의 소스를 획득할 수 있다.

> ✔ 해설 양질의 의사결정을 내리기 위해 단편적인 질문이 아니라 여러 질문을 고려해야 한다.

ANSWER 43.④ 44.④ 45.④ 46.② 47.②

48 다음 중 팀워크의 촉진 방법으로 옳지 않은 것은?

① 개개인의 능력을 우선시 하기
② 갈등 해결하기
③ 참여적으로 의사결정하기
④ 창의력 조성을 위해 협력하기

> **✔ 해설** 팀워크의 촉진 방법
> ㉠ 동료 피드백 장려하기
> ㉡ 갈등 해결하기
> ㉢ 창의력 조성을 위해 협력하기
> ㉣ 참여적으로 의사결정하기

49 다음 중 변혁적 리더십의 유형으로 옳은 설명은?

① 개개인과 팀이 유지해 온 업무수행 상태를 뛰어넘어 전체 조직이나 팀원들에게 변화를 가져오는 원동력이 된다.
② 정책의사결정과 대부분의 핵심정보를 그들 스스로에게만 국한하여 소유하고 고수하려는 경향이 있다.
③ 그룹에 정보를 잘 전달하려고 노력하고 전체 그룹의 구성원 모두를 목표방향으로 설정에 참여하게 함으로써 구성원들에게 확신을 심어주려고 노력한다.
④ 리더와 집단 구성원 사이의 구분이 희미하고 리더가 조직에서 한 구성원이 되기도 한다.

> **✔ 해설** ② 독재자 유형
> ③ 민주주의 유형
> ④ 파트너십 유형

50 甲이 임원급 리더가 되기까지의 과정에서 자기개발 태도로 보기 어려운 것은?

> 헬스뷰티 전문스토어 A사에서 영업을 담당하고 있는 甲은 높은 성과와 원활한 대인관계로 최우수 영업사원으로 수년간 선정되며 능력을 인정받고 있다. 각종 교육 및 진단 참여를 통해 소통능력과 지속적으로 자기개발을 하려는 열정이 자신의 강점이라는 것을 명확하게 인식하고 있다. 이를 바탕으로, 자신의 경력목표 계획서를 만들어 해마다 목표를 보완하고 있으며 자신의 비전과 노력, 성공사례를 사보에 실어 직원들에게 공유하고 있다. 최근에는 영업 트레이너라는 목표를 품고 회사에 의사를 표시했지만 조직 전체의 이익이나 팀 실적을 위해서 당분간은 이동하지 말라는 의견을 받았다. 늘 긍정적인 모습을 유지하는 甲은 실망하지 않고 오히려 더욱 의기투합하여 충실하게 직무를 수행하였다. 동시에 교육훈련과 관련된 사내외 교육에 참석하고 야간대학원에서 관련 전공 석사 학위를 취득하는 등 공부를 이어나갔다. 회사 사업은 날로 확대되었고 甲 과장은 새로운 영업 트레이닝팀의 팀장이 되었다. 이후에도 멈추지 않고, 목표를 확대하고 노력을 기울여 甲은 몇 년 후 사업 총괄 이사로 진급하게 되었다.

① 끊임없이 자기개발을 하는 태도
② 긍정적인 모습으로 업무를 수행하는 태도
③ 새로운 목표를 세우며 안주하지 않는 태도
④ 자신의 약점을 보완하려는 태도

✔ **해설** ④ 약점을 보완하기 위한 활동은 제시글에서 확인할 수 없다.
　① 甲은 소통능력과 지속적으로 자기개발을 하려는 열정이 자신의 강점이라는 것을 인식하고 있다.
　② 회사에서 거절 의견을 받았음에도 긍정적인 모습을 유지하는 실망하지 않고 甲은 충실하게 직무를 수행하고, 동시에 관련 전공 석사 학위를 취득하였다.
　③ 해마다 목표를 보완하고, 원하던 직무를 하게 되었어도 안주하지 않고 목표를 확대하고 노력을 기울였다.

면접

1 면접 목적

(1) 역량 검증

면접은 다양한 기법을 활용하여 지원자가 직무에 필요한 능력을 보유하고 있는지 확인하는 절차이다. 지원자는 직무 수행에 필요한 요건과 관련한 자신의 경험, 관심사, 성취 등을 기업에 직접 어필하고, 인사 담당자는 기업은 서류만으로는 알 수 없는 지원자의 정보를 직접적으로 판단하고 평가한다.

(2) 강점 어필

면접은 보통 대면으로 이루어지며, 즉흥적인 질문을 포함하기 때문에 지원자가 완벽하게 준비하기 어렵다. 그러나 지원자에게는 서류 전형에서 미처 보이지 못한 실제 외국어 능력이나 커뮤니케이션 능력, 비즈니스 매너 등을 인사 담당자에게 추가로 어필하는 기회가 될 수 있다.

(3) 가치관 및 태도 확인

지원자의 성실성, 책임감, 윤리 의식 등 기본적인 인성 요소를 종합적으로 판단한다. 위기 상황에서의 태도, 실패 경험에 대한 인식 등을 통해 가치관의 방향성을 확인한다. 이는 장기 근속 가능성과도 밀접하게 연결되는 평가 요소이다.

(4) 의사소통 능력 평가

면접은 질문을 이해하고 핵심을 구조화하여 전달하는 능력을 평가하는 과정이다. 논리 전개력, 표현의 명확성, 경청 태도 등을 종합적으로 본다. 특히 조직 내 보고ㆍ협업 환경에서 원활한 소통이 가능한지를 판단한다.

(5) 성장 가능성 탐색

현재 역량뿐 아니라 향후 발전 가능성을 함께 평가한다. 피드백 수용 태도, 자기 성찰 능력, 학습 의지를 통해 잠재력을 확인한다. 즉시 투입 가능한 인재와 동시에 장기적으로 성장할 수 있는 인재를 선별하고자 한다.

② 평가 요소

(1) 경험에 대한 이해와 성찰

면접 평가에서는 지원자가 제시한 경험 그 자체보다 해당 경험을 통해 무엇을 느꼈고 어떤 발전을 이루어냈는지가 더 중요하게 고려된다. 동일한 경험이라 하더라도 문제 인식의 깊이, 판단의 기준, 성찰 정도에 따라 평가가 달라질 수 있다.

(2) 태도와 잠재력

면접관은 지원자의 의사소통 방식, 질문에 대한 반응 등을 통해 협업 능력과 발전 의지를 파악한다. 완벽한 답변보다는 겸손하면서도 주도적인 자세, 피드백을 수용하는 열린 태도, 그리고 조직의 가치관과 부합하는 직업관을 가지고 있을 때 좋은 평가를 받을 수 있다.

(3) 직무 역량

지원 직무와 관련된 이해도, 문제 해결 능력, 실무 적용 가능성을 평가한다. 경험 기반 답변이 구체적일수록 높은 평가를 받을 가능성이 크다.

(4) 의사소통 능력

질문 의도를 정확히 이해하고 구조적으로 답변하는지를 본다. 논리 전개, 핵심 전달력, 태도의 안정성이 중요한 요소이다.

(5) 조직 적합성

기업 문화와의 조화 가능성을 평가한다. 협업 태도, 갈등 해결 방식, 규범 수용 태도 등이 관찰 대상이다.

(6) 태도 및 인성

자신감, 성실성, 책임감, 예의 등을 종합적으로 판단한다. 지나친 과장이나 방어적 태도는 감점 요인이 될 수 있다.

(7) 성장 가능성

현재 능력뿐 아니라 학습 의지와 발전 가능성을 함께 평가한다. 피드백 수용 태도와 자기 성찰 능력도 중요한 요소이다.

① 면접 전 준비 사항

(1) 복장 및 스타일

최근 면접 복장을 점차 자율화하는 추세지만, 인사 담당자와 처음으로 만나는 자리이므로 예의를 갖춰 단정하게 입는 것이 좋다.

- 깔끔한 셔츠나 블라우스에 슬랙스를 매치하는 것이 가장 무난하다. 여성의 경우 단정한 원피스도 좋은 선택지가 될 것이다.
- 너무 화려한 액세서리와 넥타이, 높은 구두는 피하는 것이 좋다.
- 헤어스타일 역시 복장의 일부이기에 단정하게 정돈한다. 앞머리가 있다면 눈을 가리지 않도록 정리한다. 여성의 경우 묶이지 않는 길이가 아니라면 깔끔하게 묶는 것을 권장한다.

(2) 조직 정보 확인

지원한 조직의 홈페이지에서 비전과 경영 목표 등을 미리 확인한다. 조직마다 지향점이 다르고, 그 지향점에 따라 지원자에게 바라는 인재상 또한 달라지기 때문이다. 조직에서 제시하는 핵심 가치나 인재상에 자신의 경험과 강점을 연결 지어 답변할 수 있도록 준비한다.

(3) 시간 준수

예절의 기본은 시간이다. 지각할 경우 면접에 응시할 수 없거나 불이익을 받을 가능성이 높다. 면접 시간과 장소가 결정되면 가장 먼저 교통편과 소요 시간을 미리 확인하도록 한다. 가능하면 사전에 방문해 본다. 면접 당일 여유를 가지고 20 ~ 30분 전에 도착하는 것이 좋다.

(4) 지원서와 자기소개서 숙지

인성 면접은 지원서와 자기소개서에 관한 내용을 바탕으로 진행하기 마련이다. 그러므로 작성했던 지원서와 자기소개서를 사전에 충분히 숙지하도록 한다. 특히 자신이 작성한 경험이나 성과에 대해 '왜 그렇게 했는지', '그 과정에서 무엇을 배웠는지' 등의 세부 내용을 명확히 알고 있어야 꼬리 질문에 대비할 수 있다.

(5) 최신 뉴스와 시사상식 파악

사회 이슈에 대한 견해나 시사상식에 관한 질문에 대비하기 위해, 지원한 분야와 관련된 최신 뉴스와 시사상식을 알아 두는 것이 좋다. 이런 부분에서 해당 조직에 대한 관심, 입사 의지, 직무 이해도 등을 보일 수 있다.

(6) 예상 질문 및 답변 준비

사전에 다빈도 기출 질문 리스트를 만들고 예상 답변을 정리해 본다. 다소 긴장한 상태에서도 자연스럽게 답할 수 있도록 반복해서 연습한다. 거울을 보며 말하거나 답변하는 자신의 모습을 동영상으로 촬영해 보는 것도 도움이 될 수 있다.

(7) 면접 점검표

점검사항	확인
① 면접 장소를 확인했다.	
② 면접 장소까지의 교통편과 소요 시간을 확인했다.	
③ 지원한 조직의 비전과 목표를 확인했다.	
④ 지원한 조직의 인재상을 확인했다.	
⑤ 면접 자리에 알맞은 복장을 준비했다.	
⑥ 헤어스타일을 단정하게 정돈했다.	
⑦ 지원서와 자기소개서를 숙지했다.	
⑧ 지원한 조직의 보도 자료를 확인했다.	
⑨ 지원 분야와 관련된 최신 뉴스를 확인했다.	
⑩ 지원 분야와 관련된 시사상식을 숙지했다.	
⑪ 다빈도 기출 질문 리스트를 만들고 예상 답변을 정리했다.	

2 면접 중 유념 사항

(1) 자세

① 인사를 할 때는 목만 숙인다거나 흐트러진 상태가 되지 않도록 주의한다.

② 걸을 때는 상체를 곧게 유지하고 발끝은 평행이 되게 하며 무릎은 스치듯 11자로 걷는다. 보폭은 어깨너비만큼이 적당하지만, 스커트를 입은 경우 보폭을 줄인다.

③ 서 있을 때는 팔을 자연스럽게 내리고 양손을 가볍게 쥐어 바지 옆선에 붙인다. 스커트를 입은 경우 공수 자세를 유지한다.

④ 앉아 있을 때 시선은 정면을 바라보며 턱은 가볍게 당기고 미소를 짓는다.

⑤ 앉고 일어날 때는 자세가 흐트러지지 않도록 의식해서 행동한다.

(2) 언어적 표현

① 인사말을 할 때는 밝고 친근감 있는 목소리로 또박또박 발성하며, 이름과 응시직렬, 수험번호 등을 간략하게 소개한다.

② 면접은 면접관과 지원자가 서로 이야기를 나누는 과정이므로 목소리가 미치는 영향력이 상당히 크다. 때문에 적절한 답변을 하더라도 자신감 없는 작은 목소리나 콧소리를 동반하면 신뢰감이 떨어질 수 있다. 부드러우면서 명확한 목소리를 유지하는 것이 바람직하다.

(3) 비언어적 표현

① 표정은 감정을 가장 잘 표현할 수 있는 의사소통 도구이며, 면접에서 지원자의 첫인상을 결정하는 중요한 요소 중 하나이다. 따라서 면접 중에는 밝은 표정으로 미소를 지어 호감을 형성할 수 있도록 한다.

② 시선은 면접관과 고르게 맞추고 생기 있는 눈빛을 띠도록 한다. 인사 시에는 상대방의 눈을 보며 하는 것이 가장 중요하지만, 너무 빤히 쳐다본다는 느낌이 들지 않도록 주의한다.

(1) 질문 의도 파악 실패

질문과 무관한 답변을 장황하게 이어가는 경우 감점 요인이 된다. 면접은 말하기 시험이 아니라 질문에 정확히 답하는 능력을 평가하는 과정이다. 질문의 핵심을 파악하지 못하면 직무 이해도와 사고력에 대한 신뢰가 낮아질 수 있다.

(2) 경험의 구체성 부족

추상적인 표현이나 일반론적 답변은 실제 역량 검증이 어렵다. 열심히 했다, 최선을 다했다와 같은 표현은 설득력이 낮다. 구체적인 상황·행동·결과가 제시되지 않으면 직무 수행 가능성에 의문이 생길 수 있다.

(3) 책임 회피형 태도

실패 경험을 설명하면서 타인이나 환경 탓으로 돌리는 태도는 부정적으로 평가된다. 조직은 완벽한 인재보다, 문제를 인식하고 개선하는 인재를 선호한다. 책임을 인정하고 학습한 점을 제시하지 못하면 성장 가능성 점수가 낮아질 수 있다.

(4) 과도한 자기 연출

지나치게 이상적이거나 완벽한 모습만을 강조하면 진정성이 의심될 수 있다. 실제 경험과 동떨어진 과장된 답변은 추가 질문에서 쉽게 드러난다. 완벽한 사람보다 예측 가능한 사람을 선호한다는 점을 이해해야 한다.

(5) 비언어적 태도의 불안정성

시선 처리, 표정, 자세, 말의 속도는 신뢰감 형성에 영향을 미친다. 과도한 긴장으로 인한 급한 말투나 불안정한 태도는 준비 부족으로 해석될 수 있다. 안정된 자세와 일정한 말하기 속도는 내용 이상의 평가 요소가 된다.

 **STAR**

(1) 정의 및 특징

상황과 경험 면접에서 주로 사용한다. 어려운 상황을 극복했던 경험, 갈등을 중재했던 경험 등을 묻는 질문에 답하기 좋다.

상황(situation)	→	업무(task)	→	실행(action)	→	결과(result)
계기나 상황		맡은 업무		실행한 사례		실행의 결과

(2) 질문 답변 예시

> Q. 가장 힘들었던 때와 그때를 극복해 낸 경험을 말해 보십시오.

① S : 고등학교 이 학년 때 동아리 회장직을 맡게 되었습니다. 그런데 내부 갈등으로 인원과 예산이 줄어 동아리를 폐쇄해야 할 위기에 직면했습니다.

   TIP 당시 상황과 맥락을 들어 사건의 시발점을 간결하게 제시한다.

② T : 저는 동아리 재건에 도전하기로 마음먹었습니다. 동아리 활성화를 위해 가장 중요한 것은 사람이라고 생각했고, 새로운 동아리 회원을 모집하고자 했습니다.

   TIP 주어진 책임이나 목표를 언급하며, 해결해야 했던 핵심 과제 또는 맡은 업무를 중심으로 답변한다.

③ A : 그래서 동아리 홍보 포스터를 만들어 일 학년 게시판이나 복도에 중심적으로 게시하고, 점심시간과 쉬는 시간에 선생님들께 양해를 얻어 일 학년 교실에서 동아리 홍보를 하기도 했습니다.

   TIP 중심이 되는 부분이므로 명확하게 전달한다. 문제 해결을 위해 취한 행동을 구체적으로 설명하며, 능동 표현을 사용하는 것이 좋다.

④ R : 그 결과 폐쇄 위기였던 저희 동아리는 일 년 만에 학교에서 신입생이 가장 많은 동아리가 되었고, 이후 다양한 활동을 하며 동아리를 활성화했습니다. 이 경험으로 문제 해결을 위해 주도적으로 행동하는 자세의 중요성을 배울 수 있었습니다.

   TIP 구체적인 성과를 언급하며 마무리한다. 가능하다면 수치나 객관적 지표를 제시하는 것이 효과적이다. 배운 점 또는 느낀 점을 덧붙이면 더 좋은 인상을 남길 수 있다.

2 SCAR

(1) 정의 및 특징

압박이나 개별 면접에서 주로 사용한다. 갈등이나 위기, 도전 경험을 설명하는 데 유용하게 사용할 수 있다.

상황(situation) 상황 설명	→	위기(crisis) 위기 상황	→	행동(action) 위기 해결 행동	→	결과(result) 행동의 결과

(2) 질문 답변 예시

> Q. 갈등 상황을 중재한 적이 있습니까? 있다면 경험을 말해 보십시오.

① S : 팀 프로젝트에서 자료 분석 방향을 두고 두 명이 서로 다른 해석을 주장하며 큰 의견 차이를 보인 적이 있었습니다.

TIP 지원 분야와 관련한 전문적인 과제 및 업무 상황의 내용을 제시하면 유리하다.

② C : 가벼운 토의에서 시작했지만 분석 기준과 책임 범위를 두고 감정적인 논쟁으로까지 번졌고, 이에 따라 프로젝트가 무산될 위험까지 생겼습니다.

TIP 위기 또는 갈등 상황을 구체적으로 설명한다. 예상되었던 부정적인 결과를 덧붙이면 상황의 심각성을 더욱 설득력 있게 전달할 수 있다.

③ A : 저는 우선 갈등 악화를 막기 위해 회의를 중단하고, 이후 중립적인 기준을 바탕으로 두 주장을 정리한 뒤, 타협안을 도출해서 다음 회의 때 제시했습니다.

TIP 자신의 역할과 행동을 중심으로 답변한다. 가능한 경우 문제의 접근 방법과 합리적인 판단의 근거 등을 함께 설명하면 좋다.

④ R : 그 결과, 의견이 원만하게 통일되어 프로젝트에서 만족스러운 결과를 얻을 수 있었습니다. 저는 이를 통해 양측의 입장을 헤아려 합리적인 해결책을 제시하는 중재자의 역할을 경험했습니다.

TIP 앞서 언급한 행동의 긍정적인 결과를 제시하고, 그로 인해 얻은 교훈이나 역량으로 마무리한다.

3 PREP

(1) 정의 및 특징

토론이나 발표 면접에서 주로 사용한다. 논리적인 이유와 실제 사례 및 데이터에 기반하므로 설득력 있는 주장을 펼칠 수 있다.

주장(point)		이유(reason)		사례(example)		주장(point)
주장 제시	→	논리적 이유	→	근거 보충	→	주장 강조

(2) 질문 답변 예시

> Q. 재택근무 제도에 대해 어떻게 생각하십니까?

① P : 저는 재택근무 제도에 찬성합니다. 재택근무를 확대하는 것이 조직의 발전에 도움이 된다고 생각합니다.

TIP 주장과 주장의 핵심이 되는 내용을 시작으로 답변을 전개한다. 짧고 간결한 표현을 사용하면 좋다.

② R : 업무 특성에 따라 유연한 근무 환경을 제공하면 직원들의 업무 집중도와 조직 전체의 효율성이 높아질 수 있기 때문입니다.

TIP 주관적인 판단보다는 주제를 객관적으로 파악하는 관점을 가지는 것이 좋다.

③ E : 실제로 근래에 많은 기업이 재택근무를 도입하기 시작했는데, 출퇴근 시간 단축과 자율적인 근무 환경으로 만족도와 생산성이 동시에 향상되었다는 조사 결과가 있었습니다.

TIP 근거와 직접적으로 연결되는 부연 설명을 덧붙인다. 연구 결과, 기사, 통계 등을 활용하면 신뢰성과 설득력을 높일 수 있다.

④ P : 그러므로 재택근무 제도를 적극 도입해 근무자의 업무 수행력을 높일 수 있도록 도와야 한다고 생각합니다.

TIP 마무리 단계에서 처음 주장을 반복함으로써 자신의 의견을 강조할 수 있다. 제안이나 기대 효과 등을 함께 언급하면 논리의 전문성을 높이는 데 도움이 된다.

4 OREO

(1) 정의 및 특징

토론이나 발표 면접에서 주로 사용한다. 설득보다는 설명과 이해를 좀 더 중시한다는 특징이 있다.

주장(opinion) 주장 명시	→	이유(reason) 논리적 이유	→	예시(example) 구체적 예시	→	주장(opinion) 주장 강조

(2) 질문 답변 예시

> Q. 현재 동물 학대 처벌 수준에 대해 어떻게 생각하십니까?

① O : 저는 동물 학대에 대한 처벌을 크게 강화해야 한다고 생각합니다.

   TIP 도입부에서 자신의 주장을 명확하게 제시한다. 추상적이거나 애매한 입장은 피하고 확실한 태도를 갖는 편이 더욱 신뢰감을 줄 수 있다.

② R : 동물 또한 감정과 고통을 가진 존재이기 때문에 윤리적으로 충분히 보호받아야 할 필요가 있습니다. 그러나 현행 처벌 수준으로는 동물 학대의 실질적인 억제 효과가 부족합니다.

   TIP 의견을 뒷받침하는 논리적 근거를 중심으로 답변한다. 이때 주장과 이유의 인과관계를 분명히 하여, 타당하고 듣는 이가 납득하기 쉽게 구성하는 것이 좋다.

③ E : 일부 국가에서는 동물 학대에 대한 처벌을 강화한 후, 관련 범죄가 감소하고 동물 복지 의식이 높아졌다는 보고가 있습니다. 예를 들어, 독일은 헌법에 동물 보호를 명시하고 학대자에 대해 최대 3년의 징역형을 집행하면서, 동물 학대가 매우 드문 국가가 된 사례가 있습니다.

   TIP 구체적인 사례나 통계를 제시하여 주장과 이유를 보다 자세히 설명한다. 이때 검증할 수 있고 신뢰가 가는 자료를 채택하는 것이 좋다.

④ O : 따라서 동물 학대에 대한 처벌을 대폭 강화해 실질적인 동물 복지를 개선하고 사회 전반의 윤리적 수준을 높여야 한다고 생각합니다.

   TIP 핵심 의견을 다시 강조하며 마무리한다. 가능하다면 예상되는 결과나 미래 전망 등을 함께 언급해서 결론을 더 강조할 수 있다.

면접 유형 및 준비전략

1 인성면접

(1) 평정 요소

① 대인관계능력

> • 처음 만나는 사람과 쉽게 친해지는 편입니까?
> • 생각이 다른 동료와 함께 일했을 때 어떻게 협업했습니까?
> • 업무 중 동료와 갈등이 생긴다면 어떻게 하겠습니까?

㉠ 협조성과 갈등 중재 능력, 팀워크 등을 심사하는 질문이다. 인사 담당자로서는 동료들과 얼마나 원활한 관계를 형성하고 유지해 나가는지도 중요한 평정요소이다.

㉡ 대인관계능력은 의사소통에서 시작한다. 의사소통능력은 단순히 조리 있게 말을 잘 하는 것뿐만 아니라 경청하는 자세, 문서를 읽고 쓰는 능력, 기초 외국어 능력까지 포함한다.

② 자기계발능력

> • 가장 힘들었던 때와 그때를 극복해 낸 경험을 말해 보십시오.
> • 입사 후 전문성을 키우기 위해 어떤 자기 계발을 할 계획입니까?
> • 새로운 업무 시스템이나 절차가 도입되었을 때 빠르게 이해하고 적응했던 경험이 있습니까?

㉠ 과거에 자기 계발을 했던 경험, 또는 입사 후 포부 등 다양한 형태로 질문한다.

㉡ 과거의 경험은 자신의 부족한 점이나 약점을 인식한 후 어떤 노력을 통해 극복했는지, 입사 후 포부는 자신의 부족한 점을 어떻게 더욱 개발할지를 묻는다.

③ 스트레스 관리

> • 취미가 무엇입니까?
> • 자신만의 스트레스 관리법이 있습니까?
> • 평소 여가시간을 어떻게 보내는 편입니까?

㉠ 스트레스를 어떻게 관리하고 해소하는지를 통해 인사 담당자는 해당 지원자가 압박 상황에서 어떻게 대처하는지를 알 수 있다.

㉡ 취미나 여가 시간을 묻는 단순한 질문에도 자신의 직무 역량과 연결해 답하는 것이 중요하다.

④ 성실성

> • 장기간 꾸준히 노력했던 경험을 말씀해 주십시오.
> • 마감 기한이 촉박했던 상황에서 어떻게 대응했는지 구체적으로 설명해 보십시오.
> • 반복적이고 단조로운 업무를 맡았을 때 어떻게 동기를 유지했습니까?

㉠ 성실하게 근무를 했었던 경험에 대해서 질문한다.

㉡ 장기 근속 여부 및 맡은 업무를 성실하게 할 수 있는 가를 중요하게 확인한다.

⑤ 책임감

> • 본인의 실수로 문제가 발생했던 경험과 그 해결 과정을 설명해 보십시오.
> • 팀 프로젝트에서 갈등이 발생했을 때 본인은 어떤 역할을 했습니까?
> • 맡은 역할 이상으로 추가적인 책임을 수행했던 경험이 있다면 말씀해 주십시오.

㉠ 업무에 책임감을 확인하는 평정요소이다.

㉡ 문제 해결을 한 경험에 대해서 빈번하게 묻는다.

⑥ 가치관 및 조직적합성

> • 조직 내에서 규정과 개인의 판단이 충돌한다면 어떻게 행동하시겠습니까?
> • 본인이 중요하게 생각하는 직장인의 덕목은 무엇입니까?
> • 상사의 지시가 본인의 생각과 다를 경우 어떻게 대응하겠습니까?

㉠ 가치관을 확인하는 질문을 하는 평정요소이다.

㉡ 인성검사 결과와 연관되는 질문을 빈번하게 하는 편이다.

⑦ 의사소통 태도 및 안정성

> • 본인의 의견이 받아들여지지 않았던 경험을 설명해 보십시오.
> • 예상치 못한 질문을 받았을 때 어떻게 대응하시겠습니까?
> • 면접과 같은 긴장 상황에서 본인을 어떻게 조절합니까?

㉠ 의사소통 및 소통능력을 확인하는 평정요소이다.

㉡ 동료들과 의사소통을 통해서 갈등을 해결한 경험을 주요하게 물어본다.

(2) 준비전략

인성면접은 지원자의 인품을 넘어 상기 평정 요소들을 평가하는 일종의 구술시험이다. 따라서 인성 평가라는 사고에 갇혀 무난한 모범 대답만 반복하는 것은 피해야 한다. 질문의 의도를 파악하고 그것을 조리 있게 말하는 능력이 중요하다. 주로 지원서나 자기소개서에 기반으로 하는 질문 또는 사회적으로 쟁점이 되는 뉴스와 시사상식에 대한 견해를 묻기 때문에 해당 내용을 사전에 숙지해야 한다.

2 **직무면접**

(1) 평정 요소

① 직무상식

> • A 프로그램을 사용할 수 있습니까?
> • 해당 업무를 수행할 때 바람직한 태도는 무엇입니까?
> • 직무와 관련해 개인적으로 학습하거나 준비한 것이 있습니까?

  ㉠ 직무를 수행할 최소한의 학습 경험과 이해도·관심도를 갖추었는지를 평가한다.

  ㉡ 해당 직무를 담당할 때 필요한 기초 지식과 태도 등의 이해를 필요로 한다.

  ㉢ 전공 개론 수준의 이론 또는 사용하는 툴이나 프로그램 등을 묻는다.

② 응용능력

> • 업무 과정에서 비효율적인 부분을 발견하고 개선한 경험이 있습니까?
> • 업무에서 실수를 줄이고 정확성을 유지하기 위한 자신만의 방법이 있습니까?
> • 업무 마감 시간이 얼마 남지 않았는데 시스템 오류가 발생했다면 어떻게 하겠습니까?

  ㉠ 직무 지식을 실제 현장에서 응용할 수 있는지 파악하기 위한 질문이다.

  ㉡ 직무와 관련된 상황을 분석하고 해결 전략을 제시하는 논리적 사고를 필요로 한다.

  ㉢ 어떠한 상황을 주고 그 상황에서 본인이라면 어떻게 할 것인지를 묻는 경우가 많다.

③ 직무이해도

> • 이 직무를 수행하는 데 가장 중요한 역량은 무엇이라고 생각합니까?
> • B 법이 다음 달부터 개정 발효되는데 이유를 알고 있습니까?
> • C 안건을 본인이 한다면 어떤 순서로 하겠습니까?

  ㉠ 지원하는 업무를 정확히 이해하고 있는지를 확인하기 위한 질문이다.

  ㉡ 자신이 어떤 일을 해야 하는지 알고 해당 직종의 정책 및 지향점을 명확히 파악하는 것이 중요하다.

  ㉢ 직무에 대한 세부적인 질문을 받았을 때, 기업의 비전 또는 미션과 해당 직무의 역할을 연결 지어 답변하는 것 또한 좋은 어필이 된다.

(2) 준비전략

직무면접은 지원자의 직무 적합성을 검증하기 위한 면접이므로, 지원하는 직무에 대한 기본 이론부터 응용 상식까지 포괄적인 내용을 숙지하는 것이 중요하다. 채용 공고의 직무 설명, 홈페이지의 기업의 직무 소개, NCS 직무기술서 등을 토대로 필요 역량과 툴 등을 명확하게 파악하도록 한다.

3 **AI 면접**

(1) 특징

AI가 면접관 역할을 대신하는 비대면 면접 유형 중 하나이다. 화상 카메라, 마이크 등을 준비해야 한다는 번 거로움이 있지만, 시간과 장소의 제약이 없다는 것이 장점이다. AI가 지원자의 시선, 말투, 표정, 제스처까지 전부 분석하고 많은 인원의 면접을 빠르게 치를 수 있다는 점에서 AI 면접을 선호하는 곳이 늘고 있다.

(2) 준비전략

① AI 면접에서는 시선처리와 발음, 응답속도가 중요한 평가 요소로 작용한다. 많은 지원자가 카메라가 아닌 화면을 보는 실수를 하는데, AI 면접 시에는 화면이 아닌 카메라를 정확히 보는 연습을 하는 것이 좋다.

② 음성 인식 정확도를 높이기 위해서는 또박또박 천천히 말하고, 질문이 끝난 뒤 2 ~ 3초 정도의 간격을 두고 대답한다.

4 **개별면접**

(1) 특징

한 명 또는 여러 명의 면접관과 한 명의 지원자가 면접을 치르는 것이다. 지원자가 한 명인 만큼 심층적인 질문 과 다양한 꼬리 질문을 받는다. 지원자의 사고 과정과 태도를 집중적으로 검증할 수 있다는 특징이 있다.

(2) 준비전략

① 심화 질문에 대비하기 위해서는 채용 공고, 기업의 비전과 미션, 보도 자료, 직종과 관련된 시사상식, 최 근 이슈, 지원서와 자기소개서 등을 모두 꼼꼼하게 숙지하도록 한다.

② 다 대 일 면접의 경우 심리적 압박감이 강할 수 있으므로 모의 면접을 통해 여러 면접관의 질문에 차분 히 대응하는 연습을 해두는 것이 좋다.

③ 한 면접관의 질문에 답변할 때도 다른 면접관들과 자연스럽게 시선을 나누며 소통하는 자세를 유지해야 한다.

5 **토론면접**

(1) 특징

면접자들을 조별로 나누어 특정 주제를 주고 찬반 토론을 하도록 하는 면접이다. 토론을 통해 도출해 낸 최종안도 중요하지만, 결론을 도출하는 과정에서의 의사소통능력 및 갈등 상황에서 의견을 조정하는 대처 능력 등도 중요하게 평가된다.

(2) 준비전략

① 적극적으로 나의 의견을 주장하는 것도 중요하지만, 경청하고 조정하는 능력도 평정 요소 중 하나라는 사실에 유념하여 토론에 임해야 한다. 다른 사람이 발언할 때 고개를 끄덕이거나 적절한 반응을 보이며 경청하는 비언어적 커뮤니케이션을 잊지 않도록 한다.

② 주제는 주로 최근 사회 이슈나 업계 관련 쟁점 중에서 나오는 경우가 많으므로 이를 중심으로 공부하는 것이 좋다.

6 **상황면접**

(1) 특징

실제 업무 중 마주할 수 있는 상황을 제시하고 어떻게 행동할 것인지를 묻는 방식으로 진행하는 면접이다. 현장에서 겪을 수 있는 상황을 제시함으로써 입사 이후의 실제적인 업무 수행 능력을 중점적으로 평가한다.

(2) 준비전략

① 상황면접 특성상 면접 질문이 길다는 점에 유의한다. 질문의 핵심 의도를 짚어내고 적절한 답을 제시할수록 높은 점수를 얻을 수 있다.

② 다양한 관점을 고려하여 어려운 문제 상황에 대한 답을 미리 생각해 보고 구조화된 면접 답변을 준비하는 것이 좋다.

⑦ 비대면 면접

(1) 특징

면접관과 지원자가 대면하지 않은 상태에서 진행하는 면접이다. 화상 프로그램을 통해 면접관과 질의문답을 주고받는 것과, 주어진 주제나 질문에 답하는 모습을 녹화하여 제출하는 것 두 종류로 나뉜다. 면접관이 사람이라는 점에서 AI 면접과는 차이가 있다.

(2) 준비전략

① 카메라와 마이크가 잘 작동하는지, 프로그램 설치나 설정이 맞게 되어있는지를 사전에 반드시 점검하도록 한다.

② 화면이 아닌 카메라 렌즈를 향해서 자연스러운 시선 처리를 유지하고, 질문이 끝난 뒤 2 ~ 3초의 간격을 두고 또렷하게 답변하는 것이 좋다.

③ 시스템 오류 등의 예상치 못한 상황이 벌어지더라도 당황하지 않고 침착하게 담당자의 안내에 따르도록 한다.

⑧ 외국어 면접

(1) 특징

외국어로 진행되는 면접으로, 외국계 기업이나 업무상 외국어를 많이 사용하는 직종에서 주로 시행한다. 전문용어나 비즈니스 매너 등까지 전반적으로 갖춰야 하므로, 원어민 면접관이 면접을 진행하는 때도 많다.

(2) 준비전략

① 중요한 건 자신감이다. 면접장에서 외국어를 완벽하게 구사해야 한다는 사실을 부담스러워하는 지원자가 많다. 그러나 완벽하지 않더라도 자신감 있게 나를 표현하는 모습이 좋은 평가를 받을 수 있다.

② 문화권마다 예의범절이나 비즈니스 매너 등이 다르다는 점에 유의하고 미리 숙지하도록 한다.

⑨ 발표면접 (PT면접)

(1) 특징

지원자가 제시된 특정 주제와 자료를 토대로 자기 생각을 발표하는 면접이다. 주어진 자료에서 핵심 주제와 맥락을 짚어낼 수 있는 능력과, 그것들을 기반으로 문제를 해결할 수 있는 능력 등이 주요 평정 요소이다.

(2) 준비전략

① 주제와 상황을 명징하게 파악하는 것이 가장 중요하다. 강조하고자 하는 핵심을 찾아내고, 서론 – 본론 – 결론의 체계적인 구조를 사용하여 이를 드러내는 것이 좋다.

② 발표할 때는 주어진 시간을 엄수하여 명확하고 자신 있는 태도로 한다.

⑩ 다(多) 대 다(多) 면접

(1) 특징

다수의 면접관과 다수의 지원자가 함께 면접을 보는 것이다. 개별 역량뿐만 아니라 다른 지원자들과의 상호 작용, 경쟁 상황에서의 태도 등을 종합적으로 평가한다. 제한된 시간 내에 자신을 효과적으로 드러내야 하는 점이 어렵지만, 다른 지원자와 비교하여 자신의 취약점이나 강점을 파악할 수 있다는 장점도 있다.

(2) 준비전략

① 사람들 사이에서 자신을 보여주는 것도 중요하지만, 다른 지원자들을 향한 태도도 중요하다. 다른 지원자가 답변할 때는 그 지원자를, 면접관이 질문할 때는 그 면접관을 바라보며 경청하는 태도를 보인다.

② 다른 지원자와 답변이 겹치지 않도록 한 질문에 다양한 답변을 준비하는 것이 좋다.

다빈도 기출 질문

> **Q. 자기소개를 간단하게 해 보세요.**

A. 안녕하십니까, A사 B계열에 지원한 OOO(이)라고 합니다. 저는 제 핵심 강점인 책임감을 바탕으로, 어느 조직에서나 끈질긴 분석과 협업을 통해 목표 달성에 기여하고자 노력해 왔습니다. 이 과정에서 업무에 필요한 문제 해결 능력과 추진력 또한 키울 수 있었습니다. 실제로 여러 프로젝트에 참여하여 직접 제안한 아이디어로 성과 개선에 기여한 경험이 있습니다. 입사 후에도 이러한 역량과 경험을 바탕으로 빠르게 업무에 적응하고, 장기적으로는 A사의 핵심 인재로 성장할 수 있도록 노력하겠습니다. 감사합니다.

> **TIP** 블라인드 면접 시 학교명이나 나이 등의 신상정보를 빼고, 직무와 관련된 강점 중심으로만 답변해야 한다. 자신의 성향을 한 문장으로 요약하고, 이어서 간단한 경험으로 근거를 제시한 뒤, 그 역량이 지원 직무에 어떻게 도움이 되는지 언급하며 마무리하면 좋다.

> **Q. 우리 회사를 지원한 이유는 무엇입니까?**

A. 회사의 성장 방향성 및 추구하는 목표가 제 가치관과 역량에 잘 맞는다고 생각했기 때문입니다. 저는 조직의 성격과 구성원의 역량이 맞닿을 때 가장 큰 성과를 만든다고 믿습니다. A사가 명확한 목표를 갖고 체계적으로 성장 전략을 실천하는 조직 문화를 갖추고 있으며, 구성원들이 도전하면서도 협업을 중시하는 환경에서 일하고 있다는 점이 인상 깊었습니다. 저 또한 A사에서 책임감 있게 협업하고 결과를 내는 사람으로 성장하고 싶어 지원했습니다.

> **TIP** 홈페이지나 채용 공고에서 언급되는 핵심 가치 또는 인재상을 파악하고, 이를 자신의 성향과 연결 지어 기업과 자신의 지향점이 일치함을 강조하는 것이 바람직하다. 마무리는 능동적이고 미래지향적인 표현을 사용해 입사 의지를 드러내면 좋다.

Q. 해당 직무에 지원한 이유는 무엇입니까?

A. 저는 문제를 해결하고 가치를 창출하는 과정에서 큰 성취를 느끼는 사람입니다. 해당 직무가 분석을 바탕으로 명확한 결과를 만들어내며, 팀과 조직 목표 달성에 직접적으로 기여할 수 있다는 점이 매력적으로 다가왔습니다. 이전에도 주어진 과제를 체계적으로 분석하고 접근하여 성과를 낸 경험이 많이 있습니다. 때문에 해당 직무에서 제 흥미와 역량을 가장 효과적으로 발휘할 수 있다고 생각했습니다.

TIP 직무에 대한 지원자의 이해도와 직무 적합성을 파악하기 위한 질문이다. 효과적인 답변을 위해서는 지원하는 직무의 핵심 역할을 정확히 파악하고 있다는 사실을 드러내고, 그 안에서 자신의 역량을 발휘할 수 있다는 점을 어필하는 것이 좋다. 해당 역량을 효과적으로 발휘한 사례를 더하면 설득력을 높일 수 있다.

Q. 자신의 장·단점은 무엇이라고 생각합니까?

A. 저의 장점은 인내심입니다. 어렵고 힘든 문제를 만나도 쉽게 포기하지 않고 해결할 때까지 끊임없이 노력하기 때문입니다. 단점은 목표가 없으면 쉽게 나태해진다는 점입니다. 이를 극복하기 위해서 평소에도 맡은 일에 단계별로 구체적인 목표와 계획을 세우고 점검하는 습관을 만들었습니다.

TIP 장·단점을 묻는 질문은 자신의 약점을 어떻게 관리하고 성장의 계기로 삼는지를 평가하기 위한 목적이 있다. 따라서 단점을 언급할 때는 너무 사소하거나 추상적인 것보다는 개선 가능성과 보완 의지를 드러낼 수 있는 현실적인 문제를 제시하는 것이 좋다.

Q. 취미가 무엇입니까?

A. 제 취미는 조깅입니다. 운동을 하면 몸과 마음이 개운해질 뿐만 아니라 생각도 정리할 수 있기 때문입니다. 건강관리에 큰 도움이 되고 있기 때문에 조금 바쁘거나 피곤하더라도 시간을 내 꾸준히 조깅이나 산책을 하고 있습니다.

TIP 취미를 통한 지원자의 성실성, 자기관리 태도 등을 파악하려는 의도를 내포한다. 따라서 단순히 '운동을 좋아한다', '독서를 한다'처럼 열거식으로 답하기보다, 해당 취미가 자신에게 어떤 긍정적 영향을 주는지를 들어 답변하는 것이 바람직하다.

A. 여가 시간에는 주로 취미인 조깅을 하면서 보내는 편입니다. 하지만 밤이거나 날씨가 안 좋을 때는 책이나 영화를 보기도 합니다. 중요한 것은 균형 있는 활동과 휴식을 통해 체력을 관리하며 업무 시간에 필요한 집중력을 확보하는 것이라고 생각합니다.

TIP 시간 분배와 자기관리에 대한 체계적인 태도나 긍정적으로 업무 에너지를 회복하는 모습을 보이면 좋은 인상을 남길 수 있다. 이는 주어진 자원을 효율적으로 활용하고 장기적인 업무 수행에서도 안정적인 성과를 낼 수 있는 사람으로 평가 받는 데 도움을 준다.

A. 스트레스를 받는 상황이 생기면 우선 감정적으로 반응하기보다 이성적으로 상황을 정리하고 마음을 다스릴 수 있도록 노력합니다. 보통 짧은 산책이나 조깅으로 생각을 환기하는 것이 도움 되었습니다. 스트레스 해소는 감정 배출이 아닌 문제를 해결하기 위한 정리 과정이라고 생각하고 있습니다.

TIP 긍정적이며 건강한 방법을 제시하고, 구체적인 예시를 들어 자신만의 스트레스 해소법을 언급하는 것이 좋다. 이를 통해 압박 상황에서도 일의 균형과 효율을 유지할 수 있는 안정적인 지원자로 인식될 가능성이 높다.

A. 카시와기의 「데이터 문해력」을 읽었습니다. 데이터를 어떻게 해석하고 업무 의사결정에 활용할 것인지에 대한 책입니다. 데이터 활용 능력이 더욱 중요해지고 있는 시대인 만큼 데이터를 통해 실제 문제를 해결하는 방법을 더 잘 이해해야 한다고 생각했습니다. 책을 읽으며 데이터를 다루는 기술적 역량뿐만 아니라 그 속의 맥락을 이해하는 능력도 함께 키워야겠다고 느꼈습니다.

TIP 자기 계발과 직무 역량 향상을 위해 노력하는 태도를 어필할 수 있는 질문이다. 단순히 책의 줄거리나 내용 요약을 말하기보다, 그 책을 통해 무엇을 느꼈고 어떤 점을 배우게 되었는지를 중심으로 답변하면 설득력이 높아진다.

Q. 자신을 리더라고 생각합니까, 팔로워라고 생각합니까?

A. 저는 팔로워에 좀 더 가깝다고 생각합니다. 지금까지 상황을 분석하고 소통하는 능력을 통해 리더의 아래에서 팀을 하나로 만든 경험이 많았기 때문입니다. 그러나 좋은 팔로워의 경험이 있어야 좋은 리더도 될 수 있다고 생각합니다. 조율이 필요한 순간에는 앞장서서 의견을 모으고 정리하는 리더 역할도 마다하지 않고자 합니다. 팀의 성과를 위해 두 역할을 유연하게 수행하는 사람이 되겠습니다.

> **TIP** 자신의 강점과 역량에 대해 충분히 이해하고 있는 것이 중요하다. 구체적인 경험을 근거로 들어, 적절한 자리에서 스스로의 역할을 충실히 수행할 수 있는 인재라는 점을 설명한다. 가능하다면 한쪽만 일방적으로 강조하기보다 두 역할을 상황에 따라 조화롭게 수행할 수 있는 유연성을 보여주어도 좋다.

Q. 자신보다 어린 상사에 대해 어떻게 생각합니까?

A. 나이보다는 개인이 가진 전문성과 역량이 더 중요하다고 생각하므로 개의치 않습니다. 실제로 인턴 활동 중 저보다 어린 선배와 함께 일했던 적이 있습니다. 그분은 업무 경험이 많고 문제 해결 능력이 뛰어났기 때문에 옆에서 많이 여쭤보고 배울 수 있었습니다. 조직에서 상사라는 사실은 그만큼 인정받은 경력이 있다는 의미이기 때문에, 나이와 관계없이 존중하며 배우는 자세로 임하겠습니다.

> **TIP** 조직 내 위계에 대한 이해도와 관계 유연성을 파악하기 위한 목적이 있다. 합리적인 근거와 경험을 토대로 연령보다 역량을 중시하는 성숙한 사고방식을 드러내는 것이 좋다.

Q. 상사가 업무와 무관한 사적인 일을 시킨다면 어떻게 하겠습니까?

A. 먼저 지시받은 일의 목적과 필요성을 여쭤보겠습니다. 신입사원인 만큼 제가 해당 지시의 의미를 제대로 파악하지 못했을 수 있다고 생각하기 때문입니다. 그럼에도 명백히 업무와 무관한 사적인 일이라고 판단되면, 현재 더 필요한 업무에 집중하기 위해서 정중하게 거절하겠습니다.

> **TIP** 지원자의 문제 대처 능력, 윤리관 등을 평가할 수 있는 질문이다. 우선 상황을 객관적으로 파악하려는 시도 이후 합리적인 결정을 내리는 모습을 보이면 보다 긍정적인 평가를 받을 수 있다. 언행에서는 예의와 조직 존중의 자세를 잃지 않는 태도 또한 중요하다.

Q. 원하지 않는 지방이나 외국으로 발령을 받는다면 어떻게 하겠습니까?

A. 지원할 때 순환근무에 대한 사실을 충분히 숙지했기 때문에 기꺼이 받아들일 준비가 되어있습니다. 저는 환경이 바뀌는 것을 어려워하지 않고, 새로운 일에 도전하는 것을 좋아하는 편입니다. 물론 처음에는 낯설 수도 있지만, 그만큼 다양한 경험을 쌓고 폭넓은 시각을 갖춰 보다 성장하는 기회로 삼고자 합니다.

> **TIP** 기업의 인사 정책을 존중하면서도 변화에 긍정적으로 대응하려는 자세로 답변하는 것이 바람직하다. 즉, 곤란하다거나 어렵다고 단정 짓기보다는 이를 성장의 기회로 삼아 조직에 기여하겠다는 의지를 드러내는 것이 좋다.

Q. 과도한 업무가 주어져서 일과 개인 시간의 밸런스가 무너진다면 어떻게 하겠습니까?

A. 우선은 저의 업무 처리 방식을 점검해보겠습니다. 업무에 요령이 부족하거나 서툴러서 생긴 문제일 수 있으므로 이를 개선해야 한다고 생각합니다. 선배님께 효율적인 방법을 여쭤보고 불필요한 시간을 줄이는 법을 익힐 계획입니다. 그런데도 업무량이 과다하다고 느껴진다면, 팀 내 상급자분께 상담을 요청해 조율하겠습니다.

> **TIP** 먼저 스스로 업무를 완수하려는 의지를 보이고, 개인의 역량을 넘는 불가피한 상황임을 인지했을 때는 구체적인 해결 전략을 제시하여 원만한 문제 해결 능력과 소통 능력을 갖추었음을 밝히는 것이 바람직하다.

Q. 만약 이번 채용에 불합격한다면 어떻게 하겠습니까?

A. 겸허히 결과를 받아들이고 준비 과정에서 부족했던 부분을 점검하는 계기로 삼겠습니다. 특히 면접을 준비하며 느꼈던 제 역량의 한계나 보완이 필요하다고 생각한 부분을 중심으로 다시 정리하고, 관련 경험과 역량을 보완해 나가겠습니다.

> **TIP** 채용 결과와 관계없이 지원자의 회복 탄력성, 직무에 대한 지속적인 관심과 준비 의지를 확인하고자 하는 질문이다. 감정적으로 반응하기보다는 자신에게 부족했던 점을 돌아보고 향후 계획을 성숙하게 수립하겠다는 태도를 보이는 것이 좋다.

최신 면접 기출

- 본인이 지원한 기관에 대해서 설명해보시오.

- 입사하면 어떤 일을 하고 싶은가?

- 자신의 취미를 소개해보라.

- 자신의 특기를 설명해보라.

- 자신의 장단점을 말해보라.

- 자신의 자격증에 대해 설명해보라

- 지원자 성격의 장단점은?

- 지원자가 느낀 기관의 이미지는 어떠한가?

- 봉사활동 경험을 말해보라.

- 지원자의 전공이 기관 및 지원 분야에 어떻게 도움될지에 대해 말해보시오

- 지원자는 학창시절에 주로 무엇을 했는가?

- 업무 시 상사와 의견이 다를 때 어떻게 하겠는가?

- 지원자의 경우 나이가 많은데 어떻게 극복할 생각입니까?

- 고객이 억지를 부리며 불합리한 요구를 한다면 어떻게 처신하시겠습니까?

- 가치관에 크게 영향을 미친 경험이 있다면 말해보시오

- 단체생활에서 가장 중요한 것은?

- 공공 기관에 지원하게 된 결정적 이유가 있다면 말해보시오

- 지원자의 애국심에 대한 견해는?

- 팀 동료와 갈등이 생긴다면?

- 자신 있는 외국어로 자기소개해 보시오

- 살면서 가장 후회되는 일은?

- 자신의 컴퓨터활용 능력은?

- 지원자 자신이 좋아하는 사람과 싫어하는 사람을 구분하는 기준은 무엇입니까?

- 지원자는 살아오면서 타인을 설득시킨 경험이 있는가?

- 최근 감명 깊게 읽은 책을 말해보라.

- 기관의 장점은 무엇인가?

- 기관의 단점은 무엇인가?

- 인생에서 중요하게 여기는 것은?

- 지원자 자신의 생활신조, 좌우명은?

- 자신의 직업관을 말해보라

- 지방근무(비연고지 근무)가능한가?

- 입사후 포부를 말해보라.

- 자신을 채용해야하는 이유는?

- 아르바이트경험을 소개해보라.

- 자신의 전공을 소개해보라.

- 동아리 경험을 말해보라.

- 자신의 직무경험을 말해보라.

- 자신만의 경쟁력을 말해보라.

- 교외활동(대외활동)을 말해보시오

- 팀 회식과 개인약속이 겹친다면?

- 자신은 리더형인가, 팔로워인가?

- 비정규직에 대한 견해와 해결방안이 있다면?

- 성취감을 느껴본 경험을 말해보라.

- 입사하면 어떤 일을 잘 할 수 있겠는가?

- 팀원이 빠져 팀 프로젝트가 중단될 위기에 처했을 시, 지원자는 어떻게 행동하겠는가?